新编21世纪高等职业教育精品教材

智慧财经系列

会计文化

主　编◎姜韵宜　程淮中　孙　旭

副主编◎娄　阳

中国人民大学出版社

· 北京 ·

图书在版编目（CIP）数据

会计文化 / 姜韵宜，程淮中，孙旭主编. -- 北京 ：中国人民大学出版社，2022.10
新编 21 世纪高等职业教育精品教材. 智慧财经系列
ISBN 978-7-300-31100-5

Ⅰ. ①会… Ⅱ. ①姜… ②程… ③孙… Ⅲ. ①会计文化－高等职业教育－教材 Ⅳ. ① F230

中国版本图书馆 CIP 数据核字（2022）第 188432 号

新编 21 世纪高等职业教育精品教材·智慧财经系列
会计文化
主　编　姜韵宜　程淮中　孙　旭
副主编　娄　阳
Kuaiji Wenhua

出版发行	中国人民大学出版社		
社　　址	北京中关村大街 31 号	邮政编码	100080
电　　话	010－62511242（总编室）		010－62511770（质管部）
	010－82501766（邮购部）		010－62514148（门市部）
	010－62515195（发行公司）		010－62515275（盗版举报）
网　　址	http://www.crup.com.cn		
经　　销	新华书店		
印　　刷	北京昌联印刷有限公司		
规　　格	185mm × 260mm　16 开本	版　　次	2022 年 10 月第 1 版
印　　张	15.5	印　　次	2022 年 10 月第 1 次印刷
字　　数	358 000	定　　价	48.00 元

前言

会计文化是中华优秀传统文化的重要组成部分，是一种特殊的专业文化、制度文化和管理文化体系。党的二十大报告明确提出，“教育是国之大计、党之大计”，“育人的根本在于立德”。全面推进课程思政建设，就是要寓价值观引导于知识传授和能力培养之中，帮助学生塑造正确的世界观、人生观、价值观，使知识与技能、过程与方法、情感态度与价值观融为一体。本书全面贯彻落实习近平新时代中国特色社会主义思想，以社会主义核心价值观为引领，围绕立德树人根本任务，结合高职院校学生的特点，聚焦文化传承和诚实守信，将会计文化的精髓与学生的人文修养和职业道德教育密切结合起来，力图开辟一条培养学生具有坚定文化自信的重要途径。

北京财贸职业学院从 2003 年起就对财经类专业学生开展了会计素养教育，并于 2006 年编写了《潘序伦与立信文化知行教程》一书。为了丰富教学内容，吸取中外会计发展历程中的精华，学校多方收集资料，不断扩充教学内容。2010 年，以扩充资料的讲义为蓝本在学校开设“会计文化”和“会计素养”教育课程，并于 2012 年出版第一本《会计文化》教材。

江苏财经职业技术学院历来重视对学生人文素质方面的教育，早在 2007 年就开设会计素养讲座，校内建有潘序伦会计文化长廊和廉政教育基地，先后于 2014 年、2018 年、2020 年出版《财经职业素养教育与实践》《会计心理教育》《财经职业素养》等教材。会计文化教育已列入江苏省 A 类品牌会计专业人才培养方案，是江苏省高水平大数据与会计专业群建设的重要内容之一。

经过 10 多年的教学实践，“会计文化”课程在学生成长过程中发挥着重要作用：一是能够激发学生对会计专业的学习兴趣，从而调动学生学习会计专业知识、提高会计职业能力的积极性；二是能够引导学生发现会计的美，包括形式之美、内容之美、文字之美和载体之美，使学生形成专业认同感和专业自豪感；三是能够使学生认识会计发展的历史规律，既使学生将学习的会计知识上升到观点、精神、方法、思想的层面上，又使学生从文化和哲学的角度反观会计发展中的规律，深入理解会计文化，洞察会计活动本质，从而在当前会计学习和未来的会计工作中坚持自律、守法奉公，坚持准则、守信敬业，坚持学习、守正创新。正是为了适应新的教学需要，北京财贸职业学院和江苏财经职业技术学院合作编写了本教材。

本教材突出内容的思想性、知识性和趣味性相统一。首先，思想性是本教材的灵魂，广大青年学子通过对“会计文化”课程的学习，一方面为古老的中华文化的博大精深而自豪，另一方面又为会计文化的源远流长而骄傲，从而激发起对会计职业深厚而神圣的情感。其次，知识性是本教材的血脉。我们在讲述会计文化知识时，尽量呈现最原始的文献资料，然后再总结其特点。例如，我们在讲解单式账簿的时候，以江陵凤凰山汉简、悬泉汉简、居延汉简、敦煌遗书等账簿为例，呈现当时的账簿原文，在此基础上再总结当时的账簿记录特点和规律，给学生留下深刻的印象。最后，趣味性是本教材的骨架。我们通过绘画、小说、诗歌、成语等传统文化中所蕴含的会计文化，引导学生在感受艺术魅力的同时，感受优美的会计文化，激发学生的学习兴趣。因此，本教材既有思想的引导，又有知识的增益和职业道德的熏陶。

为了提高“会计文化”课程实施效果，赋能“五育并举、融合育人”，我们在传授会计文化知识的同时，注意提高学生的学习能力。针对特定专题，鼓励学生自己撰写演讲稿，制作专题PPT课件并在课堂上进行展示等，也可以分组集体完成。这样不仅有助于提高学生的自学能力、撰写小论文能力、课件制作能力、课堂演讲能力和团队协作能力，而且通过组织和引导学生围绕每章后的课后拓展题，开展相应的课外活动，延伸课堂教学，可以更好地帮助学生弘扬会计文化、守住专业底线、实现人人出彩。

本教材是中国特色高水平高职院校及智慧财经专业群和北京市特色高水平骨干专业（群）智慧会计专业群建设项目以及江苏省中国特色高水平高职学校建设项目成果。

本书主编由姜韵宜、程淮中、孙旭担任，娄阳担任副主编。具体编写任务分工如下：第一章、第二章、第十章由姜韵宜撰写；第三章、第四章、第五章、第六章、第七章由孙旭撰写；第八章、第九章由程淮中、娄阳撰写。全书由姜韵宜统稿并修改完成。书中的微课和视频是北京财贸职业学院“现代职业教育质量提升计划——会计文化数字化教材”项目（该项目由孙旭主持完成）部分成果。

编写《会计文化》教材是一种探索和尝试，加之会计文化博大精深，书中缺点和错误在所难免，恳请各位读者批评指正。

编者

2022年9月

导 读

一、教材设计思路

本教材贯彻落实习近平总书记关于中华优秀传统文化的重要论述，贯彻党的坚定文化自信精神，执行教育部《完善中华优秀传统文化教育指导纲要》的要求，具有正确的价值观念和鲜明的时代感。

本教材是为财经类专业的学生了解会计历史知识和会计基本发展历程而编写的，适用于高职财经类专业学生和财经岗位从业人员。

本教材着眼于帮助学生理解和掌握会计的美，从而使学生能够热爱会计和财经工作。本教材分为十章，对会计的历史知识、会计基本发展历程和会计现象进行讲解与论述，为学生在这一领域的学习和研究提供依据。在每一章中，以会计工具、会计文件、会计事件等演变的时间顺序为主线，以相应时代文献作实例进行具体介绍。即先将会计文化各类研究成果实例等文献呈现给学生，再归纳总结其规律和特点。

二、教材使用方法及课时安排建议

本课程学习无须前导课程。为了便于本课程的学习，我们制作了微课和主题视频。扫描书中的二维码即可观看相关内容。

根据几轮教学实践，我们建议本教材可用32课时完成学习。在每章之前，我们都明确了本章的学习目标，包括知识目标、能力目标和素养目标，并设置了“文化传承”“背景资料”栏目，我们希望本教材能够“润物细无声”，为教师搭建通往学生心灵的桥梁。

“会计文化”课程包含的内容非常丰富，我们安排的课时有限，课堂教学仅仅能起到引导作用。感兴趣的学生可以在本书的指引下开展自学。我们今后还要逐步完善本课程的学习资料库，收集相关的图书和文献资料，以提高学生对会计文化的学习兴趣。具体课时分配建议如下表所示。

课程内容	教学任务	课时
第一章　会计的起源	重点：原始计量记录方式的演变	2
第二章　会计计算工具的演变与未来发展	重点：会计计算工具的演变	2
第三章　会计凭证与会计账簿	重点：会计凭证和会计账簿的演变 难点：会计凭证和会计账簿的演变	4

续表

课程内容	教学任务	课时
第四章　中式会计记账方法的演变	重点：单式记账法的特点；复式记账法的记账规则 难点：复式记账法的记账规则	6
第五章　会计结账方法的演变	重点：四柱结算 难点：会计结账方法的演变	2
第六章　会计计量单位的演变	重点：各个朝代计量单位的特色	4
第七章　杰出的会计人物	重点：中国古代名人与会计；近现代会计人物	2
第八章　会计经典事件	重点：我国以及西方的会计经典事件	4
第九章　会计经典著作	重点：国内以及国外会计经典著作	2
第十章　会计文化品牌——立信会计	重点：立信会计品牌的演变	4
合计		32

因教学课时有限，为了积极探索课堂教学和学生课外活动的有机结合，本教材在每一章后都设有“课后拓展”“阅读链接”，引导学生通过课外活动开展探索性学习，丰富和提高自己。教师可以将课后活动和课堂教学结合起来，在课堂上留有一定的时间供学生展示课外学习成果。课后拓展活动也可以通过系学生会、系团总支、学生社团来组织实施，以期学生的课外活动能够紧紧围绕学生的未来职业发展进行，突出职业教育特征。

目 录

第一章 会计的起源

学习目标

【知识目标】

1. 理解会计产生的必然性。
2. 列举原始计量记录方式及其特点。

【能力目标】

1. 列举实例，体会“数字是会计之父，文字是会计之母”的说法。
2. 临摹陶器文物以及青铜文物上的符号及文字，理解有些文物的会计记录意义。

【素养目标】

1. 激发学生对会计职业的热爱，培养职业认同感。
2. 培养严谨的会计职业素养。

文化传承

在《化生万物》图（见图1-1）中，华夏子孙的始祖神，手握会计神器，在浩渺的宇宙中创造万事万物。这幅意义非凡的画作，为会计增添了一层神圣的光环。作为一名会计学人，一方面为古老中华文化的博大精深而自豪，另一方面为会计文化的源远流长而骄傲。

背景资料

《化生万物》图，是联合国教科文组织的中文版杂志《国际社会科学杂志》在试刊号中刊登的。“化生万物”也是这本期刊对这幅画的命名。这是民国时期外国探险家从新疆吐鲁番阿斯塔那墓中盗走的一幅古画，现藏于美国波士顿艺术博物馆。图中画的两位人身蛇尾的神，是中国古代传说中的伏羲、女娲形象。

阿斯塔那古墓群是古代高昌王国城乡官民的公共墓地，建造于中原两晋时代，当时中原的文化习俗沿着丝绸之路传播到高昌，画风与葬俗也传到了阿斯塔那。依据当时的墓葬风俗，伏羲女娲像做随葬品是很寻常的，是葬礼的必需品。这类图形在华夏大地上是普遍存在的。

伏羲，三皇五帝之首，中华的人文始祖；女娲，抟土造人之神，华夏的孕育之母。图中，伏羲、女娲头顶是十一颗星星围绕的太阳，脚下是十一颗星星围绕的月亮，背景是满天的繁星，各星座光芒布列。伏羲一手执直尺，一手执准绳（或叫墨绳），女娲一手执圆规，一手执算筹，伏羲右手的食指和女娲左手的食指互相指向对方。两人的胯部共用一个裙摆，裙摆下即是缠绕在一起的尾部。

图 1-1 《化生万物》(《伏羲女娲图》)

“直尺”、“准绳”和“圆规”是会计实物计量单位中的度量衡器，“算筹”是会计计算工具。华夏子孙的始祖神，手握会计神器，在浩渺的宇宙中创造万事万物。这幅意义非凡的画作，为会计增添了一层神圣的光环。

第一节　会计产生的必然性

人类的生存和发展，依赖于物质资料的生产。在原始社会漫长的岁月里，剩余产品很少的情况下，不需要记录剩余产品，会计也无从产生。

到了原始社会末期，社会生产力水平不断提高。经过了采集与狩猎、农业与手工业、生产与交换的三次社会大分工以后，生产专业化的程度提高了，劳动产品的数量也增加了。人们互通有无，有了交换行为，商品货币关系开始出现了。

随着社会生产的发展，私有制出现了。原始社会生产力的发展和私有制的出现，一方面产生了对会计的现实需要，另一方面使得会计的产生有了一定的物质基础。这两方面构成了会计产生的必然性。

第二节　原始计量记录方式的演变

一　实物记事（计数）

《魏书·卷一百三》记载："（柔然）无文记，将帅以羊屎粗计兵数。"如图 1-2 所示，这是柔然骑兵图。柔然，是 4 世纪末至 6 世纪中叶，继匈奴、鲜卑之后，活动于我国大漠南北和西北广大地区的古代民族之一。因为当时没有文字，所以柔然将帅用羊屎粒粗略地统计兵数，这是一种实物记事方法。

图 1-2　柔然骑兵

所谓实物记事，指的是原始社会创始的一种记录事物的方式，其记事方法有两种：一种是记录者以记录对象的部分实物作为记事材料，如狩猎后，以猎获动物的头骨作为记事材料，通过所存动物头骨即可反映猎获的对象及其数量；另一种是记录者以适宜的实物材料记录特定活动及其数量。很显然，实物计数很不方便，有时也会发生差错。

二　绘画记事（计数）

绘画记事是指原始社会创始的以绘制图画或雕刻图形的形式，反映客观经济活动及其数量关系的记录方式。先民利用矿石粉等材料在山洞、岩壁等地方，将所进行的重大活动以形象的图形绘制或雕刻出来，从而达到记录客观活动的目的。图 1-3 所示的是在云南发现的原始社会岩画，图 1-4 所示的是古滇人记事图片。这两幅图表现的内容都是绘画记事。绘画记事的好处是直观、形象，大家都好理解和认可，其缺点是不便长期保存，而且记录起来相对也较为麻烦，为此人类再次对记录方式进行了革新和探究。

图 1-3　在云南发现的原始社会岩画

三 结绳记事（计数）

结绳记事是指以编织绳结的形式反映客观经济活动及其数量关系的记录方式。追究结绳的起源，可上溯至伏羲时代人们结绳而渔。结绳记事是以绳打结表示某些事物及其数量。大事，大结其绳；小事，小结其绳。古代南美洲的土著人，采用一根单色粗绳作为主绳，下垂多根不同色的细绳，以表示不同事物。在距主绳不同处打结，结头形状表示数目。单结为 10，双结为 20，重结为 100。距主绳最远的为个位数，再上一结为十位数。细绳颜色是褐色表示土豆，白色表示银子，黄色表示金子，红色表示士兵，绿色表示谷物。结绳记事这种记录方式有一个很典型的特征——它是融计算与记录为一体的，这也反映出当时公开、透明的平均主义分配制度。但是结绳记事只有当事人才能说清楚记录的内容和数量，时间长了，也易发生差错或混乱。为了解决这些问题，人类又对记事方式进行了革新。

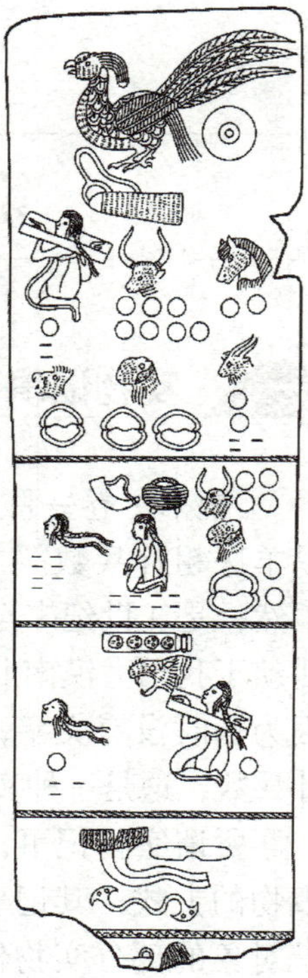

图 1-4　古滇人记事图片

四 刻契记事（计数）

刻契记事是指原始社会创始的以刻契动物骨头或木竹等载体的边缘或表面，或钻凿载体本身而使物体遗留边缘缺口、表面痕迹或通体空洞等形式，反映客观经济活动及其数量关系的记录方式。刻契记事的方法有三种形式：第一种是以骨木为载体，在其边缘刻契缺口，以缺口数目表示经济活动数量；第二种是以骨木或石头等材料为载体，在其表面刻契凹槽痕迹，以凹槽数目表示经济活动数量；第三种是以骨木等材料为载体，钻凿孔洞，以孔洞数目表示经济活动数量。这种计数方法的优点是保存期长，但是记录过程很费时间和人力。如图 1-5 所示，这是在西安半坡遗址发现的石刻符号，它表现的就是刻契记事的内容。

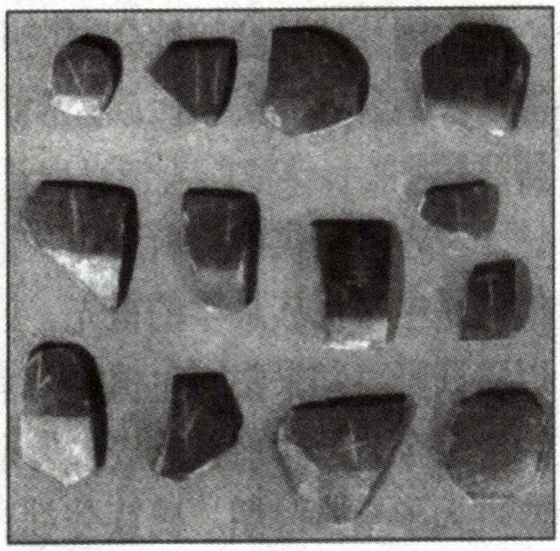

图 1-5　在西安半坡遗址发现的石刻符号

五 书符臆测

书符臆测是指原始社会创始的以契刻或书写某种物体表面而使物体遗留抽象符号的形式反映客观经济活动及其数量关系的记录方式。直至今日，我们还能看到人类采用这种方式进行记事和记录的做法，但是因为没有统一而明确的规定，其结果有时与实际出入很大。如图 1-6 所示，这是西安半坡仰韶陶器上的符号，表现了书符臆测的内容。

图 1-6　西安半坡仰韶陶器上的符号

六　文字和数字记录

经过长期的探究和努力，人类终于进入了文字和数字记录的时代。

根据考古发现，我国从新石器时代中期仰韶文化的西安半坡遗址中已经发掘出代表数字的符号（如图 1-6 所示，图上就有代表数字的符号），这样推算到龙山文化时期的炎帝黄帝时期（约五千年前）也已经过了一千多年，所以黄帝使隶首作算数，使仓颉造书（字）之说，从人类进化发展角度看也是可信的。

我们现在使用的文字和数字都与那个时代的文字和数字不同。1984 年，中国社会科学院考古研究所在山西省襄汾市陶寺遗址编号为 H3403 的灰坑中发现一个残破的陶制扁壶。扁壶一面鼓起，一面平直。在鼓起的一面，刷去表面浮土，赫然现出一个红色的类似甲骨文中“文”字的符号。在扁壶平直的一面发现了一个奇怪的符号。专家们确认，这是一种早期文字，比商代的甲骨文早了七八百年，应是夏代文字。关于这个文字，有几种不同的看法，一是认为这个字同“阳”，二是认为这个字为“尧”，三是认为这个字为“邑”，到现在还没有确切的结论。

如图 1-7 所示，这是中国社会科学院考古研究所收藏的灰陶大口尊，出土于河南省偃师市二里头遗址，是一件陶质贮酒器，深灰色，高 39 厘米，大口，长颈，广肩，深腹，底内凹。在大口尊的内口沿上发现了几十种刻画符号，经唐兰先生等学者研究，认为就是文字。

图 1-7　偃师市二里头遗址的灰陶大口尊

现在我们已能破解的古文字是商代的甲骨文（是刻在龟甲、动物骨头上的文字）和周代浇铸在青铜器上的铭文（又称铜铭文）。战国时期，秦国李斯整理制定了小篆，秦灭六国后，秦始皇下令以秦国的“小篆”为标准统一文字。后小篆逐步演变为正楷。新中国成立后，全国语言文字委员会颁布了简化字（目前香港和台湾地区还使用繁体字），这就是我们现在使用的文字。我国汉语文字已经经历了五千多年的历史，是全人类唯一保存下来的还在使用的历史最悠久的文字。

又据东汉时期数学家徐岳所著《数术记遗》记载，隶首作算数有十四种之多。书中记述为：“余又问曰：为算之体皆以积为名为复，更有他法乎？先生曰：隶首注术，乃有多种。及余遗忘，记忆数事而已。其一积等（算），其一太乙，其一两仪，其一三才，其一五行，其一八卦，其一九宫，其一运算，其一了知，其一成数，其一把头，其一龟算，其一珠算，其一计算。此等诸法随须更位。唯有九宫守一不移，位依行色，并应无穷。”书中所说十四种计算方法都是隶首发明的似乎不太可信，但是东汉时期我国计算方法有多种是可以肯定的。总之，到了原始社会后期，我国就进入了采用文字和数字进行记事和记录的时代，只是到今天还没有找到更多实物性的证据和对这些文字进行解读而已。

在以往的考古研究中，仅把一些用于经济事项计量与记录的符号认定为原始文字或古算术中的原始数码，而未把它作为一种与会计起源相关的计量、记录符号对待。事实上，正是经济上的动机带来了原始计量、记录符号的创造。应用计量、记录符号的目的是服务于经济管理。正是由于对经济活动进行计量和记录的需要，原始的计量、记录符号和手段才不断地发展演变，逐渐成为成熟的数学和文字。正是从这个意义上，我们说：数字是会计之父，文字是会计之母。

本章小结

本章通过对会计记录方式由实物记事、绘画记事、结绳记事、刻契记事、书符臆测逐步发展到文字和数字记录的过程探讨，帮助同学们理解我国文字和数字的发明对经济发展、社会进步所起到的巨大推动作用。

课后拓展

1. 利用本课程学习资料库资料，课后引导学生自己动手制作古代会计结绳记事的展品。

2. 利用《数术记遗》资料，课后引导学生探究我国古代其他多种计量记录方法。

阅读链接

[1] 白寿彝 . 中国通史纲要 . 上海：上海人民出版社，1980.
[2] 郭道扬 . 中国会计史稿：上册 . 北京：中国财政经济出版社，1982.
[3] 王建忠，柳士明 . 会计发展史 . 5 版 . 大连：东北财经大学出版社，2021.

第二章 会计计算工具的演变与未来发展

学习目标

【知识目标】

掌握会计计算工具的演变以及未来发展。

【能力目标】

1. 以我国古代绘画为实例，讲解算盘以及珠算的产生及发展。
2. 以算筹为计算工具，计算加、减、乘、除习题。

【素养目标】

1. 对事物的判断要保持独立、客观、公正，培养良好的职业道德素养。
2. 树立严谨认真的职业态度。

文化传承

微 课

海屋添筹

“海屋添筹”又可作“海屋筹添”。筹，是指会计计算工具——算筹。这个成语原指长寿，后来多用来作为祝寿之词。成语出自宋代苏轼的《东坡志林·三老语》：“尝有三老人相遇，或问之年。一人曰：‘吾年不可记，但忆少年时与盘古有旧。’一人曰：‘海水变桑田时，吾辄下一筹，尔来吾筹已满十间屋。’一人曰：‘吾所食蟠桃，弃其核于昆仑山下，今已与昆仑齐矣。’”很多中国古代文人绘画、中国古典家具刻图、清宫陶瓷文物绘画等都取材于这个成语故事。这个包含会计计算工具的成语，为会计增添了一层古典而优美的光环。

背景资料

各行各业都有自己的劳动工具，会计这一职业的劳动工具是什么呢？会计的劳动工具主要指的是会计计算工具。对财富计量的需要促进了会计计算工具的产生和发展，会计计算工具已成为会计文化的重要组成部分之一。本章主要介绍我国古代劳动人民发明的计数工具算筹、算盘，以及近现代出现的计算器、计算机等。由于算筹、算盘在中国传统文化中的特殊地位，在后世文学作品中也常能见到有关描述，例如：

黄蓉坐了片刻，精神稍复，见地下那些竹片都是长约四寸，阔约二分，知是计数用的算子。再看那些算子排成商、实、法、借算四行，暗点算子数目，知她正在计算五万五千二百二十五的平方根，这时"商"位上已计算到二百三十，但见那老妇拨弄算子，正待算那第三位数字。黄蓉脱口道："五！二百三十五！"那老妇吃了一惊，抬起头来，一双眸子精光闪闪，向黄蓉怒目而视，随即又低头拨弄算子。这一抬头，郭、黄二人见她容色清丽，不过四十左右年纪，想是思虑过度，是以鬓边早见华发。那女子搬弄了一会儿，果然算出是"五"，抬头又向黄蓉望了一眼，脸上惊讶的神色迅即消去，又见怒容，似乎是说："原来是个小姑娘。你不过凑巧猜中，何足为奇？别在这里打扰我的正事。"顺手将"二百三十五"五字记在纸上，又计下一道算题。这次是求三千四百零一万二千二百二十四的立方根，她刚将算子排为商、实、方法、廉法、隅、下法六行，算到一个"三"，黄蓉轻轻道："三百二十四。"那女子"哼"了一声，哪里肯信？布算良久，约一盏茶时分，方始算出，果然是三百二十四。

以上是金庸小说《射雕英雄传》中的精彩片段。文中提及的"算子"就是我们要介绍的会计计算工具之一——算筹。

第一节　算筹

《南史·檀道济传》记载了一则"唱筹量沙"（如图 2-1 所示）的故事：道济都督诸军北略，战无不捷。后以资粮绝乃还。时有降敌者，具言道济粮食罄，可击之。敌遣谍者侦之。道济料敌必有侦者至，乃于夜间唱筹量沙，散少许之米于沙上。及旦，谍者还报，谓道济资粮有余，乃不敢追。

这则故事讲的是檀道济[①]在粮尽退军的情况下，以他丰富的作战经验和对敌方心理的准确把握，灵活地运用了唱筹量沙的妙计。他为了迷惑敌方谍报人员，将沙当作米

① 檀道济（？—436 年），南朝宋高平金乡（今山西高平）人。

量，并让士兵高呼所量的数字（以透露给不知内情的人）。敌人误以为他们军粮充足，不敢追击，从而使檀道济的军队保存了自己的力量。筹，是算筹。在这则故事里，算筹成为必要的道具，发挥了重要的作用。同时，这则故事也说明算筹在当时是主要的计算工具。

图 2-1　唱筹量沙

一　运筹帷幄，决胜千里

当年刘邦取得天下后对张良进行赏赐，群雄中有人不服。刘邦说："运筹策于帷帐之中，决胜于千里之外，吾不如子房。"筹策就是算筹，这也是"运筹帷幄"这个成语的由来。

算筹又称为算、筹、策、算子等，实际上就是一些长短相同的小棍，是直到宋、元时期中国人的主要计算工具。然而，算筹产生于何时，无可靠记载。《老子》中说："善数不用筹策。"这说明最晚在春秋末期，算筹就是人们的主要计算工具了。据记载，算筹一袋有 271 根，可以进行各种运算，并能表示出具体数值。

二　竹木骨石，截面圆方

算筹通常用竹制成，也有用木、骨、石制成的。图 2-2 与图 2-3 所示分别为汉代的玻璃算筹和铅质算筹。《汉书·律历志》中记载："其算法用竹，径一分，长六寸。"分别折合为今天的 0.23 厘米与 13.8 厘米。为避免滚动与布算面积过大，后来算筹逐渐变短，截面由圆变方。河北石家庄出土的东汉算筹截面已变为方形，长度缩短为 8.9 厘米。

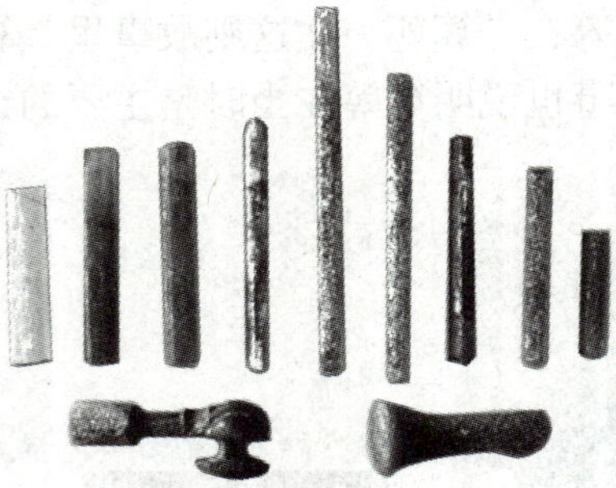

图 2-2　汉代玻璃算筹

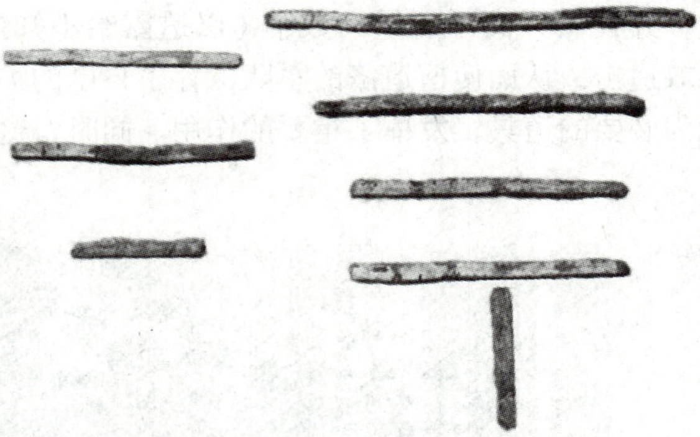

图 2-3　汉代铅质算筹

三　算筹计数，百立千僵

中国古代采用十进制计数法，因此将 1 至 9 共 9 个数字用 9 种规定的算筹组合形式来表示即可进行运算。如图 2-4 所示，为了区别不同的位数，将所有数字分为横、纵两种摆放方式。如个位用纵式，十位用横式，百位用纵式，而千位又用横式，以此类推，间隔交替，就不会在位数之间互相混淆。空位时空一格表示（后来用圆圈表示 0）。用这 18 个符号及表示空位的 0，可以表示任何一个自然数。《孙子算经》最先描述了算筹记数制度："凡算之法，先识其位。一从十横，百立千僵，千十相望，万百相当。"利用算筹不仅能进行数的四则及开方运算，还能表示许多复杂的内容，如约分法、双设法、一次同余式解法等。它是当时世界上最先进的计数与计算方法。

算筹计算时要背诵口诀，边布棍边计算。南北朝时期的杰出数学家祖冲之（429—500 年）就是用算筹计算出了位于 3.141 592 6 和 3.141 592 7 之间的圆周率。这一结果比西方早一千多年。

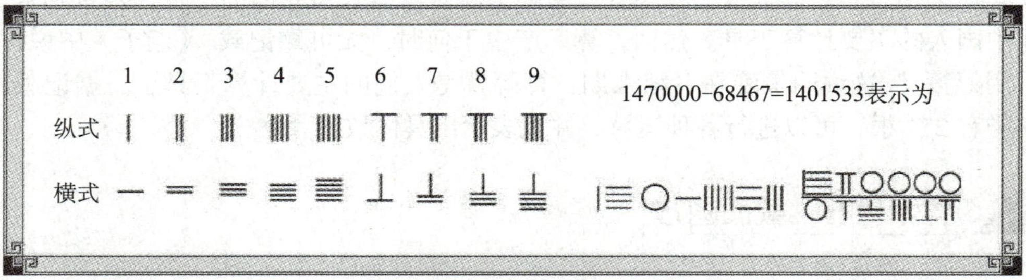

图 2-4　算筹的摆法及简单运算

资料来源：中国数字科技馆．

四　红正黑负，源远流长

算筹有红黑二色，红色为正数，黑色为负数。算筹可以进行加减乘除运算。其计算过程比较复杂，通常采用纵向多层的摆放方式进行。汉代算筹已非常流行，当时人们外出时常在腰间别一个袋子盛装算筹，称为算袋，是一种博学多智的象征。一些经典武侠小说，也曾将算筹作为一项展示人物才能的重要道具。例如《射雕英雄传》中的“神算子”瑛姑就善于使用算筹，《昆仑》中的梁萧也曾算筹不离手。

五　古代文明，卓越辉煌

中国传统数学的辉煌成就，大都是借助于筹算取得的。中国古代十进位制的算筹记数法在世界数学史上是一个伟大的创造。把它与世界其他古老民族的记数法做一比较，其优越性是显而易见的。

古罗马的数字系统没有位值制，只有七个基本符号，如要记稍大一点的数目就相当烦琐。古美洲玛雅人虽然懂得位值制，但用的是 20 进位；古巴比伦人也知道位值制，但用的是 60 进位。20 进位至少需要 19 个数码，60 进位则需要 59 个数码，这就使记数和运算变得十分繁复，远不如只用 9 个数码便可表示任意自然数的十进位制来得简单方便。

据英国科学家李约瑟所著《中国科学技术史》阐述：中国在商朝（公元前 14 世纪—公元前 11 世纪）就已经使用很科学的十进位制了，而且这项发明要比古巴比伦和古埃及同一时代的数字体系更为先进、更为科学。中国古代数学之所以能在计算方面取得许多卓越的成就，在一定程度上应该归功于这一符合十进位制的算筹记数法。马克思在他的《数学手稿》一书中称十进位记数法为“最妙的发明之一”，确实是一点也不过分的。

使用算筹运算时，操作过程繁杂，占用面积大。因此，15 世纪后，使用 2 000 多年的算筹逐渐被算盘取代。

第二节　算盘

如图 2-5 所示，《发财图》中的文字记述如下：丁卯五月之初，有客至，自言求余画发财图。余曰：发财门路太多，如何是好？曰：烦君姑妄言著。余曰：欲画赵元帅否？曰：非也。余又曰：欲画印玺衣冠之类耶？曰：非也。余又曰：刀枪、绳索之类耶？曰：非也。算盘何如？余曰：善哉！欲人钱财，而不施危险，乃仁具耳。余即一挥而就，并记之。时客去后，余再画此幅，藏之箧底。三百石印富翁又题原记。

齐白石所作《发财图》，图中文字记载的是此图来历。文中，齐白石称算盘“欲人钱财，而不施危险，乃仁具耳”。

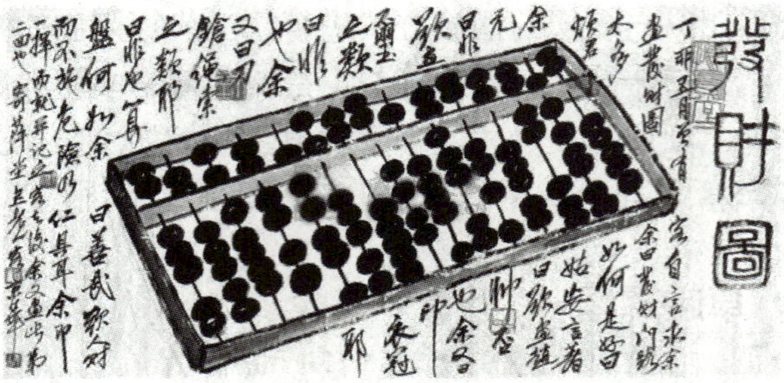

图 2-5 《发财图》

一　古老发明，青史流芳

2013 年 12 月，联合国教科文组织保护非物质文化遗产政府间委员会第八次会议在阿塞拜疆巴库通过决议，正式将中国珠算项目列入教科文组织人类非物质文化遗产名录。如图 2-6 所示，这是当时的《保护非物质文化遗产公约》。

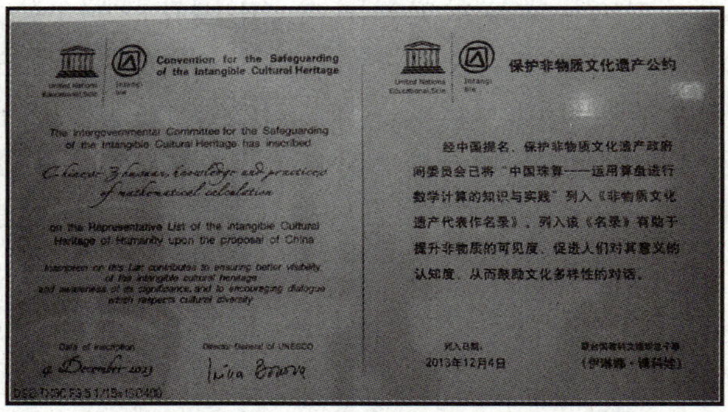

微课

算盘

图 2-6 《保护非物质文化遗产公约》（中国珠算博物馆展品）

算盘利用珠算口诀进行计数运算，是一种独特的数学运算工具。关于算盘的记载最早出现在东汉徐岳的《数术记遗》一书中，是其记载的十三种计数工具之一（十四种计算方法中，前十三种各有算具，第十四种为心算，无须算具）。其中有彩色游珠算盘六种：太乙、两仪、三才、九宫、了知、珠算。可见汉代即有算盘。徐岳称算盘“控带四时，经纬三才”。如图 2-7 所示，这是中国珠算博物馆中的十三种古算具。

北周甄鸾曾为此做注。刻板分三部分，上下两部分是用于停游珠的，中间一部分是用来定算位的。每个部分可以停五个珠，上下珠颜色不一样。算珠上一珠，一珠当五，下四珠，一珠当一。所谓“控带四时”，指的是下面四个珠控制；所谓“经纬三才”，指的是游珠游于刻板三部分之间[①]。

---

① 北周甄鸾注云：“刻板为三分，其上下二分，以停游珠，中间一分，以定算位。位各五珠，上一珠与下四珠色别。其上别色之珠当五，其下四珠，珠各当一。至下四珠所领，故云控带四时。其珠游于三方之中，故云经纬三才也。”

图 2-7　中国珠算博物馆展品：十三种古算具

汉代的算盘，其形制与近现代的有所不同。那时的算珠是游珠，不穿档，且无口诀，实际上不如算筹方便。现在使用的珠算盘，算珠都穿档，由档定位；横梁上二珠，一珠当五，梁下五珠，一珠当一。图 2-8 至图 2-10 所示是中国珠算博物馆中不同的珠算刻板。

图 2-8　中国珠算博物馆中的珠算刻板（1）

图 2-9　中国珠算博物馆中的珠算刻板（2）

图 2-10　中国珠算博物馆中的珠算刻板（3）

二　操作简便，口诀清晰

算盘是随着乘除捷算法的成熟而产生的。算盘产生后，与算筹并用了很长的时间。明太祖洪武年间的《魁本对相四言杂字》中既有算盘，也有算子。明中叶以前的数学著作记载也是珠算、筹算并用。大约在明中叶以后，算盘完全取代了算筹，完成了计算工具的改革。图 2-11 至图 2-14 所示分别为扇形算盘、三档算盘、变档算盘、十珠算盘。

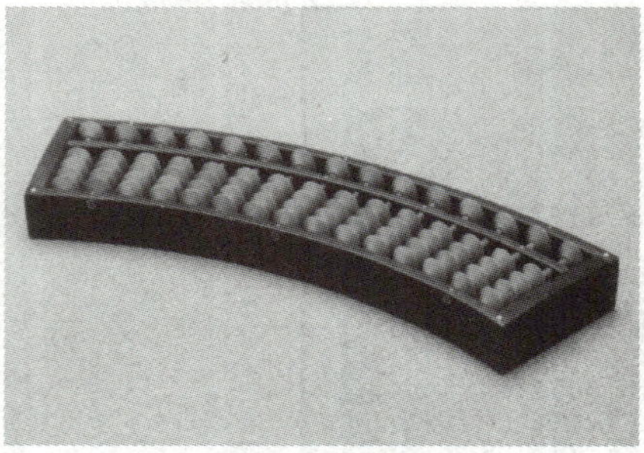

图 2-11　扇形算盘

图 2-12　三档算盘

图 2-13　变档算盘

图 2-14　十珠算盘

算盘为什么能取代算筹呢？首先，算盘易于携带，操作简便；其次，珠算口诀朗朗上口、易于普及。珠算在口诀上的创新，实际上也是有深厚的中国传统数学文化基础的。如图 2-15 所示，这是古今珠算口诀对照表。

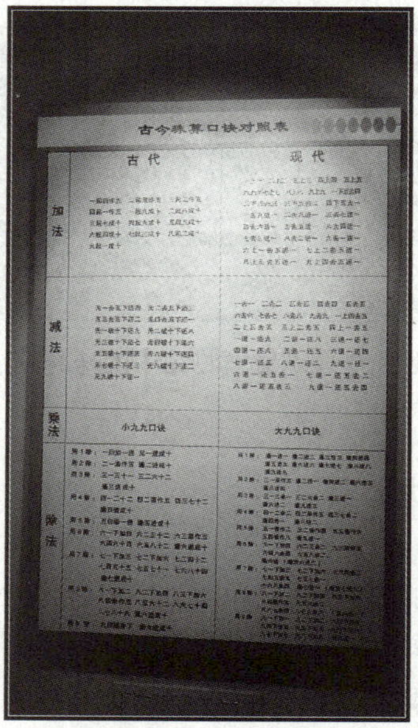

图 2-15　古今珠算口诀对照表（中国珠算博物馆展品）

现存最早的珠算书是徐心鲁订正的《盘珠算法》（1573 年）。

明代程大位的《直指算法统宗》（1592 年）对珠算的发展和普及发挥了极大的作用。该著作是我国最早、最全面的珠算口诀书籍。程大位是我国明代杰出的数学家、珠算宗师。图 2-16 所示是中国珠算博物馆中的程大位像，图 2-17 所示是安徽屯溪珠算博物馆中的程大位像。他曾在长江中下游一带经商，收集了大量的古算书，并遍访名师。四十岁后，他弃商返乡，专心著述，于万历二十年即 1592 年（59 岁）写成巨著，名《直指算法统宗》，共十七卷。这是一部应用数学书，主要包括度量衡及田亩制、珠算加减法的歌诀、各种应用题计算方法等。之后，他又对《直指算法统宗》删繁就简，编成《算法纂要》，共四卷，并于万历二十六年即 1598 年自费刊印出版。一直到清代，该书还被多次再版，同时，该书还流传到了朝鲜、日本等国家和地区，蜚声海内外。毋庸置疑，中国珠算对促进朝鲜、日本等国家和地区的商业发展起到了非常重要的作用。图 2-18、图 2-19 所示分别是《直指算法统宗》中的算盘图和珠算图。

图 2-16　中国珠算博物馆中的程大位像

图 2-17　安徽屯溪珠算博物馆中的程大位像

图 2-18　《直指算法统宗》中的算盘图

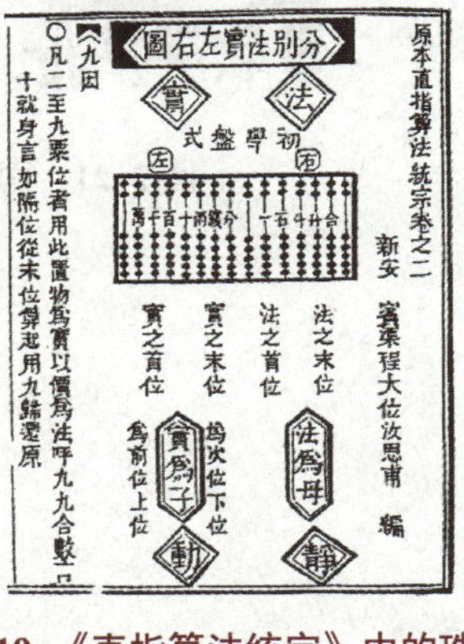

图 2-19　《直指算法统宗》中的珠算图

三　吉图吉景，趋利有财

如图 2-20 所示，在宋代著名画家张择端的《清明上河图》中，画卷末端的“赵太丞家”药店柜台上放置着两样物品，经专家鉴定，一件为记账用的水白牌，另一件即一把 15 档的串珠算盘。可见，宋朝的时候算盘就已经普及。

图 2-20 《清明上河图》赵太丞家的算盘

南宋刘松年所绘《茗园赌市图》、元代王振鹏所绘《乾坤一担图》中都有算盘，算珠、档都清晰可见，如图 2-21、图 2-22 所示。

图 2-21 南宋刘松年所绘《茗园赌市图》中的算盘

图 2-22 元代王振鹏所绘《乾坤一担图》中的算盘

四　功勋卓著，源远流长

据史料记载，在我国第一颗原子弹研制过程中，科学家们就是用算盘和手摇计算机算出了原子弹爆炸时中心压力的正确数据。中国红军二万五千里长征这一数据，也是根据几个红军将领的日记，用算盘计算出来的。

珠算文化极大地丰富了百姓文化生活。随着算盘在民间的广为使用，它已渗透到老百姓日常生活的每一个角落。在南通中国珠算博物馆的民俗展品中，各种带有算盘图案的配饰寄托着人们的美好希望——“精打细算发大财”。图 2-23、图 2-24 所示是中国珠算博物馆展品——银锁算盘和算盘饰品。

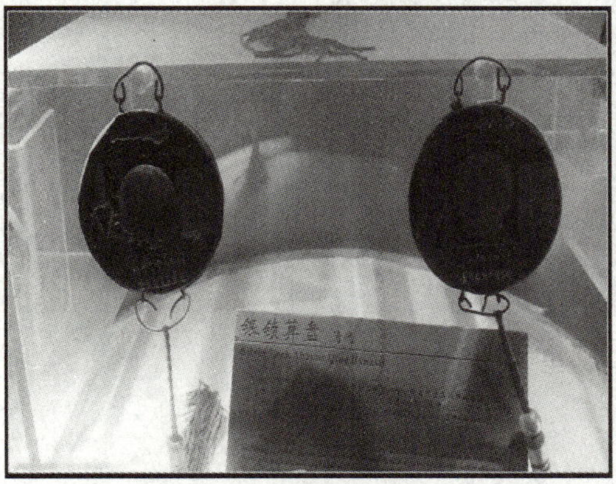

图 2-23　中国珠算博物馆展品——银锁算盘

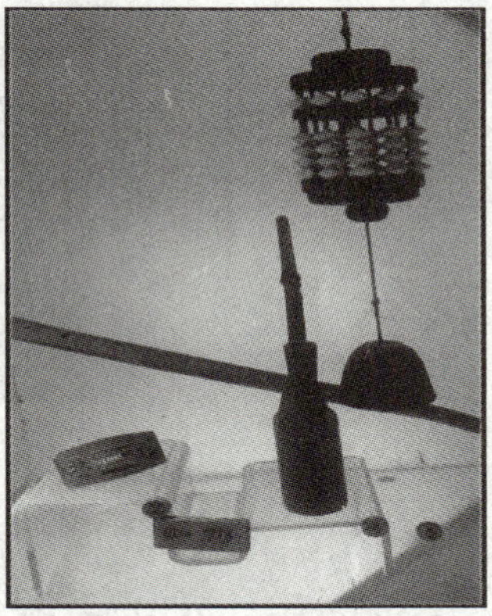

图 2-24　中国珠算博物馆展品——算盘饰品

另外，珠算也成为人们生活用语的重要内容。如用珠算口诀“二一添作五”表示平均分，用“不管三七二十一”表示做事马虎或武断，用“算盘一响，黄金万两”表示财源滚滚或只要精于计算，就能发财，等等。

第三节　计算机

达·芬奇被誉为“文艺复兴后三杰”之一。图 2-25 所示是他的《马德里手稿》图片之一。这是一部齿轮装置机器的草图，后人猜想这可能是为了计算而设计的。图中的齿轮可能代表着数字：小齿轮为数字 1，大齿轮为数字 10。

达·芬奇去世后，笔记被传给了徒弟弗朗西斯科·梅尔兹（Francesco Melzi）。梅尔兹将其完好地保存到 1579 年他去世为止。1630 年，受雇于西班牙王室的雕塑家彭佩奥·莱昂尼（Pompeo Leoni）收集了大部分笔记，他试图将资料按科目重新整理，笔记的顺序遭到了破坏，达·芬奇的思路从此失传。手稿被分成几个部分散布到英国、法国、意大利、西班牙等。少部分留在西班牙的手稿，直到 1966 年才在马德里国家图书馆偶然被发现。

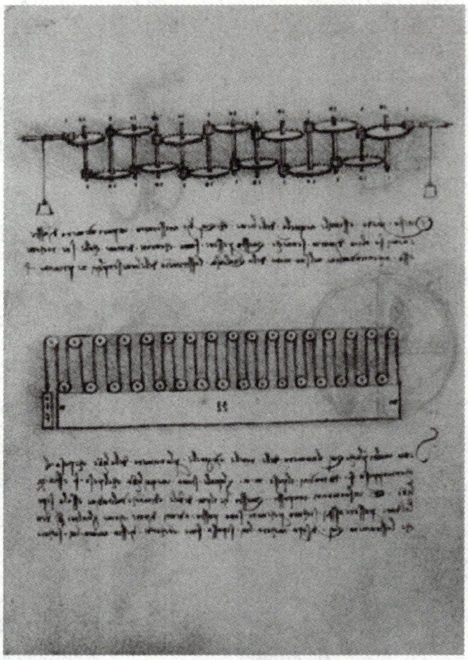

图 2-25　达 · 芬奇《马德里手稿》图片之一

一　人类探索，生生不息

乔治 · 蔡斯说："机械计算机的本质就是用数字轮和旋转装置记录数字和十进位值的故事。"那么，这个故事是怎样展开的呢？

（一）复制草图，无法运算

1967 年，《马德里手稿》被发现后不久，古亚特利博士（Dr Guatelli）赴美国麻省理工学院图书馆研究草图，他结合达 · 芬奇的《大西洋手稿》（Codex Atlanticus），于 1968 年复制出一台机器，它现陈列在 IBM 展览馆。如图 2-26 所示，这是古亚特利博士复制达 · 芬奇《马德里手稿》的机器。

图 2-26　古亚特利博士复制达 · 芬奇《马德里手稿》的机器

实际上，这不能称为计算器，只能算是比例机（Ratio Machine）。因为第一个轴转一圈将带动第二个轴转 10 圈，到最后一个轴要转 10 的 13 次方圈。而且这样的机器会产生较大的摩擦力，无法正常运行。

（二）未完计算钟，毁于火灾

1623 年，德国科学家契克卡德（Wilhelm Schickard）制造了一台能进行六位以内加减乘除运算的机器。计算是通过操纵齿轮转动进行的。它还设置了响铃，故称“计算钟”。但该机器并没有被保存下来，现在仅发现一些与该机器相关的文件——契克卡德给开普勒（Johannes Kepler）的信和带机械师说明的机器草图。该机器交由一名专业的钟表机械师制造，还没制作完成就毁于火灾。图 2-27 所示是契克卡德在给开普勒的信中描绘的计算器，图 2-28 所示是契克卡德计算钟草图。

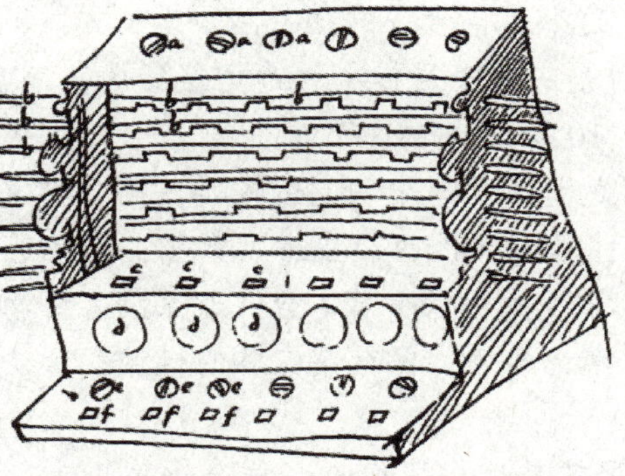

图 2-27　契克卡德在给开普勒的信中描绘的计算器

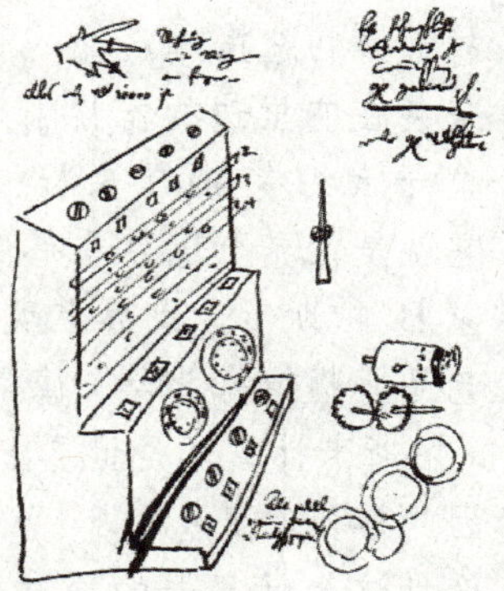

图 2-28　契克卡德计算钟草图

（三）复制计算钟，工作正常

1960 年，德国图宾根大学的一名哲学教授，按照契克卡德的手稿模拟复制了第一台契克卡德计算钟。该机器经改进后工作正常，除了能进行六位以内加减乘除运算外，数位溢出时还能响铃报错。

二　计算器具，走向机械

（一）第一台计算器——加减计算

1642 年，年仅 19 岁的法国科学家 B. 帕斯卡（B.Pascal）发明了第一部机械式计算器，在这种计算器中有一些互相连锁的齿轮，一个转过十位的齿轮会使另一个齿轮转过一位，人们可以像拨电话号码盘那样，把数字拨进去，计算结果就会出现在另一个窗口中，但是它只能做加减计算。这是人类历史上第一台机械式计算器，其原理对后来的计算机械产生了持久的影响。如图 2-29 所示，这是帕斯卡计算器（故宫博物院藏品）。

图 2-29 帕斯卡计算器（故宫博物院藏品）

拓展阅读

故宫博物院里珍藏着一个红木匣子。这个古色古香的红木匣子为长方体，大小尺寸与装在它里边的器具刚好一致。里边是一个表层镀金、边角镶银的黄铜盒子。这个盒子大约有 40 厘米长、15 厘米宽、10 厘米高。这个珍贵的盒子到底是什么呢？它就是世界上现存最完整、时间最早的计算器，发明它的人是法国数学家、物理学家 B. 帕斯卡。世界上现存的帕斯卡计算器样机已经屈指可数了：巴黎艺术和手工艺品博物馆有 5 台，德累斯顿物理数学沙龙会保存着 1 台，北京故宫博物院有 2 台。帕斯卡计算器是世界上第一台有文字记载的、保存最完整的机械式加法计算器，因此格外珍贵。

设计这台计算器的关键点是什么？那就是让机器像人一样会进位思考。也就是说，如果能让机器在做加法时自动进位、做减法时自动借位，那么不就是相当于教会它思考了吗？帕斯卡在这个关键问题上一遍一遍地思考着，反复地设计着。一天晚上，帕斯卡还在设计草图前思索着，房间里静悄悄的，只能听到座钟“滴答”“滴答”的摇摆声。忽然钟声响了 10 下，时针在力的牵引下，微微地弹了一下，准确地指到 10 的位置上。这短暂的一瞬就像黑夜中射来了一道强光，使帕斯卡感到眼前一亮。对呀！逢 10 进 1，低位齿轮转动 10 圈，高位齿轮恰好转动 1 圈，这不就是自动进位吗？

1642 年，当这台机器在卢森堡宫展出时，整个欧洲为之轰动。有人用洋洋洒洒的文章来宣传它；有人用诗的语言来歌颂它。纯粹的机械装置能够代替人们的部分思考和记忆，这是历史创举。在卢森堡宫展览大厅，人们仔细观察着这个神奇的黄铜盒子：计算器表面有一排窗口，每一个窗口下都有一个刻着 0～9 这 10 个数字的拨盘（与现在的电话拨盘相似）；拨盘通过盒子内部的齿轮相互咬合，最右边的窗口代表个位，对应的齿轮转动 10 圈，紧挨着它的代表十位的齿轮才能转动一圈，以此类推。在进行加法运算时，每一拨盘都先拨“0”，这样每一窗口都显示“0”，然后拨被加数，再拨加数，窗口就显示出和数。在进行减法运算时，要先把计算器上面的金属直尺往前推，盖住上面的加法窗口，露出减法窗口，接着拨被减数，再拨减数，差值就会自动显示在窗口上。

（二）改进计算器——乘除计算

1674 年，莱布尼茨（Leibniz）在德国将帕斯卡计算器改进成了可以进行乘除计算的计算器。莱布尼茨同时还提出了“可以用机械代替人进行烦琐重复的计算工作”的伟大思想，这一思想至今鼓舞着人们探索更先进的计算机。如图 2-30 所示，这就是莱布尼茨计算器。

图 2-30　莱布尼茨计算器

此后，一直到 20 世纪 40 年代末，电子计算器才出现。

旁征博引

莱布尼茨认为，中国的八卦是最早的二进制计数法。在八卦图的启迪下，莱布尼茨系统地提出了二进制运算法则。莱布尼茨正是受到《易经》的启发而发明了使用二进制数字的手摇式计算机。据记载，莱布尼茨曾把自己的乘法机复制品送给康熙皇帝。

三　电子计算机，方便快捷

1946 年，美国宾夕法尼亚大学经过几年的艰苦努力，研制出世界上第一台通用计算机——埃尼阿克（ENIAC），它也是世界上第二台电子计算机（如图 2-31 所示）。20 世纪 70 年代，外国出现了采用数码管的电子计算器，后来又改进为采用液晶面板的电子计算器。一直到现在，我们平时使用的都是这种计算工具。从 20 世纪 80 年代开始，我国各单位也为财务人员配发了电子计算器，从此算盘的地位受到挑战，现在许多财务人员都不会熟练地使用算盘了，能用算盘进行乘除计算的人就更少了，同时人们开始重视小键盘的使用，也提出了小键盘操作技能标准。许多职业学院对学生开设的技能训练课中就有这些要求。

图 2-31　ENIAC

第四节 会计信息化

一 80年代，起步发展

起初，会计信息化称为会计电算化，会计电算化是把电子计算机和现代数据处理技术应用到会计工作中的简称，是用电子计算机代替人工记账、算账和报账，以及部分代替人脑完成对会计信息的分析、预测、决策的过程，其目的是提高企业财会管理水平和经济效益，从而实现会计工作的现代化。计算机软件在 20 世纪 80 年代应运而生，出现了个人计算机（小型化），有了专门化的财务会计软件，使用计算机代替手工会计记账成为现实。我国会计电算化从 20 世纪 80 年代末到 90 年代初处于快速发展时期。

1988 年，北京先锋财会电算公司成功开发出我国第一个商品化通用会计软件——“先锋 CP-800”。当时我国比较著名的会计软件公司除了先锋以外，还有万能、用友、金碟等许多公司。有关的国家标准和规范主要有《会计电算化工作规范》（1996）、《企业会计信息化工作规范》（2013）等。

二 21世纪，网络时代

进入 21 世纪，由于网络的快速发展，会计专用软件的发展和功能提升更快了，更有力地推进了会计电算化事业的发展。现在大多数单位都使用了财务软件。21 世纪，还出现了财务管理一体化的 ERP 管理模式。

三 信息平台，资源共享

当前，我国正在推广以可扩展商业报告语言（XBRL）为基础的财务软件。财政部还专门为此制定了《企业会计准则通用分类标准》，并将适时推动建立以披露财务报告数据为主的社会化会计信息公共服务平台。企业的会计信息系统和业务系统正在进行有机融合与互联，会计工作逐渐从传统核算型转变为现代管理型。随着大数据、“互联网 +”的发展，会计信息资源共享机制、会计资料无纸化管理制度等将逐步形成，这些都将对未来的会计工作产生深远的影响。

四 人工智能，想象无限

2016 年 3 月 9 日，谷歌公司研制的人工智能程序 AlphaGo 与围棋世界冠军、韩国名将李世石九段，在韩国首尔上演了举世瞩目的围棋“人机大战”。最终，AlphaGo 以 4∶1 的成绩战胜了李世石。这次比赛使人工智能再次引发社会关注。2016 年 3 月 12 日，国际四大会计师事务所之一——德勤会计师事务所宣布与 Kira Systems 联手，将人工智能引入会计、税务、审计工作当中。这一行动标志着人工智能正式开始影响会计行业。现阶段人工智能在会计领域的应用主要表现为对重复率较高的、数量较大的、可以标准化的一些会计工作，通过财务机器人实现自动化处理。其主要作用是提高工作效率和质量，降低成本。所谓的财务机器人，是一个软件，是机器人流程自动化（RPA）工具，并非一个实体机器人。

人工智能强大的数据处理能力、高效的信息搜集能力能够极大地提高企业审计、财务会计工作的效率和质量，而与此同时，人工智能的安全性问题也引发了人们的担忧。人工智能未来究竟将怎样影响会计工作，目前仍然是众说纷纭。但无论如何，人工智能技术必然会对传统会计工作产生巨大的影响，给会计工作的未来发展带来巨大的想象空间，值得期待。

本章小结

本章主要介绍了我国古代劳动人民发明的算筹、算盘，以及近现代出现的计算器、计算机、计算机软件等，帮助同学们理解会计计算工具的发展是会计发展的重要组成部分，也是我们光辉灿烂的会计文化的标志之一。

课后拓展

1. 利用本课程学习资料库资料，课后引导学生自己动手仿制古代算筹的展品。

2. 说说下列成语的含义：唱筹量沙、运筹帷幄、一筹莫展、略胜一筹、统筹兼顾、稍逊一筹、海屋筹添、荷橐持筹、觥筹交错、借箸代筹、行思坐筹、半筹不纳、算沙抟空、如意算盘、算尽锱铢、入海算沙、鹤算龟龄……请学生说一说还有哪些和算筹及算盘有关的成语典故。

3. 利用本课程学习资料库资料，课后引导学生以“我国算盘是如何进化的”为题展开讨论。

4. 通过网络和查阅图书馆资料，课后引导学生收集我国古代珠算口诀资料。

阅读链接

[1] 白寿彝. 中国通史纲要. 上海：上海人民出版社，1980.

[2] 郭道扬. 中国会计史稿：上册. 北京：中国财政经济出版社，1982.

[3] 王建忠，柳士明. 会计发展史. 5 版. 大连：东北财经大学出版社，2021.

[4] 文硕 . 西方会计史：上 . 北京：中国商业出版社，1987.
[5] 海渥 . 会计史 . 文硕，等译 . 北京：中国商业出版社，1991.
[6] 北京财贸职业学院财会文化数字馆 .
[7] 中国珠算博物馆（http：//zsbwg.nantong.gov.cn/）.

第三章 会计凭证与会计账簿

学习目标

【知识目标】

1. 举例说明我国西周到清代会计凭证的演变。

2. 举例说明我国西周到清代会计账簿的演变。

【能力目标】

1. 从“券”的会计凭证意义上理解“如持左券”“胜券在握”“稳操胜券”的原始意义及比喻意义。

2. 根据我国古代账簿名称理解会计文化中所蕴含的吉祥文化内涵。

【素养目标】

1. 通过会计凭证的要素分析，深刻体会会计工作中需具备的严谨精神。

2. 从会计凭证作为增信载体的角度，深刻体会诚信精神在会计工作中的重要意义。

文化传承

在民间会计中，各行业、各店家的账簿名称不甚一致，它不直接写明账户的性质，而是借用吉语，是我国人民趋利避害的吉祥文化在会计中的体现。如将呆账损失账户命名为“合浦珠还”，将往来账户命名为“义结金兰”，将年终报表命名为“本固枝荣”，等等。通过账簿名称我们既能够一眼看出账户性质，又能够看出店家深厚的文化底蕴。这类账户名称表达了店家追求幸福、美好、发财的愿望，是我国吉祥文化方阵中一株美丽的花朵，为会计增添了一层古典而优美的光环。

背景资料

《太平广计·卷一四六》记载了唐代后期小说家卢肇所著《逸史》中的一则故事《尉迟敬德》：隋末，有书生居太原，苦于家贫，以教授为业。所居抵官库，因穴而入，其内有钱数万贯，遂欲携挈。有金甲人持戈曰："汝要钱，可索取尉迟公帖来，此是尉迟敬德钱也。"书生访求不见，至铁冶处，有煅铁尉迟敬德者，方袒露蓬首。锻炼之次，书生伺其歇，乃前拜之。尉迟公问曰："何故？"曰："某贫困，足下富贵，欲乞钱五百贯，得否？"尉迟公怒曰："某打铁人，安有富贵？乃侮我耳！"生曰："若能哀悯，但赐一帖，他日自知。"尉迟不得已，令书生执笔，曰："钱付某乙五百贯。"具月日，署名于后，书生拜谢持去。尉迟公与其徒，拊掌大笑，以为妄也。书生既得帖，却至库中，复见金甲人呈之。笑曰："是也。"令系于梁上高处。遣书生取钱，止于五百贯。后敬德佐神尧，立殊功，请归乡里。敕赐钱，并一库物未曾开者，遂得此钱。阅簿，欠五百贯，将罪主者，忽于梁上得帖子。敬德视之，乃打铁时书帖。累日惊叹，使人密求书生，得之，具陈所见。公厚遣之，仍以库物分惠故旧。

这个故事是说负责为尉迟恭看守财产的神仙要看到主人的帖子才肯如数付钱。这里所说的"帖"，指的是唐代后期的民间会计凭证。虽然当时尉迟恭本人尚未知道自己将来的富贵，但是书生按照神仙的指引，索得凭证（帖），即可向其命中注定的未来钱库借钱。故事充满了神话色彩，却反映了当时的世情民意。由此可见，在当时的民间生活中，人们对会计凭证已经非常重视。

第一节　会计凭证　信用载体

老子曰："信言不美，美言不信。"人言并非全部可信，因此增信的物件便应运而生。千古会计凭证，无非是前人用生活的指纹，印下的一个又一个"信"字，组合起来便是一部经济文明的信史。

在这个信史的长河中，随着时代的变迁，会计凭证衍生出了多种类型，制作材质也十分丰富。有竹简、木简、绢帛制成的凭证，也有兽壳、兽皮制成的凭证，民间传说中还有用拐棍、衣帽充当凭证的形式，其中纸质凭证是主要形式。

一　质剂傅别，买卖借贷

西周时期，契约内容和形式均无统一规定，其称谓也多以其交易方式的不同而有所不同，转让类的契约称约剂，一般买卖契约称质剂，借贷类的契约称傅别。

（一）约剂：大小约剂，宗彝丹图

《周礼·秋官司寇·同约》载：“凡大约剂书于宗彝，小约剂书于丹图。”孙诒让正义曰：“书于宗彝，谓刻铭重器；丹图，则箸于竹帛，皆所以征信也。”也就是说，当时行使国家权力进行交易的诸侯王公会把发生的重大事件铭刻在青铜器上，称为大约剂；而平民则把平民之间需要记述的交易事件铭记在竹或帛上面，称为小约剂。

图 3-1 所示的“三年卫盉”，是西周共王时期铸造的温酒器，1975 年 2 月出土于陕西省宝鸡市岐山县周原地区的董家村，现藏于岐山县博物馆。图 3-2 所示是卫盉上面的铭文，共 132 个字，记载了西周共王三年（公元前 920 年），矩伯因参加周王建大常典礼，向裘卫买了价值八十朋的朝觐用玉章，答应给裘卫土地十田，后又取了赤琥、麂韨等玉饰礼服，答应给裘卫土地三田。裘卫把这件事报告给伯邑父、定伯和单伯等执政大臣，于是，这些大臣命令三有司会同矩伯和裘卫办理交接手续。这就是书于宗彝的“大约剂”。

图 3-1　西周恭王时期的温酒器“三年卫盉”

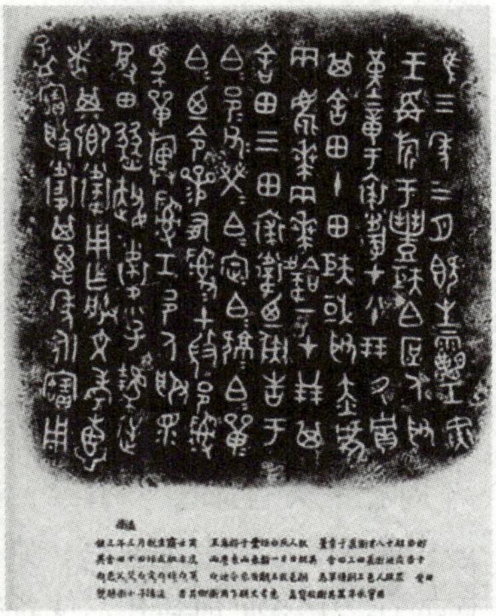

图 3-2　“三年卫盉”上的铭文拓片

图 3-3 所示的“格伯簋”，是西周时期的礼器。图 3-4 所示是“格伯簋”上的铭文，共 82 字，内容大概如下：正月初吉癸巳这天，王在成周。格伯用四匹好马与倗生交换土地三十田（西周一田为一百亩），双方剖木为凭，并实地勘定田界，具结交换事宜。

这反映了西周时期的土地这一不动产交换转让的基本情况，交代了双方当事人立约的时间、地点、交换价格及过程，记录了勘测田地界域、建立文书备案等程序，强调了其对于土地这一不动产所有权转让法律效力的认可。这也是书于宗彝的“大约剂”。

（二）质剂：两书一札，同而别之

郑玄注《周礼》云：“质剂，两书一札，同而别之，长曰质，短曰剂。傅别、质剂，皆今之券书也。”质剂一般以木或竹片制作，使用时将交易情况以同样的内容在同一质

图 3-3　西周共王时期的青铜器“格伯簋”

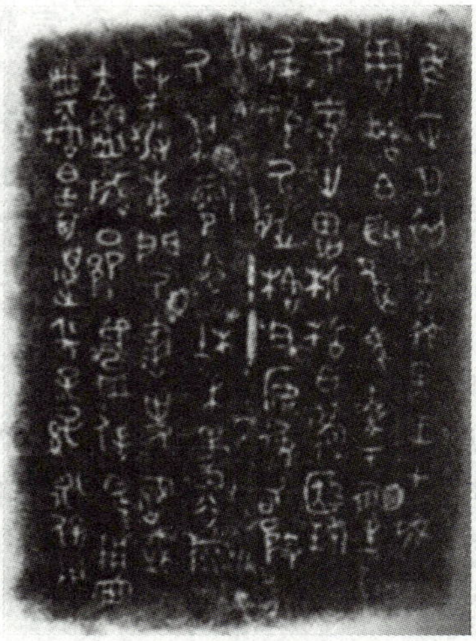

图 3-4　“格伯簋”上的铭文拓片

剂上书写两次，而后将质剂从中一剖为二，并在剖后的每一局部质剂上保留一份完整的书写内容，由交易双方各自收执其中一份，作为完成交易的证明文件。

“质剂者，为之券藏之也。大市，人民、马牛之属，用长券；小市，兵器、珍异之物，用短券。”这就是说，剂与质一同被当作“券”由集市中的质人掌管，用于平衡买卖交易双方。而且质被称作长券，用作大市交易；剂则为短券，用作小市交易。后来发展到有了买卖契约，如地契、房契、人身契等。

（三）傅别：借贷合同，履约凭证

《周礼·天官冢宰·小宰》载：“四曰听称责以傅别。”郑玄注曰：“傅别，谓券书也……傅，傅着约束于文书；别，别为两，两家各得一也。”孙诒让正义曰：“傅别则为手书大字，中字而别其札，使各执其半字……傅别札字半别。”

“称责”，指借贷关系。可见，傅别是《周礼》记载的民间借贷所用证明债权、债务关系情况的文书。傅别一般以木或竹片制作，使用时将借贷情况书于傅别上，并在傅别的背面作一大手书字，而后将傅别从中一剖为二，手书字亦随之一分为二，剖后的每一局部傅别上都保留了手书字的部分笔画，由交易者双方各自收执其中的一份，作为完成借贷的证明文件，后也称其为借券。

二　券分两半，核券为信

在春秋时代，国家采取征税的办法，许可私人经营工商业，于是私人工商业逐渐兴盛起来，这个时候的会计凭证称为“券”“契”“书契”。

西汉刘向所著《战国策·齐策》中记载了这样一个故事：

> 孟尝君出记，问门下诸客：“谁习计会，能为文收责于薛者乎？”冯谖署曰：“能。”孟尝君怪之，曰：“此谁也？”左右曰：“乃歌夫‘长铗归来’者也。”孟尝

君笑曰："客果有能也，吾负之，未尝见也。"请而见之，谢曰："文倦于事，愦于忧，而性懧（同懦）愚，沉于国家之事，开罪于先生。先生不羞，乃有意欲为收责于薛乎？"冯谖曰："愿之。"于是约车治装，载券契而行。辞曰："责毕收，以何市而反？"孟尝君曰："视吾家所寡有者。"驱而之薛，使吏召诸民当偿者，悉来合券。券遍合，起矫命，以责赐诸民，因烧其券，民称万岁。

文中所指的券契，最初是由带有竹节的竹片制成，以竹节的特征作为验证两半券是否为同一凭证的标志。后改为木质券，在两片木契的侧面一次同时刻契不同数量的刀痕，借以作为同一凭证的标记。这种券书上面记载了放债的款项、利率，以及债权债务人双方的签字等。在取本计息的时候，债权债务人双方需将两券核对，以相合为准。那时，商人在交易时所用的一种券书，形式上与这种放债的券书基本相同。《荀子·君道》记载："合符节，别契券者，所以为信也。"

上面故事中，冯谖将债务人和孟尝君分别手执的两半券相合，验证无误后在没有索要本息的情况下同时销毁，也就解除了薛地借款人和孟尝君的债权债务关系，因此"民称万岁"。根据这个故事，还可以推论：在当时民间会计中所采用的部分券书，既当作经济凭证使用，又代替专门的会计账簿，其做法有些类似于近代会计核算中以单代账的情况。不然，冯谖就不应只是"载券契而行"，还需"载会计簿书而行"了。

拓展阅读

图 3-5 所示为战国鄂君启金节（青铜错金铭文"鄂君启节"，包括车节和舟节），舟节长 31 厘米，车节长 29.6 厘米，一级甲等文物。自铭"金节"，是楚怀王颁发给鄂君启运输货物的免税通行凭证。据节文记载（如图 3-6 所示），颁发此节的时间是楚国的"大司马邵阳败晋师于襄陵之岁"，为公元前 322 年。鄂君的封地约在今湖北鄂城一带。5 件节符现分藏两处，其中中国历史博物馆收藏有车节、舟节各 1 件，另有 3 件藏于安徽博物院。鄂君启金节是目前我国发现的最早的通行证。

舟节规定鄂君使用船只的限额是 150 艘。自鄂出发，一年往返一次。水路的范围涉及今汉水、长江、湘江、资水、沅水、澧水等。车节规定的运输限额是 50 辆，也是一年往返一次。陆路的范围涉及今河南南部和安徽、湖北等地。节文还规定载运牛、马及有关折算的办法，禁止运输铜和皮革等物资。凭此节通过各处关卡可以免税，否则必须征税。此"金节"用铜铸成，文字错金，因形似劈开的竹节，故名"节"。这种"车节"和"舟节"，迄今为止仅此一件，因而极为珍贵。

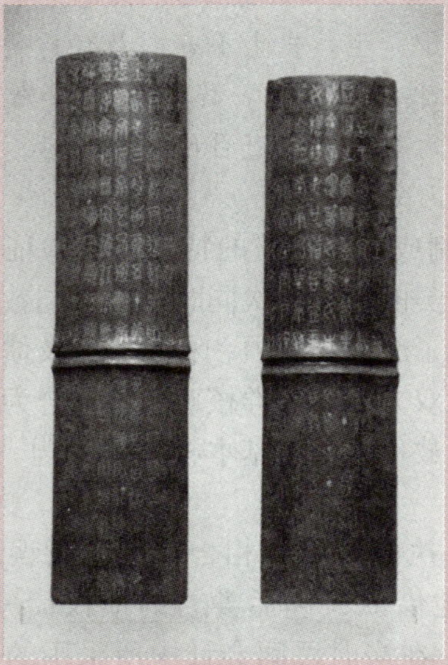

图 3-5　战国鄂君启金节

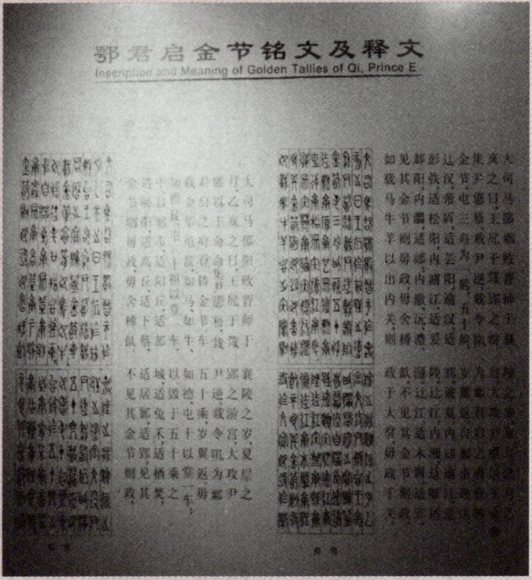

图 3-6　鄂君启金节铭文及释文

三　胜券在握，如持左券

先秦时期的“券”“契”“书契”最初是作为记载债权债务、买卖合同的会计凭证使用的。这时的契约分为左右两片，左片称左券。当“券”作为债权债务凭证时，左券由债权人收执，作为索偿的凭据。后常用“执左券”比喻有成功的把握。成语“胜券在握”“如持左券”“稳操左券”等都是由此演化而来的。我国宋代大诗人陆游所作《禽言·老翁老尚健》诗中有“人生为农最可愿，得饱正如持左券”之语。

《史记》中记载：“公令秦韩之兵不用而得地，有一大德也。秦韩之王劫于韩冯、张仪而东兵以徇服魏，公常执左券以责于秦韩，此其善于公而恶张子多资矣。”

这段话是苏秦为当时齐国的国君陈轸（田轸）分析当时的战略形势，并出谋划策，指出如果按照他的计策，会让秦国、韩国不用兵就能得到土地；另外，秦韩两国国君受韩冯、张仪的威胁，向东发兵以使魏国顺服，齐国可以常常持左券去责问秦、韩，这样就使形势发展对田轸有利而对张仪不利了。原文中的“持左券”在此引申为田轸处于追责主动方，恰如债权人的地位。

四　右上左下，无右为害

先秦时期，券分为左右两半，订约双方各执其一。其中左半叫左券，右半叫右券。而以右券为上。左券用于证明经济业务的执行情况，右券又称“校券”，用于核验经济业务。时至秦汉，两半券逐渐发展为三半券，成为一分为三的形制，除了其中两半分别由业务双方当事人收执外，另一半由主管官府的官员收执，作为核验依据。

拓展阅读

《商君书·定分》中记载："诸官吏及民有问法令之所谓也于主法令之吏，皆各以其故所欲问之法令明告之。各为尺六寸之符，明书年、月、日、时、所问法令之名，以告吏民。主法令之吏不告，及之罪，而法令之所谓也，皆以吏民之所问法令之罪，各罪主法令之吏。即以左券予吏之问法令者，主法令之吏谨藏其右券木柙，以室藏之，封以法令之长印。即后有物故，以券书从事。"

上段话译文如下：众官吏和百姓若向主管法令的官吏咨询法令的具体内容，主管法令的官吏必须根据他们的问题明确答复他们。而且要制一个长一尺六寸的符券，符券上写明年、月、日、时间、所问法令的内容。如果主管法令的官吏没有及时准确地回答咨询者，等到咨询者犯了罪，罪行正是他们所咨询的那一条，那就按所咨询法条的罪状来惩罚主管法令的官吏。咨询后，要把记录咨询内容的符券的左片给询问法令的人收执，右券则由主管法令的官吏小心地装入木匣，收藏在特定房间，用法令长官的印封上。即使以后当事人死了，也依照符券办事。

这段话是商鞅在回答秦孝公问如何在法令制定后使官民皆知并奉行时所说。对于右券，"主法令之吏谨藏其右券木柙，以室藏之，封以法令之长印。即后有物故，以券书从事"。从上面这段话中我们可以看出，右券作为核验依据在当时的重要地位。

既然右券为上，如此重要，那么"操右券"就可引申为敌对双方中握有主动权的一方。这在我国史书及其他文献中也有类似记载。如《史记·平原君虞卿列传》："且虞卿操其两权，事成，操右券以责；事不成，以虚名德君，君必勿听也。"王褒《僮约》："奴复曰：'欲使皆上券，不上券，便了，不能为也。'"

五 信义为先，破帽为凭

除了众多的主流会计凭证之外，还有一些非主流的会计凭证存在。这些非主流的会计凭证有衣帽、拐杖等。

唐朝李复言所著《续玄怪录》中记载了一个张老的故事：

张老者，扬州六合县园叟也。……张老既娶韦氏，后移居王屋山下。数年后，韦氏之兄韦义方访之。别时，张老与义方一故席帽，曰："兄若无钱，可于扬州北鸱卖药王老家取一千万贯，持此为信。"遂别。……韦自荷金而归，其家惊讶，问之，或以为神仙，或以为妖妄，不知所谓。五六年间，金尽，欲取王老钱，复疑其妄。或曰："取尔许钱，不持一字，此帽安足信。"既而困极，其家强逼之，曰："必不得钱，庸何伤。"乃往扬州，入北邸，而王老者方当肆陈药。韦前曰："叟何姓？"曰："姓王。"韦曰："张老令取钱千万，持此席帽为信。"王老曰："钱即实有，帽是乎？”韦前曰：“叟可验之，岂不识耶？”王老未语，有小女自青布帏中出，曰：“张老尝过，令缝帽顶，其时无皂线，以红线缝之。线色手踪皆可自验。”因取看之，果是也。遂得钱，载而归，乃信真神仙也。

实际上，经济凭证是增信的载体，如果交易双方能够无限信任，经济凭证的作用就可能无限弱化。上面这则故事虽带有神话色彩，却反映了当时的世态民情。千万之钱，仅凭一顶破帽索取。在这里，这顶破帽起到了会计凭证的作用。由此我们可以看出：首先，我国古代文化传统极重信义。文中千万钱的凭证不必征得第三方的公证，仅仅是双方认可的寻常物件即可为凭。其次，这个破帽具有原始凭证的特征，只要“帽是”，即可按照口头约定履行前盟。最后，凭证有加密措施，“线色手踪皆可自验”——“线色手踪”为这特殊的凭证加了密押。

上面这篇小文，与《太平广记》中记载的《卢李二生》有异曲同工之妙：

（卢生）曰：“公所欠官钱多少？”曰：“二万贯。”乃与一拄杖曰：“将此于波斯店取钱，可从此学道，无自秽身陷盐铁也。”才晓，前马至，二舅（卢生，编者注）令李生去，送出门。波斯见拄杖，惊曰：“此卢二舅拄杖，何以得之？”依言付钱，遂得无事。

唐代民间所运用的经济凭证，基本上有三种不同的称谓：一曰契（或契书），二曰券（或曰券书），三曰帖。契与券是相互通用的，两者一般用于对社会经济契约的称呼。帖则大都用于对经济收支凭证的称呼。帖有时也称作券，所以，契、券、帖有相同之处，但在具体使用上又有不同。

六 雌雄木契，检验堪核

在唐代官厅会计中，原始会计凭证通称为契或券，另外还有文符、符牒、令式、印纸，以及状等。木契用于库藏出纳，既是出纳财物之凭证，也是验收或验出财物之凭据。

这种木契分为雌雄两式，通常是一雌数雄，雌的相当于现代凭证的正联，由主管部门掌管；雄的相当于凭证的副联，由财物出纳部门掌管。其使用方法一般是，先由受领财物者持符牒及其他凭证到财物出纳部门领取雄木契，然后，带着符牒及其他有关凭证到主管部门与雌木契验合。验合无误，由主管部门签署支给意见，出纳部门遂根据主管部门签署的意见收回木契，并如数支给财物。

拓展阅读

《论衡·量知篇》关于简牍制作方法的记载

截竹为筒，破以为牒。加笔墨之迹，乃成文字。大者为经，小者为传。断木为椠，析之为板。力加刮削，乃成奏牍。

七　空口无凭，字句为证

北宋时京都商业之繁盛，孟元老在《东京梦华录》中记述甚为详细，豪商大户“屋宇雄壮，门面广阔，望之森然，每一交易，动即千万，骇人闻见”。小型店铺密如繁星，诸如香铺、纸店、面店、酒店、小吃店等，大街小巷处处皆是。随着社会经济的发展，经济凭证的作用日益重要。

方岳在《深雪偶谈》中讲了一则苏东坡的故事：

> 坡公居阳羡，买一宅，入居有日矣。夜与邵步月，偶至村落，闻妇人哭声极哀，坡徙倚听之，曰：“异哉！何其悲也？岂有大难割之爱，触于其心欤？吾将问之。”遂与邵推扉而入，则一老妪，见坡泣自若。坡公问妪何为哀伤至是。妪曰：“吾有一居，相传百年，保守不动以至于此。吾子不肖，举以售人。吾今日迁徙，来岁百年，旧居一旦诀别，此吾所以泣也。”坡亦为之怆然，问其故居所在，则坡以五百缗所得者也。因再三慰抚，谓曰：“妪之故居乃吾所售也，不必深悲，当以是居还妪。”即命取屋券对妪焚之，呼其子，命翌日迎母还旧居，不索其直。

在这个故事里，苏东坡同情老妪的贫苦，将新买的住宅无偿退还。应注意这里的两个细节：“取屋券对妪焚之”“不索其直”。无偿退还房屋必须以“焚屋券”为标志，否则空口无凭。可见，北宋时期人们对经济凭证的重视。

在宋代张齐贤《洛阳搢绅旧闻记·白万州遇剑客》的故事中，假剑客借白太保的马后卖给商贾，“有贾客乘所借马过门者。白之左右皆识之，闻于白。诘之，曰：‘于华州八十千买之。’契券分明，卖马姓名易之矣”。因为“契券分明”，白太保及家人即便认识自己家被假剑客骗走的马，也无法索回，只能自认被欺。

八　茶引盐引，专卖凭证

从北宋到清代后期，会计凭证趋向专用化和规范化。明朝时期的会计凭证还突出防弊作用，对财物支出、重要凭证编定字号，并规定使用后还要保留存根。清朝征收凭证与明朝相比，对“盐引”“易知由单”都做了改进，在一定程度上防止了贪污舞弊的发生。在凭证使用手续方面更加规范，建立了凭证填制、鉴批、传递、入账等程序和责任制度，采取了会计凭证的回收、装订、保管等专门方法。

（一）茶引

“茶引”是茶商缴纳茶税后，获得的茶叶专卖凭证，如图 3-7 所示。茶引制度始于宋代，元、明、清仍用茶引，清末茶引渐废。宋李心传《建炎以来朝野杂记甲集·财赋一·江茶》记载：“政和初，蔡京欲尽笼天下钱实中都，乃创茶引法，即汴京置都茶场，印卖茶引，许商人赴官算请，

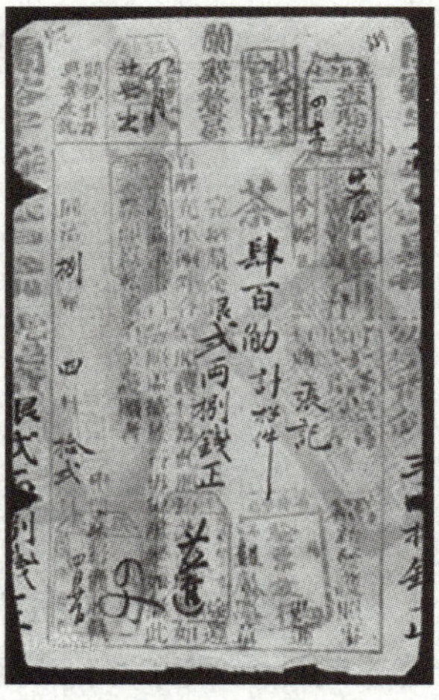

图 3-7　茶引

就园户市茶，赴所在合同场秤发，岁收息钱四百馀万缗。”这是茶引历史的开端。

（二）盐引

盐引又称“盐钞”，是盐商的取盐凭证，起源于宋代。“引”是指有价证券，还可以作为“代币”流通。如图 3-8、图 3-9 所示，这是清光绪年间的盐引。

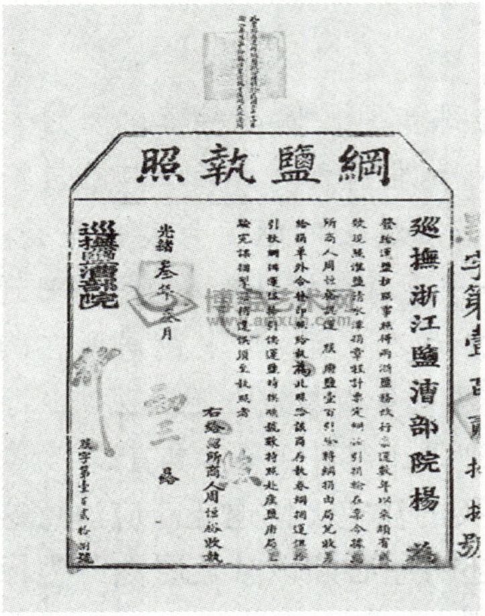

图 3-8　清光绪年间的纲盐执照

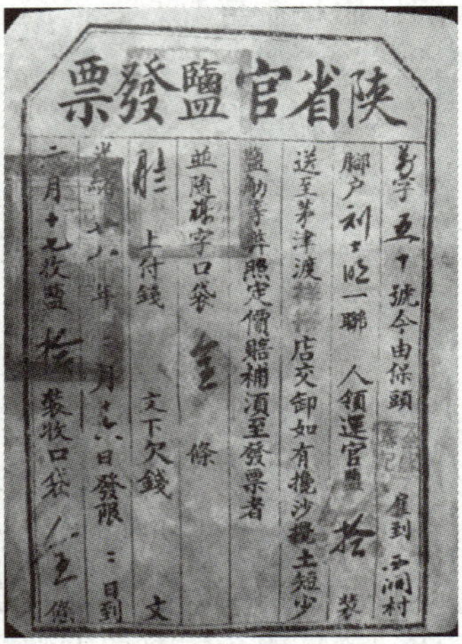

图 3-9　清光绪年间陕省官盐发票

在经济生活中，会计凭证的增信防弊作用使得交易能够顺畅地进行。正因为如此，它也常常成为作弊的屏障和载体。乾隆时期三大贪污案之一的两淮盐引案就充分说明了这一点。

我国古代会计凭证的发展反映了我国古代会计发展的历程，它是中国会计发展史上的光辉篇章。

第二节　会计账簿　历史记录

如图 3-10 所示，这幅画是我国当代著名画家谢春彦先生画作《齐白石难算假画账》。图中的文字如下：草虫飞天下，鱼虾四海生。都化金与银，白石算不清。昔年齐白石翁以算盘资人作发财图，今天下假画成灾，老人家持此恐亦难计也。癸巳年，春彦戏写。

图 3-10　《齐白石难算假画账》

这幅画是用来讽喻当前仿齐白石《发财图》的假画太多，即便白石老人手持算盘，也算计不清这假画账目。这里的账，戏称齐白石老人对假画的记录。

账簿是指按照时间顺序和科学的分类方法，全面系统地记录经济业务内容和价值变动的簿籍。与会计凭证相比，会计账簿的记录是连续的、系统的、全面的。古往今来，商人在漫长的商路上行走，账簿就如一架忠诚的摄像机，无声地做着历史记录。

一　称谓演进，古韵悠长

（一）西周时期：日成月要岁会

西周时期，“日成”是反映一日或一旬经济情况的计算文书；“月要”是反映月度经济情况的计算文书；“岁会”是反映年度经济情况的计算文书。据《周礼》记载，司会“以参互考日成”“以月要考月成”“以岁会考岁成”。

（二）战国秦汉：簿书籍册

簿书，简称“簿”，是中国封建社会进行会计核算时使用的记录文书。战国时期即以“簿书”或“簿”作为记录文书的称谓。

秦代和汉初时期，曾将“簿书”或“簿”与“籍书”或“籍”混用。

汉代逐渐区分了“簿书”“簿”与“籍书”“籍”的使用范围，一般将“簿书”“簿”用作会计文书的名称，主要用于登记财物出入的情况，通常均冠以钱粮或财物名称的字样，如无此字样则多为文书。因而也出现了“簿曹”“主簿”等从事会计管理工作的职官。

作为会计账簿的“簿”，使用时一般冠以记录对象的名称，如“守御器簿”等，或以记录对象加记行为动词，如“钱出入簿”等。按其内容，可以将簿分为：记录工作情况的，如“省卒日作簿”；记录财物、钱、谷出入的，如“谷出入簿”；记录债权债务情况的，如“债券簿”；记录财物实存数的，如“官谷簿”；记录口粮饲料的，如“茹出入簿”；记录兵器被服的，如“守御器簿”等。账簿的名称由记账人员按簿所记内容而定。

东汉时期的会计簿书设置与西汉时基本一致，主要会计簿书仍然是“谷出入簿”“钱出入簿”“财物出入簿”等。大司农掌握钱谷金帛诸货币的四时出入情况，均依靠由下而上的会计核算资料及在此基础上编报的计簿。

（三）隋唐时期：簿—账—账簿

李肇在《唐国史补》中提到簿书，即当时的账簿：

> 言佛有流汗。节帅刘元佐遽命驾，自持金帛以施之。日中，其妻子亦至。明日，复起输斋梵。由是将吏商贾，奔走道路，惟恐输货不及。乃令官为簿书，籍其所入。十日，乃闭寺门，曰：“佛汗止矣。”所入盖巨万计，悉以赡军。

到了唐代以后，账簿的名称仍然没有固定。会计账簿有的称“簿”，有的称“账”，有的称“账簿”。

（四）宋元时期：账与簿账

宋朝的时候，会计与统计记录簿册虽然已经在内容上有所区分，但是称谓上并没有严格的界限。人们常把会计与统计簿册合称为“账籍”“簿籍”“簿账”“文账”。其中，对会计账簿的称谓中，以“簿账”称呼较为普遍。如图 3-11 所示，这是《清明上河图》中的记账场面。

图 3-11 《清明上河图》中的记账场面

（五）明清

明朝王锜在《寓圃杂记·卷四·盛督宪焚券》中提及了账簿：

无锡盛颙，以都堂致仕回。颙至一室，见数人鐍于内，令出而问之，皆邻人也。又问曰：“诸君何自如此？”告曰：“为负息钱。”盛曰：“有是耶？”命出，饮之酒。急召子弟取息簿与券契，子弟少难之。公曰：“吾将自阅，以施于官。”遂捧至，悉取火于诸人之前，曰：“多谢诸君，幸无怪，烦传语乡里，自今更无索矣。”诸人感激而散。

明末冯梦龙在《醒世恒言·张孝基陈留认舅》中也曾提及账簿：

房中桌上，更无别物，单单一箇算盘，几本账簿。

清朝袁枚也曾在《子不语·医妒》中提及账簿：

命群姬谢罪叩头，并取田房账簿、一切金币珠翠，尽交夫人主裁。

明朝会计账簿的称呼逐渐演变为“账簿”“账”“簿”。清朝的称呼亦是如此。

二 载体变化，形式不同

账簿形式的变化与书写载体的变化息息相关。

（一）简册记录，前向后卷（简册装）

自商代起，在纸张被广泛用作书写工具以前，人们一般把文字写在狭长的竹片或木片上。如图 3-12、图 3-13 所示，为了查找方便，人们就用熟牛皮条或麻、丝等绳子，把这些竹片、木片按次序水平串编起来，称之为“册”。这种竹片或木片，通称为“简”。

图 3-12　简册（1）

图 3-13　简册（2）

《尚书·多士》称：“惟殷先人，有册有典。”根据考古推断，中国古人在商代就将简册作为书写的载体，其中记载经济事项的，其意义类似于今天的账簿。

为了方便保存，古人将编连成册的简卷起来，后再包裹起来存放。即以最前端简或最后尾简为中轴，向后或向前舒卷，卷成一帙，然后存放起来。与普通书简不同的是，账簿类书简往往以第一支简为中轴，向后舒卷，卷成一帙，尾绳留在末端简一侧。

（二）用纸初期，账簿卷起（卷轴装）

虽然东汉蔡伦的造纸术得到广泛应用，但由于战乱频繁，直到西晋初年，会计文书依然以简牍为主。

东晋时废简用纸，纸张在会计方面得到了广泛的应用。从形式上看，一直到唐朝，账簿都没有装订成册，装帧方式采用卷轴装。

（三）宋代开始，装帧成册

李焘在《续资治通鉴长编》中描述了宋代的账簿情况：

> 六月己卯，诏重造州县二税版籍，颁其式于天下。凡一县所管几户夏秋二税、苗亩桑功正税及缘科物，用大纸作长卷，排行实写，为帐一本，送州覆校定，以州印印缝，于长吏厅侧置库，作版柜藏贮封锁。自今每岁二税将起纳前，并令本县先如式造帐一本送州，本县纳税版簿，亦以州印印缝，给付令佐。

从宋代开始，账簿的装帧方式经历了旋风装、经折装、蝴蝶装、包背装、线装的演变。

清朝的账簿沿用统一的账页格式，装订成册。草流簿和盘点留底簿用白纸装订成册，清簿用十行纸装订成册，计簿和总簿用斗方账页装订成册。如图 3-14 所示，封面用蓝色布或者白色布裱成，用红色纸书写账簿名称，贴于蓝色封面左上角。

图 3-14　装订成册的账簿

三　账簿名称，底蕴深长

微课

有趣的中式账簿名称

在民间会计中，各行业、各店家的账簿名称不甚一致，它不直接写明账户的性质，而是借用吉语，体现出很强的个性化特征。各店家经营者对于各种账簿的命名颇费心思，显示出一定的文化底蕴，既要能够通过账簿名称一眼便知其所要记录的内容、账簿的性质，又要避免账簿名称过于直白与通俗。

（一）底账草流：勤笔勉思

图 3-15 所示是底账。底账又称“草流”“草批”“草账”“原流”“底簿”。将底账命名为“勤笔勉思”就颇有内涵，“勤笔”意指该账簿应对日常发生的经营业务及时予以记录，“勉思”是勤于思考的意思，说明通过此类账簿的记录有助于思考业务内容，便于在晚间或营业结束后登记日记账。这类会计记录是营业过程中的忙时暂记，对它的具体要求是登记及时和准确无误。在书写格式上，可简单地以记账位置的高低来表示账目的收付；在书写方法上，可以采用草体和简笔。草流起源于唐宋，完善于明清。

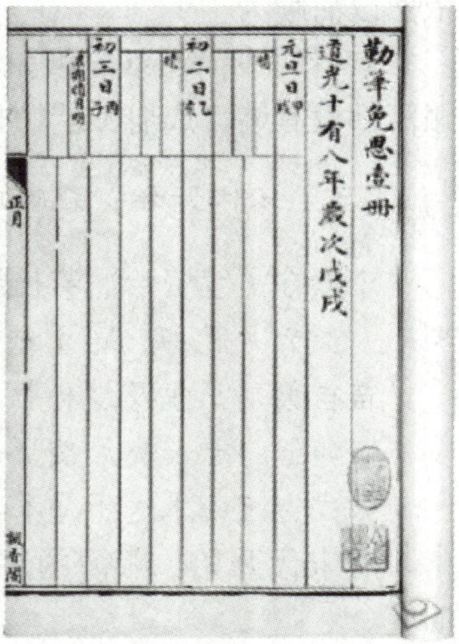

图 3-15　底账

（二）细流日流：流水总登

细流是起日记账作用的序时账簿，又叫作“日流”“清流”“二流”“会清”。细流萌芽于西周，是根据草流登记的序时账簿。如图 3-16 所示，有的店家将其命名为“流水总登”，以流水绵绵不绝寓意生意源源不断，如流水悠远绵长。这类账簿命名既形象地说明了账簿对经营业务的记录笔笔衔接，如江河之水奔流不息，同时又暗含了经营者对经商盈利的美好愿望，愿盈利如江河之水永不枯竭。此类账簿对账目记录的要求很高：一要字迹工整，用词准确；二要突出记账符号的位置，上收下付；三要明确地交代账目，对每笔账的表述既要简明扼要，又要清楚无误。

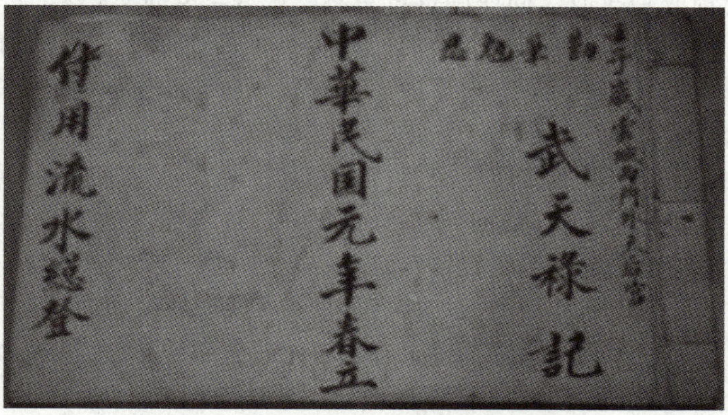

图 3-16　民国元年春立《付用流水总登》

（三）股东入股：万金宝账

山西商人经营生意，开立的第一本账是万金宝账，也叫万金账。万金账是一本以账簿为表现形式的产权证书，一般载明投资人的股份、分红与认债的权利和义务。不管是北京商人还是山西商人，其人力股的股份确定，一般而言，皆是总号经理身股多由财东确定，商号内各职能部门负责人、分号掌柜、伙计是否顶股，顶多少股，则根据其任职时间、能力、贡献大小由总号经理来决定。而且，总号经理所吃人力股份要写入合约，其他职员的股份虽不在合同中列明，但都详载于万金账中，不论是账期总结，还是商号拆并歇业清算，最后都要以万金账收尾。一般说来，商号不停地运转，生意不断地扩张，普通账簿也就不停地接转，一本连着一本。但万金账却不同，从设立开始，极少更换，许多几十年、上百年的商号，一账到底。万金账是商号最重要的账簿，属于最核心的商业机密，商人把它的分量看得非常重，商号存续时，很少将其示人，商号歇业了，也被东家保管得非常严密。

所谓万金账，取一本万利之意。这种账一般反映三部分内容：第一部分，介绍商号创设时订立契约的主要内容，包括设立起因、股权结构以及号规等；第二部分，以银钱股（银股）、顶身股（身股）为单位分别设立分户，记录每个账期的经营成果、利润分配情况；第三部分，记录股权结构变动情况，包括资本金的增减变化及其身股持有者殁后参与分红的情况。一般商号资本由正本和副本两部分构成。正本为商号最初设立时股东认购的股本，是股东的合约投资，亦称银钱股，没有股息，只享红利。副本由两部分构成：一是东家、经理及占有顶身股的伙友遇账期从分红中提留部分存入号内，一般称作“护本护身”或“统事”；二是商号东家的存款，这部分副本不分红，不得随意提取，但可得利息。

参与分红的股份并不等于资本股份。股份一般由银股和顶身股（如图 3-17 所示）构成。银股以若干白银或铜钱为一俸。顶身股也称“顶生意”，按在商号内所承担职责和岗位、资历、才干由东家与当事人协商确定。大多总号经理持顶身股一俸（不出银钱），协理及分号经理和其他伙友则分别持有九厘、八厘不等的股俸。遇账期按股俸数进行分红。不分银股与身股，同俸同权。当然，银股享有永久的权益，承担无限的责任，父死子继，永不间断。而顶身股不然，根据不同商号的约定有不同的处理。一般商号掌柜殁后，在号上顶身一俸者，可享应支红利三账。即和生前一样，在三个账期按股分红，三账后取消，比如三年为一个账期，也就是参与分红九年。身股不满一俸者，可享两账，作为抚恤。有的商家规定得更具体。如大德通票号规定：如果号内的员工持有股份，根据进号时间的长短和持股的多少，分别在故后仍以生前的股份参与分红。一厘至三厘者以三年清结；四、五厘者以四年清结；六、七厘者以五年清结；八、九厘者以六年清结；当过领袖者以八年清结。如持有俸股进号不满四年而故者，一厘至五厘的两年清结，六厘以上的三年清结。并明确，在当年十月初一以后故亡的，本年算一年。十月初一前故亡的，本年不算。

万金账所反映的这种治理结构，是山西商号最普遍的一种。它的前身有人称为“伙计制”，明人王士性在《广志绎》中提到，山西省商人“一人出本，众伙共而商之，虽不誓而无私藏”。股金总账（如图 3-18 所示）也是股东入股账。

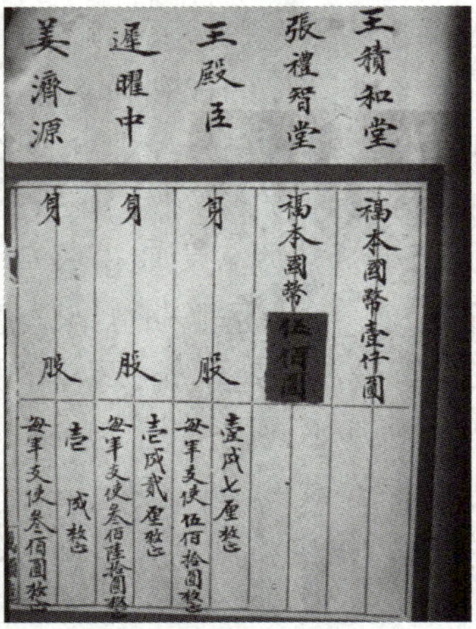

图 3-17　晋商股份簿——顶身股

图 3-18　股金总账

（四）呆账损失：万象回春

店家将专门用于反映呆账的追索、收回及其报告处理的账簿命名为“万象回春”，或者是“合浦珠还”。“万象回春”是比喻严冬过后，各种事物都显现出了生机，寓意呆账客户有如大地春回一样重新展现生机，在记的呆账损失也得以避免。“合浦珠还”指的是失落的合浦珍珠又回来了，比喻珍贵的物品失而复得。合浦是我国东汉时期著名的珍珠产地。用这个成语作为呆账账簿名称，反映了店家期盼呆账能够收回，损失得以避免，有如失落的合浦珍珠失而复得，获得意外之喜。此类账簿的命名寓意精确且颇有含蓄之美，其中所体现出的中国古代文化底蕴如陈年美酒，愈品愈香。

（五）年终报表：本固枝荣

年终决算是根据会计资料对会计年度内的业务活动和财务收支情况进行综合总结的结算工作。所谓“本固枝荣”，即树根扎得深，枝叶就繁茂旺盛，比喻事物只要根基厚实，就会有广阔的发展前景。它是全面总结金融机构业务、财务活动和考核企业经营成果的一项综合性工作。

（六）往来账簿：义结金兰

店家将店号之间的往来账命名为“金兰簿”（如图 3-19 所示）或“义结金兰”。“义结金兰”是旧时社会交际习俗，原指朋友间感情投合，后来用作结拜为兄弟姐妹的代称。

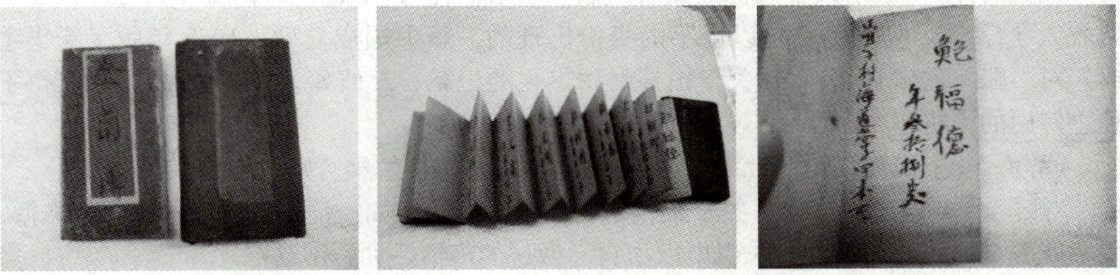

图 3-19 民国时期的金兰簿

四 帐账演化，财务通用

（一）帐——历史悠久，来源于张

东汉许慎所著《说文解字 · 巾部》中称：“帐，张也。从巾，长声。”东汉末年刘熙所著的《释名》中称：“帐，张也，张施于床上也。小帐曰斗，形如覆斗也。”就是说，“帐”字的原字是“张”，指张施于床上的东西。那时候，会计文书称作“簿”或“簿书”，没有“帐簿”之称。南朝梁大同九年（543 年）黄门侍郎兼太学博士顾野王所撰《玉篇 · 巾部》对“帐”做了进一步解释：“帐，帷也，张也，帱也。”也就是直到南北朝时期，帐的意义还是帷帐。唐初学者颜师古注《汉书 · 武帝纪》中“受计于甘泉”称：“受郡国所上计簿也。若今之诸州计帐。”由此可见，初唐时期，“帐”已经用于财务文书。

（二）账——宋元时期，从俗而来

宋元时期张炎所著《词源》中对“帐”的解释之三是“帐目也，详帐簿条”。而在“帐簿”条，其解释是：“计簿也，古但称簿。（汉书食货志）‘多张空簿’，谓浮报帐目也，后世行政官之主计者，多登记供帐之事，故名帐簿，犹登记军仗之卤簿也，遂相沿谓日用之款目为帐。因帐字无会计之意，乃别造‘账’字代之，故俗亦作‘账簿’。”从《词源》可知，宋元时期，“帐簿”一词已经出现；之所以叫“帐簿”，并不是因为“帐”有会计之意，而是因为主计的行政官在簿上多登记供帐之事；因为“帐簿”是会计文书，故而民间造“账”字代之。那时，俗字“账”并没有得到官方的认可，官方仍写作“帐簿”。如《隋书·高祖下》：“凡是军人，可悉属州县，垦田籍帐，一与民同。”

到了明代，张自烈编著的《正字通·巾部》这样写道：“今俗会计事物之数曰帐。”书中根本就没有收录“账”字，此时，官方仍用“帐簿”。清代翟灏《通俗编·货财》中称：“今市井或造账字用之，诸字书中皆未见。”可见，直到清代，“账”字仍然是市井俗字，没有收入字书中。

（三）账——民国字书，始入正册

民国时期，《中华大字典》开始有“账”字条，释为“帐俗字”，从释义可知，账虽然收入了字条，但它仍然是以俗字的身份出现的。新中国成立后，1953年版《新华字典》对“账”的解释是：“1. 关于银钱财物出入的记载；2. 债务。”从此以后，账获得了独立使用的资格。

《辞海》（上海辞书出版社1989年版缩印本）是怎样解释“账”与“帐”的呢？

“账”：本作“帐”。（1）关于银钱财物出入的记载。如：记账；算账；账目；账簿。（2）债务。如：欠账；要账。引申以指自己做过的事情。如：不认账。

“帐”：（1）张起来作为遮蔽的用具。通常用布帛做成。如：蚊帐；帐幕；营帐。（2）亦作“账”。钱物出入的记录。如：帐目；帐簿；帐户。借指债。如：欠帐；还帐；放帐。

也就是说，“帐”除了“帷帐”为第一意义外，还囊括“账”的全部意义。

在商务印书馆1980年版的《新华字典》中，“帐”字有三个意思：（1）用布或其他材料做成的帷幕；（2）关于银钱财物出入的记载；（3）债务。字典在括号中注明，在表示第（2）和第（3）种意思时，也可用“賬”。但在1980年的这版《新华字典》上，查不到简体的“账”字。

商务印书馆2010年版《新华字典》对“账”的解释是：（1）关于银钱财物出入的记载；（2）指记载银钱财物出入的本子或单子；（3）债务。对“帐”的解释是：（1）用布或其他材料做成的帷幕；（2）同“账”。

从《企业会计制度（2001）》和《企业会计准则（2006）》来看，已经都是用“账”字了。

（四）帐与账——郭道扬先生的解释

郭道扬先生对“帐”字引申运用到会计领域，有一段非常精彩的描述。他在《会计发展史纲》中说：

“帐”字是怎样运用到会计核算方面来的呢？根据史料记载，一般有以下两种

微课

“帐”与“账”溯源

说法：（1）源于“供帐”核计之事。古代皇帝或达官显贵出外巡游，为了便于休息、住宿，沿路派人张设有帏帐。帐内备有各种生活必需品和装饰品，供其享用，此种帏帐称为“供帐”。供帐铺设通常十分奢丽豪华，所用之物均有相当高的价值，是官方（或私人）财产的一部分。同时，供帐所费数额巨大，一般要进行专门的核计。巡游时，会计记的是“供帐”内的全部收支，算的也是“供帐”内的全部收支帐目。这样，天长日久，循环往复，负责“供帐”核算的会计便依声托事，借字表意，把对“供帐”内的财物和费用开支的考核叫作“记帐”，把登记这些经济事项的簿册称为“帐”或“帐簿”。后来，又把“供帐”内所发生的经济收支统称为“帐”，而把登记这些经济事项的簿册称为“帐”或“帐簿”。对“帐”和“帐簿”的这种认识便逐渐在人们中间统一起来，并逐步扩展到了整个官厅会计和民间会计核算领域。从此，“帐”和“帐簿”就取代了一切传统的名称。（2）源于民间之“帐帘”。在古代，那些坐店销售的商人，通常是店前售货，店后有人随时登记会计帐目。为了内外有别，保守私人经营秘密，往往在前后之间，悬挂一布帘作为遮隔，这种布帘在当时称作帐帘。这样久而久之，便把帐帘之后称作“帐房”，进而把对会计事项的记录叫作“记帐”……根据考古发现和一些史料的记录，关于“帐”字运用于会计核算起源于“供帐”核计之事已能够得到证实。到明清时代，随着商品货币经济的发展，社会上有一些人，感到“巾”字旁的“帐”字用于会计核算欠妥，故创造出一个“账”字取代它。自古以来“贝”字就是财物的代表，创造和起用“账”字的根本原因就在这儿。但是，由于习惯势力的影响，“账”字出现之后，“帐”字仍未取消，此后二字通用。

本章小结

本章首先介绍了会计凭证的历史演进；接着通过对账簿名称和形式变化的介绍，帮助同学们理解中式账簿的演进过程；通过对中式账簿吉语名称的介绍，使同学们理解古人对中式账簿寄予的美好希望；最后，对“账”和“帐”二字进行了溯源。

课后拓展

1. 利用本课程学习资料库资料，课后引导学生自己动手仿制古代凭证展品。

2. 利用本课程学习资料库资料，课后引导学生自己动手仿制古代账簿展品。

3. 收集中式账簿吉语名称。

4. 鼓励学生课后收集民国以前的会计原始凭证、账簿等与会计文化相关的文物资料。

阅读链接

[1] 白寿彝．中国通史纲要．上海：上海人民出版社，1980.
[2] 郭道扬．中国会计史稿：上册．北京：中国财政经济出版社，1982.
[3] 王建忠，柳士明．会计发展史．5版．大连：东北财经大学出版社，2021.

第四章 中式会计记账方法的演变

学习目标

【知识目标】

1. 举例说明不同时期的单式记账法并总结其特点。
2. 总结“中式三账”的特点及作用。
3. 讲解三脚账、龙门账以及四脚账的特点以及记账规则。

【能力目标】

1. 能用三脚账法、龙门账法、四脚账法进行相应的账务处理。
2. 能够总结用中式复式簿记方法和西式借贷记账方法进行账务处理的异同之处。

【素养目标】

1. 从中式会计记账方法的运用中，深刻体会会计工作中需具备的严谨诚信精神。
2. 从对中式会计账簿的学习中，深刻体会客观公正和廉洁自律在会计工作中的重要意义。

文化传承

本书所选取的唐五代宋初敦煌寺院会计制度中的一些会计账簿，属敦煌遗书部分内容。正如史学大家陈寅恪所感叹：“敦煌者，吾国学术之伤心史也。”清末，在内忧外患中，敦煌遗书遭到疯狂的劫掠，使得我国一批宝贵文物遗失海外。每一位华夏儿女，痛定思痛，研究、继承、弘扬和发展浩瀚的中华文明就成为我们义不容辞的责任。

背景资料

银钱出入，无论多寡，备记于簿。则有余不足，可以稽核，诚至便也。簿记之法，入款曰收，出款曰付。收付相抵，即知余存之数。逐日详记，至月杪而清结之，自无遗忘之患。

这段文字出自邓康延所著《老课本 新阅读》①，是民国时期出版的《共和国教科书新国文》第六册第二十三课（如图 4-1 所示)，名为《簿记》。浅显简练的文字，将簿记的方法和用途娓娓道来，令人印象深刻。

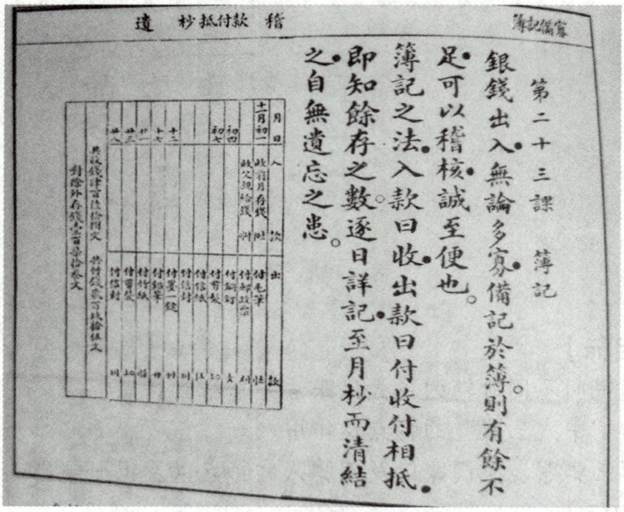
第二十三課　簿記

銀錢出入。無論多寡。備記於簿。則有餘不足。可以稽核。誠至便也。簿記之法。入款曰收。出款曰付。收付相抵。即知餘存之數。逐日詳記。至月杪而清結之。自無遺忘之患。

图 4-1　民国时期《共和国教科书新国文》第六册第二十三课

第一节　单式记账法

中国古代账簿的发展，有官厅会计与民间会计之分。随着考古资料的日益丰富，会计账籍史料以及有关的文献日益增多。官厅会计史料比较丰富，如里耶秦简、云梦睡虎地秦简、郑韩故城出土战国牛肋骨会计账、居延汉简等。民间账簿则散落于不同时期的民间商业团体中，如敦煌文书中的酒账、山西票号银账等。

通常认为，夏代是我国政府会计的历史起点。现发现商代甲骨文中的某些卜辞已经具有会计性质的记录要素。据甲骨文中的古“册”字推测，自商代起，官厅会计记录财政收支，已开始将竹木连结成册，称为“简册”。后来，这种简册记录方式被延续下来，直到纸张的发明和普及。

① 邓康延. 老课本 新阅读. 兰州：甘肃人民出版社，2011.

一　战国时期，牛肋骨账

河南省考古所于 1998 年在新郑市郑韩故城东城中部偏西侧的仓城东北小高庄村西，郑国祭祀遗址东南部，发掘出一批疑似有墨书账簿的牛肋骨。经考证，这是迄今为止发现的唯一的战国时期民间会计账簿。

（一）牛肋骨账考古释文

某肋骨正、背面各部账簿释文如下。

1. 正面上部账簿释文

（1）七十九：旨舒卤三束，方束三蚤，讫。

（2）旨□卤二十束，卤十九束，蚤六束，讫。

（3）八十四：蜀虎卤十六束，四蚤分，六蚤三十四束，讫。

（4）五十九：全□卤二十束，讫。

（5）全□卤二十九束，三蚤分，讫。

（6）六十九：□□卤三十束，卤六束，二蚤，讫。

（7）□建卤十束……

2. 正面下部账簿释文

（1）成壹卤四十六束，卤七束□□，取卤六束，讫。

（2）事池庇取卤十四束，分。讫。

（3）楫人取卤十一束，讫。

（4）集戊取卤二十束，讫。

（5）叔□取卤十七束，讫。

（6）□予取卤十一束，讫。

3. 背面上部账簿释文

（1）□□卤□□□。

（2）全忻卤十二束，讫。

（3）□耶卤三十束，讫。

4. 背面中部账簿释文

（1）或卤十一束，讫。

（2）余蚤分，卤四束，讫。

5. 背面下部账簿释文

（1）逨赠取卤十一束，蚤。（此条记后又被取消）

（2）陈缓取卤六束，讫。

（3）□北取卤十束，讫

（二）牛肋骨账翻译

据陈敏、程水金、周斌[①]考证，以上是当时的民间账簿，牛肋骨账行首的数字是凭

① 陈敏，程水金，周斌.郑韩故城战国牛肋骨会计账考论.会计研究，2015（10）：15-22.

证号码，部分记录没有编号，是与上一条记录来自同一张原始凭证登记转录而来；“卤”指的是卤牛肉，“蚤”指的是鲜牛肉。上面牛肋骨账簿释文其实就是牛肉收入支取明细，部分明细如表 4-1 所示。

表 4-1　牛肋骨账牛肉收入支取明细表

原始凭证编号	人名	记账方向	物品及数量
七十九	亯舒	收入	卤牛肉三束 新鲜牛肉三分
缺	亯□	收入	卤牛肉二十束 卤牛肉十九束 新鲜牛肉六分
八十四	蜀虎	收入	卤牛肉十六束 新鲜牛肉四分 卤牛肉三十四束
五十九	全□	收入	卤牛肉二十束
缺	全□	收入	卤牛肉二十九束 新鲜牛肉三分
六十九	□□	收入	卤牛肉三十束 卤牛肉六束 新鲜牛肉二分
缺	□建	收入	卤牛肉十束
无	成壹	支取	卤牛肉四十六束 卤牛肉七束 卤牛肉六束
无	事池庑	支取	卤牛肉十四束
无	樳人	支取	卤牛肉十一束
无	集戊	支取	卤牛肉二十束
无	叔□	支取	卤牛肉十七束
无	□予	支取	卤牛肉十一束

（三）牛肋骨会计账表现出的记账特点

1. 记账符号

在牛肋骨账中，支出的记账符号为“取”，没有收入的记账符号。这说明当时的人们虽然对记账符号的运用还不太成熟，但是已经有意识地将固定动词作为记账符号。至春秋战国晚期，民间会计以“收”“付”为记账符号并开始稳定下来，到秦汉时基本固定并规范使用。

2. 记账方法

牛肋骨账的账簿记录方法有如下特点：第一，上收下取，若有结余，居中书写；第二，每一条账簿记录都来源于相应的记账凭证，并且记账凭证号码明确标出；第三，采用单式记账法，每个凭证记录一条；第四，每一条会计记录的末尾，都有表示该条账目结清的符号“讫”。

3. 物名账户，单式记录

该牛肋骨账是牛肉收支账簿，每一笔记录前面都有“草流”编号，说明这是属于分类核算的“细流”，是物名账户。

二 秦汉时期，民间单式

（一）江陵凤凰山账

江陵凤凰山 10 号汉墓葬于汉景帝四年（公元前 153 年）。出土木牍 6 枚，竹简 170 多枚，尚可辨认的简牍 124 枚。丙组简记录的是 6 月 16 日至 10 月 10 日出售货物的流水账，共 12 支简。

1. 考古释文

（1）（六）月十六日付司马伯枲一唐廿二。

（2）六月廿二日付□□二钧：二百五十一。凡五百二。

（3）六月廿五日付五翁伯□□二百□直百廿廿廿。

（4）八月十三日付于（王）兄与司马伯分二唐，卅八直七十六。

（5）九月一日□□付□□（笥）六合：五十四直三百廿四。

（6）九月四日付五翁伯枲一唐卅、笥三合，五十四直百六十四。

（7）九月九日付五翁伯笥二合：五十直百枲一唐卅。凡百卅。

（8）九月〔十日〕付（五翁）伯笥二合：五十四直百八。

（9）九月十五付司（马伯）笥二合：五十四直百八枲四絜：七直廿（八）。凡百卅六。

（10）九月（□□□□□二□九）十四。凡百（八十八）。

（11）十月十日付（ ）（枲）五絜；四凡廿。

（12）六月十六日□□决□至十月十日。凡三月廿三日所出。凡千八百廿八。

2. 内容解释

据李孝林[①]的研究结论，这是商品销售账。出售的商品有：笥、枲。笥是盛物品的方形竹器，以合为单位。一般每合 54 钱，也有 50 钱的。枲就是麻，其单位为絜或唐。一唐之价为 30 钱至 42 钱。一絜之价为 7 钱或 4 钱。九月四日简文原为“百六十四”，校算应为 162。最后一简是本账的合计。

3. 汉代江陵凤凰山简牍账表现出的记账特点

（1）采用序时商业销售明细账，形式上是数量金额式账簿。每笔账都有日期，以及出售商品的名称、数量、单位、单价和收入金额等。

（2）以“付”作为记账符号，记账符号置于日期之后。

（3）每一笔经济事项以其发生时间的先后顺序顺次登记。

（4）期末时，汇总全部支出事项。

---

① 李孝林．从江陵凤凰山 10 号墓简牍研究西汉早期会计史．北京商学院学报，1996（2）．

（5）账簿记录有固定的格式，简要、明确、完整。

（二）悬泉汉简

1990 年 10 月至 1993 年 10 月，甘肃省文物考古研究所对敦煌汉代悬泉置遗址进行了清理发掘，共出土以简牍为主的各类文物 7 万余件。

1.《鸡出入簿》①

（1）出鸡一只　以食长史君　一食　东。

（2）出鸡一只　以食使者王君所将客　留宿　再食　东。

（3）出鸡二只　以食大司农卒史田卿　往来四食　东。

（4）出鸡一只　以食承相史范卿　往来再食　东。

（5）出鸡二只　以食长史君　往来四食　西。

（6）出鸡一枚　以食大医万秋　一食　东。

（7）出鸡一只　以食以食刺史　从事吏一人　凡二人　一食　东。

（8）出鸡一只　以食大司农卒史冯卿　往来再食　东。

（9）出鸡一枚　以食使者王君　一食　东。

（10）入鸡二只　十月辛巳　佐长富受廷。

（11）入鸡一只　十月甲子　厨啬夫时受毋穷亭卒口。

（12）入鸡一只　十二月壬戌厨啬夫时受鱼离乡佐逢时。

（13）十月尽十二月　丁卯置所　自买鸡三只　直钱二百卌率只八十唯廷给。

（14）县泉置元康四年　十月尽　十二月丁卯鸡出入簿。

（15）九月毋余鸡。

（16）今毋余鸡。

（17）最凡鸡　卌四只　正月尽十二月丁卯　所受县鸡廿八只一枚　正月尽十二月丁卯　置自买鸡十五只一枚直钱千二百一十五唯廷给。

（18）县泉置　元康　四年正月尽十二月丁卯鸡出入簿。

（19）元康四年十二月　甲寅朔戊辰县泉厨啬夫时敢言之谨移正月　尽十二月丁卯鸡出人簿一编敢言之。

元康四年相当于公元前 62 年，属汉宣帝时期，西汉时太初（公元前 104 年，为太初元年）以前所用的颛顼历，以十月为岁首，承秦制。太初以后虽更用太初历，但上计制度仍以十月为岁首。本账簿中，以头年的十月为岁首，以次年的九月为岁终。

通观上面的简册，属于悬泉置元康四年有关“鸡出入”的簿册。这些简从一个侧面反映了悬泉置作为驿站给过往人员提供饮食的情况。悬泉置在汉代驿站中是规模比较大的。置中除有置丞外，还有几个分别独立的啬夫，他们负责不同的日常事务，如厨啬夫负责饮食，仓啬夫负责仓储，厩啬夫负责养马，置啬夫负责安排住宿，等等。置中所提供的饮食，有县上配给的，有乡、亭供应的，也有自己直接购买的②。

《鸡出入簿》表现出如下记账特点：

---

① 张德芳，胡平生 . 敦煌悬泉汉简释粹 . 上海：上海古籍出版社，2001.

② 甘肃省文物考古研究所 . 敦煌悬泉汉简释文选 . 文物，2000（5）：27-45.

（1）该账簿中，以“入”“出”作为记账符号，记账符号置于每一笔账务记录之首。

（2）账簿以“枚”“只”为实物计量单位。

（3）每一笔经济事项以其发生时间的先后顺序顺次登记。收入事项与支出事项按照时间先后顺序混合交叉登录。

（4）期末时，将全部收入事项数额汇总，抵减全部支出事项的汇总数额，结算出余额。

（5）账簿记录有固定的格式，简要、明确、完整。

2.《悬泉置元康五年正月过长罗侯费用簿》

该册书为西汉神爵元年（公元前61年）悬泉置接待长罗侯常惠军吏的费用簿，册书有题，名为“悬泉置元康五年正月过长罗侯费用簿”，其内容如下：

（1）县泉置元康五年正月过长罗侯费用。

（2）入羊五 其二辜 其三大羊 以过长罗侯军长吏具。

（3）入鞠三石 受县。

（4）出鞠三石 以治酒之釀。

（5）入鱼十枚 受县。

（6）入豉一石五斗 受县。

（7）今豉三斗。

（8）出鸡十只一枚 以过长罗侯军长史二人军侯丞八人司马丞二人凡十二人其九人再食三人一食。

（9）出牛肉百八十斤 以过长罗侯军长史廿人庉（dùn）侯五十人凡七十二人。

（10）出鱼十枚 以过长罗侯军长史具。

（11）出粟四斗 以付都 田佐宣 以治庚。

（12）出豉一石二斗 以和酱食施刑士。

（13）入酒二石 受县。

（14）出酒十八石 以过军吏廿庉侯五十人凡七十人。

（15）凡酒廿 其二石受县 十八石置所自治酒。

（16）凡出酒廿石。

（17）出米廿八石八斗 以付亭长奉德都田佐宣 以食施刑士三百人。

（18）凡出米卌八石。

以上是长罗侯在悬泉置的花销账册。但是当时的花销账册与我们今天的费用账簿是完全不同的。原因是：过长罗侯费用簿不仅有出账，还有入账，那么很显然，其记账主体是常惠军吏，而非悬泉置。即便其费用账簿中的某几笔可能与悬泉置的《鸡出入簿》或《酒出入簿》等对应，这种对应也是两个记账主体间的往来对应，而不是一个记账主体内部的复式记账。实际上，过长罗侯费用簿是流水簿。

从简文来看，悬泉置所接待的军吏似分批相继路过。其中人数最多的一次是第9简所记72人。这些人员中有长史、军侯丞、司马丞、庉侯及施刑士等。悬泉置为招待这些吏卒置办了各种食品，其丰富程度在汉简材料中少见。

3. 总结

从会计簿书登记方法上看，《鸡出入簿》与《悬泉置元康五年正月过长罗侯费用簿》是一致的。

（1）财务收入的记录方法。如《悬泉置元康五年正月过长罗侯费用簿》第 6 条。

记账符号	名称	数量	来向
入	豉	一石五斗	受县

（2）财物支出的记录方法。如《悬泉置元康五年正月过长罗侯费用簿》第 14 条。

记账符号	名称	数量	去向
出	酒	十八石	以过军吏廿庑侯五十人凡七十人

（3）财物结余的记录方法。如《鸡出入簿》中的“九月毋余鸡”“今毋余鸡”。又如居延汉简中的《谷出入薄》：

受征和三年十一月簿余谷小石 五十五石二斗

受四月余谷万一千六 五十二石二斗三升少

入谷六十三石三斗三升少其卅三石三斗三升榜程

凡入 谷 四石九斗二升 其二石五斗二升粟 二石四斗榜程

出谷 廿廿 七石七斗 其 三十七石七斗麦十石粟 以食 肩水斤候骑 士十九 人、马十六四、牛二，九 月十 五 日食

凡出谷七石一 斗四 升 以 食□

凡出谷大石 九石 其一石五斗麦、七石五斗糜

今六 月 簿毋 余

十二 簿余谷 小斗二斗二升

今余谷 万 二 千四 百七 十三石 三斗 □

“受 × × 余”“承 × × 余”相当于现代会计的“期初余额”。“承”“入”“出”“今余”，是汉简中的“四柱”。

（4）期初余额的记录方法。如“受四月余谷万一千六 五十二石二斗三升少”。

记账符号	时间	名称	数量
受	四月	余谷	万一千六 五十二石二斗三升少

（5）本期新增的记录方法。如“凡入 谷 四石九斗二升 其二石五斗二升粟 二石四斗榜程”。

记账符号	名称	数量
凡入	谷： 其中粟 其中榜程	四石九斗二升 二石五斗二升 二石四斗

（6）本期减少的记录方法。如“凡出谷大石 九石 其一石五斗麦、七石五斗糜”。

记账符号	名称	数量
凡出	谷： 其中麦 其中糜	大石 九石 一石五斗 七石五斗

（7）本期余额的记录方法。如“十二 簿余谷 小斗二斗二升”。

时间	记账符号	名称	数量
十二	余	谷	小斗二斗二升

（三）汉代会计记录特点

汉代会计史料丰富，从出土的简牍文物中，我们了解到汉代的会计账簿除了流水簿以外，还有大量的明细分类核算账簿：分为物名账户、流水簿、往来簿等。

（1）物名账户：

钱：《钱出入簿》；

粮食：《谷出入簿》《粟出入簿》《食簿》《茹出入簿》；

兵器：《兵簿》《弩簿》《矢伤簿》。

（2）流水簿：《悬泉置元康五年正月过长罗侯费用簿》。

（3）往来簿：《偿及当还账簿》《债券簿》。

汉代会计记录方法采用单式记录法，已经有了比较固定划一的格式。记账符号以“入”“出”为主，也出现了“收”“付”等其他记账符号。

汉代的会计记录中每一笔经济事项按照时间顺序登记，收入事项和付出事项按照发生的时间顺序混合交叉登录，到一定时间结算余额。

汉代的会计记录达到了简要、明确、完整的基本要求，是比较科学的单式记录方法。

三 唐五代宋初，敦煌遗书会计

20世纪初，在敦煌石室发现了几万件古代写本，其中有一批会计文书。这批会计文书，多属吐蕃占领敦煌时期和归义军节度时期常住什物方面和其他财务的簿书写本。敦煌寺院会计文书包括历、牒、凭、账、契、名目、抄录等诸多类型，其中，历的数量最多，如入破历、入历、付历、借历、点检历、交割历（碟）等，这些簿历，从一个侧面反映了当时中国敦煌以及中原地区会计记录的特点。本书由于篇幅所限，仅对其中的几种簿历做简单的介绍。

（一）入破历

“入”，是“收入”之意，“破”是“支取”之意。所谓入破历，是序时流水账，即不分收支账务，每笔账务按照时间的先后顺序顺次登记。如《年代不明应庆麦粟油入破历稿》：

（前略）见法琛领得麦一百二十三石七斗，得吴法律地课麦八斗，又秋破八石五斗。得粟一百九十七石，比交库得出科粟本十六石一斗，破粟四石六斗，又得酒本粟两石一斗，又得粟十石八斗。（后略）

其格式如下：

记账符号	事由	物品名称	数量
得	吴法律地课	麦	八斗
破		粟	四石六斗

在这里，“得”与“领得”通用，都是“入”的意思；“破”是“出”的意思，都是记账符号。

1. 入历

所谓入历，即收入账，可分为序时流水式入历、汇总的诸色入历、分类入历等。

（1）序时流水式入历，即按日期顺次记载的收入日记账。如：

辛未年十一月廿二日，都师领得麦贰斗伍升。

廿五日，领得麦叁斗，马寺主施入。

壬申年后正月一日，麦叁斗、粟肆斗，画知官施入。

五日，领得麦叁斗，

六日，领得麦捌斗，得粟捌斗。（后略）

其格式如下：

时间	记账符号	物品名称	数量	来源
廿五日	领得	麦	叁斗	马寺主施入

（2）汇总的诸色入历。如《壬寅年正月一日已后直岁沙弥愿通手上诸色入历》：

麦两硕伍斗、粟肆硕五斗，二月六日七日沿行像散施入。官布一疋，张万水车头念诵入。布一丈，安婆车头念诵入。面陆拾硕，自年春硙入，麸十八硕，自年硙入。（后略）

汇总的诸色入历是为编制会计报告所用，重点在会计年度。它一般在前面写明日期，其余每笔收入账一般都不记日期。

其格式如下：

日期	物品名称	数量	来源	记账符号
写于前面：壬寅年正月一日已后	麦、粟、布、面、麸等	两硕伍斗等	沿行像散等	入

（3）分类入历。

分类入历，系由汇总的入历分别录入而成，有麦入、西仓麦入、粟入、西仓粟入、油入、米入等。这类入历的目的是便于编制会计报告。

2. 破历

所谓破历，是支出账，又可以分为序时流水式破历、汇总的诸色破历、分类破历。

（1）序时流水式破历，即按日期顺次记载的支出日记账。如《丙戌年正月十一日已后缘修造破用斛斗布等历》：

十九日，买张奉进木，付麦肆硕。

廿二日，买康家木价，付布肆疋，计壹佰柒拾陆尺，折麦壹拾硕。又付粟叁硕。

二月十一日，付翟家朝木价，布壹疋，肆拾伍尺。

三月十四日，出麦捌斗，雇索鸾子等斛木手工城西。（后略）

其格式如下：

日期	用途	记账符号	等值交换物品名称	数量
十九日	买张奉进木	付	麦	肆硕

（2）汇总的诸色破历。如《辛亥年十二月七日后某寺直岁法胜所破油面等历》：

面壹斗、粗面壹斗、油半升、酒壹斗，割直岁查众僧契用。

又粟壹斗，都僧统东窟到来迎用。

油七升，时用面七斗、油壹升，造故王僧统戒斋用。（后略）

汇总的诸色破历是为编制会计报告所用，重点在会计年度，与汇总的诸色入历相同，它一般在前面写明日期，其余每笔支出账一般都不记日期。

其格式如下：

时间	物品名称	数量	去向	记账符号
写在前面：辛亥年十二月七日	面、粗面、油等	壹斗、壹斗、半升等	割直岁查众僧契用	用

（3）分类破历。如《辛巳年正月一日已后破历》：

面贰斗，太岁日解斋用。面叁斗，正月十五日大众上窟用。面壹斗伍胜，堆园日斋时用。面贰斗柒胜，二月八日前修行像塑匠木匠等用。（后略）

分类破历是一定时间内支出某一财务的分类明细账，是由汇总的诸色破历分类移录而来。其目的是便于编制会计报告。

其格式如下：

物品名称	数量	日期	用途	记账符号
面	贰斗等	太岁日等	解斋等	用

（二）借历

如《壬午年（公元年）三月六日净土寺库内便粟历》：

壬午年三月六□（日）净土库内便粟历。

张愿长便粟两硕，秋后硕六斗，□承弟长友。

米再员便粟壹硕，秋壹硕叁斗。

大乘寺保通便粟七斗，至秋玖斗壹升。

周长友便粟壹硕，至秋壹硕叁斗。

福进便粟两硕，至秋两硕陆斗。

阎流便粟壹硕壹斗，至秋壹硕四斗三升。（后缺）

这是净土寺粮库出借粟的明细账，其格式如下：

借贷时间	借贷人	记账符号	借贷物品	借贷数量	归还时间	归还数量
壬午年三月六日	张愿长等	便	粟	两硕等	秋后等	硕六斗等

（三）财物结余的记录方法

如《后晋开运三年（公元年）某寺算会破除外见存历稿》：

开运叁年丙午岁二月十五日，当寺徒众就中院算会，癸卯年直岁保集应入诸司斛斗蘇油布緤等，一周年破除外见存。（后略）

在敦煌文书中，“见存”是财物结余的记账符号，即现有存物的意思，表示结余。

（四）总结

通过敦煌寺院会计中的“簿历”，我们可以了解到以下内容：

（1）簿历从内容上看，是记载寺院财产物品的收入、支出以及结存情况的簿籍；从形式上看，分为入破历、破历和入历。其中，入历可分为序时流水式入历、汇总的诸色入历、分类入历，破历可分为序时流水式破历、汇总的诸色破历、分类破历；从簿历的记录要素上看，有时间、地点、人名、物名、数量等要素；从簿历的记录格式上看，通常有日期、物品名称、数量、来向（或去向）以及记账符号等。

（2）从上面所举例子中可见，敦煌寺院簿历中，表示收入的记账符号有：入、得等；表示支出的记账符号有：付、用、便等。从汉代时起，以“入”“出”为记账符号就已经出现，至唐五代时期，以“入”“出”为记账符号已经比较成熟。敦煌寺院簿历中多种记账符号的出现，说明这一时期这一地区记账符号还没有严格固定下来。

敦煌寺院是唐五代宋初时期的一个经济单位，它的账籍既有自己的特色，又反映了当时的普遍特点：

（1）唐代是单式记账法发展的完善时期。以“入”“出”为记账符号。

（2）记账符号的位置比较灵活，在没有按收支分类的账簿中，大多将记账符号置于每笔经济事项的首位；在按照收支分类的账簿中，在账簿名称上明确，在每笔经济事项记录中，则省略记账符号；在某些账簿中，当收入和支出事项记录比较集中时，则不逐笔列明记账符号，而是分段运用；在某些账簿记录中，省略记账符号，在对经济事项说明的摘要中加以明确。

（3）账簿记录还是序时流水式，有些账簿根据收入支出项目进行了分类，还有些账簿根据财物的自然属性进行了汇总核算和明细分类核算。

（4）账簿记录是单式记录，一般只集中反映它的一个主要方面，但有时也可能对两个方面同时记录，但这只是为了管理和合算的需要，并非有意识的复式记账，仍是单式记账的范畴。

（5）宋代会计在会计账簿组织上进一步成熟，但仍然是序时流水式单式记录。此后，大约在明代，我国固有的复式记账开始形成并发展，主要以“三脚账”和“龙门账”为标志。

第二节 中式三账——草流、细流和总清

微课

中式三账

中式三账是中国古代民间工商业所采用的以草流、细流和总清三种账簿为骨干的账簿体系。这一账簿体系自产生之日起，就在民间工商业中广为运用，直至西方复式簿记传入中国，才逐渐被西式簿记体系所代替。根据现今发现的有关文献资料，可以推断出在北宋时期已经基本形成了中式三账的基本构架。到明代，由于民间工商业的发展，尤其是商业性质的旧式金融业的发展，以“中式三账”为骨干的账簿组织建设已达到较为完善的水平。

“草流”即原始凭证，是记账的基础和依据；“草流”经过归类整理，转记入“细流”，即分类账；“细流”经过汇总归纳，转记入“总清”，相当于总账。

一 草流底账，营业记录

《喻世明言》中商人蒋兴哥到广东去经商、催款时“只带得本钱银两、账目底本……”这种“账目底本”就是“草流”，又名“草账”“草批”“原流”“底账”“底簿”“花账”等。“草流”起源于宋代，完善于明清。这种账是店家在经营活动现场的随时记录，因此在书写时不拘于形式上的工整。

如图 4-2 所示，这是一本“草流”账簿。“草流”在账页格式上，用白纸装订成册，即采用全白纸头的“无格条账”或使用设有暗格的全白纸头。为了书写规整，在书写之前可将全白纸头连续对折成八格，后按照折痕进行书写。

账房先生一般不参与草流簿记录，一般是由经济事项行为人如店员进行记录，在第一页上书写“某年某月某日吉立”，之后逐笔记录经济事项发生日期、交易商品名称、数量、单价、金额等。涉及赊销或赊购的经济事项，应索取或交付金折。每日营业终止，柜头审查草流簿，根据记录制作银清簿分录并清点现款。账款相符后，将草流簿和银清簿交账房。“草流”是“中式三账”设置和应用的基础，既起账簿的作用，也起原

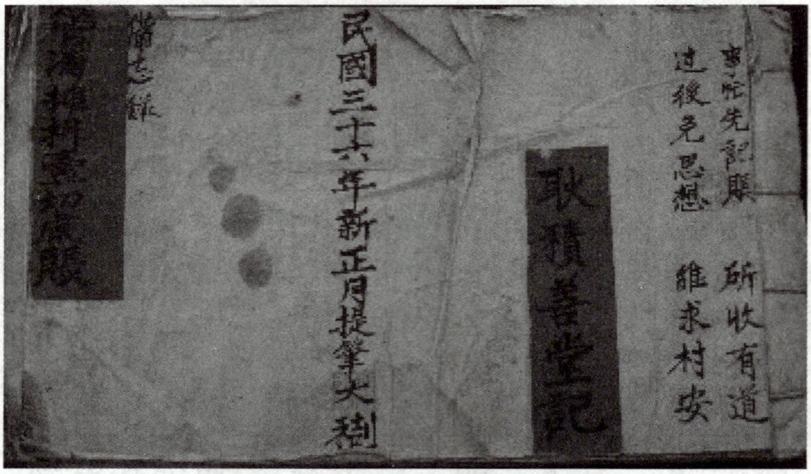

图 4-2　民国耿积善堂记一切底账

始凭证的作用，其性质与西式簿记的备忘录相同。

“草流”虽然是属于现场赶急暂记备忘性质的账簿，但它作为原始凭证，在维护与保障财产权利方面有其他账簿不可替代的作用。

二　细流日流，序时日记

“细流”在“中式三账”体系中是正规的流水账或日记账，又名“日流”“清流”“二流”“汇清”“流水总登”“日积月累”“堆金积玉”“铁板流水”等。“细流”是由“草流”整理而成的。

在西周和秦代的“籍书”以及汉代的“簿书”中都可以看到“细流”的萌芽；到了唐代，“细流”在民间账簿中已经颇为流行；宋代时，“细流”已经成为“中式三账”体系的主账之一。

一般在每日营业终了，账房以“草账”作为依据记录“细流”。“细流”有正规的书写格式，如记账符号（“入”和“出”、“收”和“付”等）、日期、数量、金额以及摘要等的书写位置、书写方法都有明确的规范。登记流水账，要求采用汉字体数码，以时间为顺序序时填写，并要求文字书写工整。主管者要对账簿进行定期检查。

明代的流水账已经具备统一的账簿格式。当时流水账所用的印格账簿，俗称“腰格通天条账”，这种账簿后来发展为中式账簿的通用格式。即一张账页居中横贯一线，称为“腰格”，与腰格相垂直，并列有数条红线，称为“天条”。该账簿以腰格为间隔，上收下付，或者上来下去，每列记录一笔账目。旬结、月结和年结数额居中书写，每旬之间和每月之间均留有一定空格或空页，用以分别前后账目。由于这种流水账便于业主盘查，有清算作用，故当时民间常称其为“清流”。如图 4-3、图 4-4 所示，这是“细流”流水账。图 4-5 所示是账册盒。

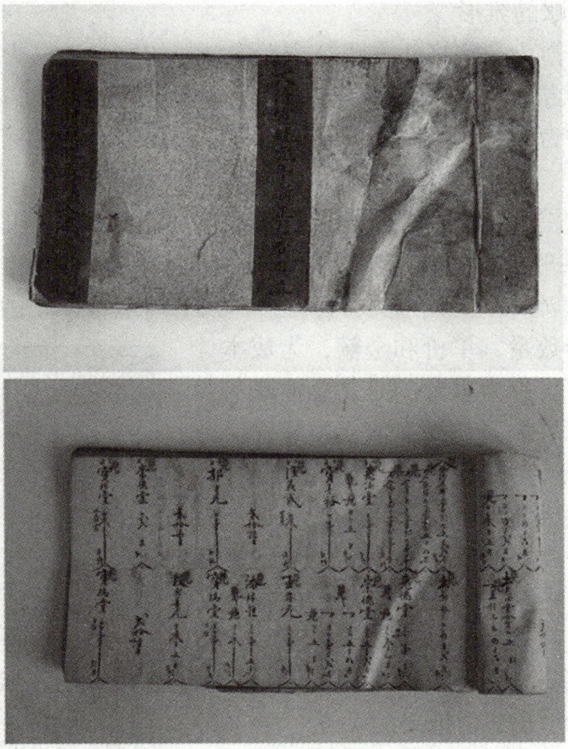

图 4-3　统元辐辏财源收取钱文流水账（中国会计博物馆展品）

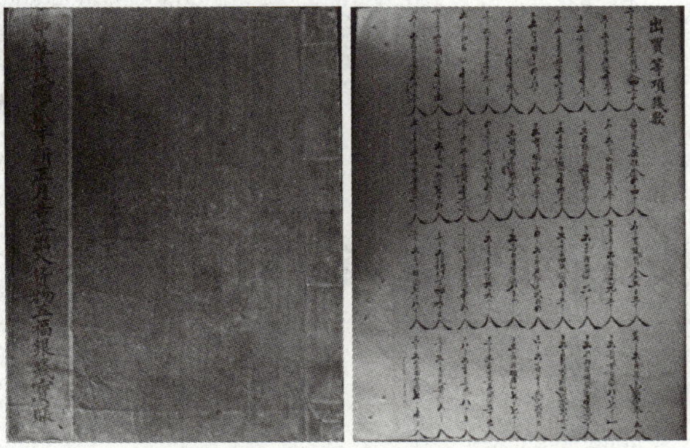

图 4-4　民国二年出入货物五福银钱宝账

图 4-5　账册盒

三　誊清总簿，归类登记

第三种账簿是总清账，又名“誊清账”“总簿”“总账”等。总清账是由“细流”分类登记而来，两者之间不是简单的整理转记关系，而是分类归口记录关系。“细流”中的明细反映与“总清”中的总括反映要完全一致，这是验证账簿一致性、真实性和正确性的关键。

总清账源于唐宋时期。唐代的官厅会计（如太府寺和司农寺的总分类账）和民间会计中已经出现了总清账的雏形。

总清账所用的账簿为“腰格斗方账”式。这种账的账页上横天线，下横地线，中贯双轨红线，而左右两方垂直立有红栏。该账簿上收下付，以双线为界，不得越轨。其账册方方正正，所以称为“斗方账”式。账簿名称一般以红纸墨书标签贴在“斗方”账页的右上角。

总清账是“中式三账”之中最重要的一册账簿，是“中式三账”的落脚点和归宿，对外保密，对内部一般人员也保密，所以，当时人们称它为“财神账”或“看家账”。总清账一方面对“细流”进行分类核算；另一方面“四脚账”中的“总清”能够系统地反映进、销商品的数量、单价和金额，为成本计算和结转提供了条件。更为重要的是，总清账与会计报告有着天然的因果关系，如在宋代，官厅会计中总账与会计报告合二为一，后来，总清账与会计报告分离以后，它又成为编制会计报告的依据。因总清账的特殊地位，商家在农历大年三十供奉祖宗时，也将总清账列于祖宗牌位中，既表示敬重，又祈求祖宗保佑商业兴旺发达。如图 4-6 所示，这是一本民国时期的誊清簿。

“中式三账”之间所建立起来的关系，是一种协调控制经营活动过程的关系。由草账到流水账是转记关系，而由流水账到总清账则是分类转记、归类核算的关系。“中式三账”之间的内在联系，体现了中式账簿组织的科学性。

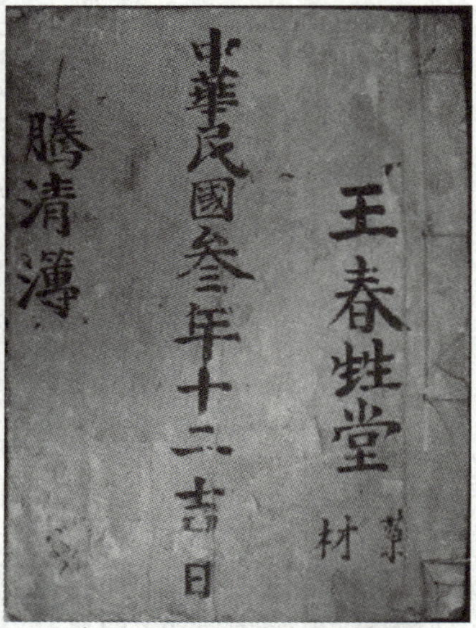

图 4-6　民国王春生堂药材誊清簿

第三节　我国复式簿记的起源与发展

一　三脚账

主题视频
晋商专题

主题视频
徽商专题

复式簿记是指对于同一笔经济业务，在做账簿记录的时候，以相等的金额同时在两个或者两个以上的账户进行记录的记账方法。大约在明朝时期，随着经济的发展，我国产生了“三脚账”。

（一）记账规则，名称来源

“三脚账”是一种形象的说法，譬如动物有四足，而失其一足，唯余三足，故称

"三脚账"。那么，这三足是哪"三足"呢？凡店家发生购销业务，如果涉及现金收付，即省略现金一方的账务处理，只记现金对方科目的处理，这称为"一只脚"；凡不涉及现金收支的业务，对于同一笔业务，要以相等的金额同时在相互联系的两个账户中进行账务处理，这称为"两只脚"。这种账务处理方式被形象地称为"三只脚"，因此叫"三脚账"。

微课

三脚账

（二）账簿设置，三账体系

"三脚账"的账簿设置采用"中式三账"体系，账簿登记的顺序为草流—细流—总清。其账簿记录以"细流"即流水账或日清簿为重点。这种流水账在发展的过程中，又逐渐分为"货清簿"、"银清簿"和"往来簿"，分别记录商品的现金买卖、现金收付（费用开支）和往来转账事项。登记完流水账以后，由流水账向誊清账归类转记，盈亏结算也在誊清账上进行。

例 1：向春记粮庄赊销商品一批，折合纹银三十两。

在"日清簿"的"往来簿"上进行账务处理如下：

来：销货款来账银　　三十两

　去：春记粮庄（往来簿）暂欠去账银　　三十两

该笔账务处理，相当于我们今天的：

借：应收账款——春记粮庄　　三十两

　贷：营业收入　　三十两

例 2：支付搬运力资去账银十两，银从本行银柜支付。

在"日清簿"（银清簿）上进行账务处理如下：

搬运力资去账银十两

该笔账务处理，相当于我们今天的：

借：搬运费　　十两

　贷：库存现金　　十两

例 3：销售商品一批，收入纹银八十两，银已收入本行银柜。

在"日清簿"（货清簿）上进行账务处理如下：

销售商品来账银八十两

该笔账务处理，相当于我们今天的：

借：库存现金　　八十两

　贷：销售收入　　八十两

（三）现金处理，流水结存

关于现金账项，"惟于流水簿上现银出纳部分，每隔若干日加以结算，求出差额，以验证银柜存额是否相符，谓之流水结存"。其基本做法是：每隔 5 日，或 10 日、半月，采用"旧管 + 新收 − 开除 = 实在"的四柱结算方式，结算出库存现金账上结存之数，与柜上盘点结存之数核对。如果不符，须查明原因，明确责任。

（四）分类汇总，盈亏计算

商家对盈亏的计算，有半年一次的，有一年一次的，也有一月一次的。盈亏计算是在分类汇总的誊清账上进行的。誊清账是根据流水账分类转记的。一般账项平行转记于誊清账，唯有库存现金一项是反方向过账。该账簿上方包括业主投资和对外债务（俗称存项），下方是企业的各项资产（俗称该项）。各项余额结算出来以后，可以通过下列公式计算本期的盈亏数额：

盈（亏）= 存项合计 – 该项合计

（五）不完全的复式记账法

从“三脚账”的账务处理方法可知，其转账事项部分记录两笔，是复式记录；现金收支事项部分只记录现金的对方，是单式记录。这种簿记方法，是一种不完全的复式记账法，是中式簿记由单式记账法向复式记账法发展的一种过渡形态的记账法。

（六）学界争论，说法不一

关于“三脚账”是否是复式记账的问题，会计学界说法不一。会计界名家徐永祚1927年1月16日在中国经济学社年会上讲改良中国会计问题时说“三脚账”是“以现金为主体的单式簿记”，同时指出其“实非纯粹的单式簿记”。5年以后，他又改变了自己的观点，明确指出：“夫尽人而知我国旧式账簿为单式记账，实则非也。试举一例，如向某某借款若干，则银钱流水簿中记为收某某借款若干，形式上似单式簿记，实则包含有借入现金及贷出债务之两种意义，而为复式簿记。”

郭道扬认为“三脚账”是不完全的复式记账[①]。

二 龙门账

微课

龙门账

关于龙门账的产生，一般认为与“山西票号”的产生直接相关。随着商业的发展，在明末清初，山西商人（有说法是傅山）根据唐宋以来官厅会计的“四柱清册”设计出了适合民间会计的“龙门账”。

（一）总清账簿，进缴存该

与“三脚账”着重于流水账的账簿设置不同，“龙门账”的核算重点在总清账，并在总清账上将全部账目划分为“进”“缴”“存”“该”四大类。

“进”类包括企业的全部收入：销售收入、代销收入和其他收入。

“缴”类包括本期发生的全部支出：费用支出、损失损耗、税款支出、销售成本和其他支出。

“存”类包括企业的全部资产和债权：库存商品、库存现银、各项债权和其他资产。

“该”类包括企业的全部资本和债务：业主投资、应付股息、外欠货款、外垫费用、钱庄货款、销售进价以及其他有关事项。

① 郭道扬．会计史研究：第三卷．北京：中国财政经济出版社，2008：428.

（二）有来必有去，来去必相等

龙门账的账簿上方叫“来方”，也叫“收方”；下方叫“去方”，也叫“付方”。其登记方法遵循“有来必有去，来去必相等”的原则，对于同一笔业务，要分别在流水账簿的来方和去方登记。由流水账归类、分项过入总清账时，其记录方向保持不变。

例4：购进商品一批，折合纹银二十两，款欠兴华工厂。

账务处理如下：

收　兴华工厂来账银　　二十两（该类）

　付　购进商品去账银　　二十两（存类）

相当于我们今天的：

借：材料采购　　二十两

　贷：应付账款——兴华工厂　　二十两

例5：销售商品一批，收入纹银八十两，银存昌记钱庄。

账务处理如下：

收　销售款来账银　　八十两（进类）

　付　昌记钱庄去账银　　八十两（存类）

相当于我们今天的：

借：库存现金　　八十两

　贷：销售收入　　八十两

例6：支付搬运力资用去纹银十两，银从本行银柜支付。

账务处理如下：

收　银柜来账银　　十两（该类）

　付　搬运力资去账银　　十两（缴类）

相当于我们今天的：

借：搬运费　　十两

　贷：库存现金　　十两

例7：向春福布行赊销商品一批，折合纹银五十两。

账务处理如下：

收　销货款来账银　　五十两（进类）

　付　春福布行暂欠去账银　　五十两（存类）

相当于我们今天的：

借：应收账款——春福布行　　五十两

　贷：主营业务收入　　五十两

（三）流水过总清，账项记分明

以上四笔账目，在流水账和总清账中的记录分别如表4-2、表4-3所示。

表 4-2　流水账

（4）	（3）	（2）	（1）
收　销货款来账银　五十两	收　银柜来账银　十两	收　销售款来账银　八十两	收　兴华工厂来账银　二十两
（4）	（3）	（2）	（1）
付　春福布行暂欠去账银　五十两	付　搬运力资去账银　十两	付　昌记钱庄去账银　八十两	付　购进商品去账银　二十两

表 4-3　总清账

	（3）	（1）				（4）	（2）	
合计　来账银叁拾两	收　银柜来账银　十两	收　兴华工厂来账银　二十两	该类		合计　来账银壹佰叁拾两	收　销货款来账银　五十两	收　销售款来账银　八十两	进类

续表

		（3）			（4）	（2）	（1）	
合计　去账银拾两		付　搬运力资去账银　十两	缴类	合计　去账银壹佰伍拾两	付　春福布行暂欠去账银　五十两	付　昌记钱庄去账银　八十两	付　购进商品去账银　二十两	存类

（四）结册的编制，进缴与存该

使用龙门账的商家，将其会计报告称为“结册”。反映盈亏关系的称为“进缴结册”，反映存该关系的称为“存该结册”。

在编制“结册”之前，总清账所列各项要逐项结账，俗称“挽账”。“挽账”以后，其结清的各项余额按照要求抄录到“结册”上，叫“抄红账”。抄录的原则是：分项一致、方向一致、金额一致。如表 4-4、表 4-5 所示。

表 4-4　进缴结册编报格式

										本年年底存货	今年日生销售		
以上两抵获净红利洋八万七千五百元	全年共支缴用洋一万二千五百元	付	付	付	付	付	付	缴用支出	两品获毛利十万元	十万元	一百一十万元	毛利收进	兹将民国二十年红利计算开列如左
		其他洋	捐税洋	交际费洋	杂缴洋	福食洋	工资洋			上年末存货二十万元	全年进货一百万元		
		五百元	六千元	一千五百元	五百元	一千元	三千元						

表 4-5 存该结册编报格式

兹将民国二十年内该外欠账项开列如左			
计开			
内该		外欠	
一、春福布行股本洋	五千元	一、春福布行暂欠洋	五百元
一、衡荣记股本洋	五千元	一、天津银行往来洋	一千元
一、盛宏记股本洋	五千元	一、泰福庄洋	一千五百元
一、昌盛记股本洋	五千元	一、顺兴庄洋	二千元
一、应付股息	二千五百元	以上外欠洋	五千元
一、益福堂存款	二万元	结存	
一、裕隆庄存款	二万元	一、存生财洋	二万元
一、秋祥银号	三万元	一、年底存货洋	十万元
一、宏禧庄	二万元	一、银行账存洋	八万元
以上共该洋	十一万二千五百元	以上共存合洋	二十万元
两品获净红利洋八万七千五百元			

表 4-4 类似于我们今天的利润表，用经营毛利减掉各项费用支出即为红利。其计算公式为：

进类 − 缴类 = 红利

表 4-5 类似于我们今天的资产负债表，其计算公式为：外欠 + 结存 − 内该 = 红利。即：

存类 − 该类 = 红利

由此可见，龙门账的盈亏计算分为双轨：一轨通过进缴结册计算得出，一轨通过存该结册计算得出。两者盈亏相等，则合上龙门。

（五）合龙门——盈亏计算，钩稽账目

修筑堤坝或桥梁等的施工工程中，一般从两头开始，到中间接合。中间一段称作“龙口”，这种接合工作叫“合龙”。“合龙”是工程成败的关键所在。龙门账在年终结算时双轨计算盈亏，两者能否一致，就成了检验账目是否记录正确的关键，因此借用了“合龙门”这一神圣的名称。其计算公式为：

进 − 缴 = 存 − 该

根据“进”“缴”“存”“该”的内容，我们将该公式变形为：

收入 –（成本 + 费用 + 损失）=（资产 + 债权）–（资本 + 负债）
【进】　　　　【缴】　　　　【存】　　　　【该】

（六）中国独有，复式开端

龙门账是明清之际我国最早出现的复式记账方法，是我国复式记账的开端。其与同一时期的西式复式记账法相比，还存在着很大的差距。如在凭证运用、账簿设置、登记方法、试算平衡以及成本计算和结转方面还显得粗糙和烦琐。它为四脚账的产生和发展奠定了基础。

三　四脚账

微课

四脚账

"四脚账"是在"三脚账"和"龙门账"的基础上形成的一种比较成熟的复式记账法。20 世纪 30 年代出版的《商业辞典》在解释"四脚账"时说："中国旧式簿记之复式簿记，俗称四脚帐，又名天地合，即以一项货款分记于上下两格。上格记来帐（如各户来货或转来之帐及资本等均属来帐），下格记去帐（如各户欠帐、公司产业、营业费以及现存款项等皆属去帐），而此上下二格所记数额必当符合，否则必有所遗漏或错误也。"

（一）账簿设置，草细总簿

四脚账的账簿体系比较完善。

1. 细流部分

（1）日清簿是根据草流整理的序时日记簿。

（2）银清簿是现金日记簿，它也可不分设，如果这样，就将现金内容记录在日清簿上。

（3）货清簿是商品进销日记簿，又可分为进货簿（采货簿）与销货簿（兑货簿）。

2. 总簿部分

总簿是"四脚账"的主体账簿，是编制"结册"的依据。企业可设置一册总簿，也可以分设三种分清账簿，分别是：

（1）交关总，即往来总簿，通常又分为"内埠总簿"与"外埠总簿"。

（2）货总，即商品进销总簿，通常又分为"进货总簿"与"销货总簿"。

（3）杂总，即其他总簿。

3. 簿记报告部分

该部分分为"彩项结册"和"存除结册"。其中，"彩项结册"是结算盈利的报告，"存除结册"相当于西式簿记的资产负债表。

（二）账簿核算

1. 草流底簿，原始凭证

草流是忙时暂记，是登记细流的依据。

2. 细流核算，上来下去

细流一般包括日清簿、银清簿和货清簿，根据草流底簿登记。

（1）对往来经济事项的处理。

一笔账务要同时同金额记录两笔，在账簿上方（又叫“天方”）登记来账方面，在账簿下方（又叫“地方”）登记去账方面。这样就能够反映同一事项的来龙去脉。然后上下两栏的数目都要过入相应的总簿。

（2）对现金收付事项的处理。

第一，凡现金收付事项，只记录现金对方，现金方略去不计，结账时现金方按照“流水结存”的方式结出余额，并转入总簿参加平账。总簿中也不设现金账户。

第二，凡现金收付事项，与往来事项的处理一样，在细流中同时同金额在来方和去方记录两笔，然后上下两栏定期汇总以后，平行转录于总簿上。在1934年的《会计杂志》上张心澂介绍道：“我于宣统三年在邮传部铁路总局不懂西式记帐的科长指导下，登记过一种中式帐。在日清簿，一笔收款，在上栏登记收某款若干，同时在下栏也要登记一笔。如那笔款是存入银行，下栏就列付某银行若干。若是不存银行而存库，则下栏就付库存若干，上下两栏都要记，然后上下两栏的数目都分别过入清簿。总清簿内也设库存一户。某笔帐若有说明，可在日清簿及总清簿内记完数目的次行起详细写入，占几行都可以。写完了说明之后，第二笔帐再在次行接写。”

3. 总簿核算——人名物名纲头，分类分项核算

在四脚账总簿中，按“纲头”进行分户核算。所谓“纲头”，是四脚账的簿记核算项目，类似于西式簿记的“会计科目”。“纲头”划分为两大类：凡往来账项者，设置“人名纲头”；其余设置“物名、损益纲头”，称为“集”或者“项”。

4. 举例

（1）桃月初五日隆福米行开业，投入纹银一万五千两为资本，银存广发钱庄。

账务处理如下：

收　本庄资本来账银　　一万五千两

　付　广发钱庄去账银　　一万五千两

相当于西式簿记的：

借：银行存款——广发钱庄　　一万五千两

　贷：实收资本　　一万五千两

（2）初六日，以库存现银从昌盛米厂购进白米一百包，每包价银二两，合计去银二百两整。

账务处理如下：

收　银柜来账银　　二百两

　付　白米集去账银　　二百两

相当于西式簿记的：

借：库存商品　　二百两

　贷：库存现金　　二百两

（3）初七日，从宝顺米行赊购绿豆一百包，每包价银三两，合计银三百两。

账务处理如下：

收　宝顺米行（交关总——内埠）来账银　　三百两

　付　绿豆集去账银　　三百两

相当于西式簿记的：

借：库存商品　　三百两

　贷：应付账款——宝顺米行　　三百两

（4）初八日，售给南坞饭庄白米二十包，每包二两五钱，计银五十两，现银本行银柜收讫。

收　白米集来账银　　五十两

　付　钱柜去账银　　五十两

相当于西式簿记的：

借：库存现金　　五十两

　贷：主营业务收入　　五十两

（5）初九日，开支本月薪俸用银一百两，银从广发钱庄支取。

收　广发钱庄来账银　　一百两

　付　费用集——本月薪俸去账银　　一百两

相当于西式簿记的：

借：应付职工薪酬　　一百两

　贷：银行存款　　一百两

（6）初十日，通过钱柜支付纳税用银九十两。

收　钱柜来账银　　九十两

　付　损益集——税款去账银　　九十两

相当于西式簿记的：

借：应交税费　　九十两

　贷：　库存现金　　九十两

以上业务，在流水簿中登记，如表4-6所示。

表4-6　流水簿

（6）	（5）	（4）	（3）	（2）	（1）
收　钱柜来账银　九十两	收　广发钱庄来账银　一百两	收　白米集来账银　五十两	收　宝顺米行（交关总——内埠）来账银　三百两	收　银柜来账银　二百两	收　本庄资本来账银　一万五千两

续表

（6）	（5）	（4）	（3）	（2）	（1）
付 损益集——税款去账银 九十两	付 费用集——本月薪俸去账银 一百两	付 钱柜去账银 五十两	付 绿豆集去账银 三百两	付 白米集去账银 二百两	付 广发钱庄去账银 一万五千两

（三）年终决算——彩项结册，存除结册

1.“彩项结册”的编制

“彩项结册”顾名思义，是反映经营损益的报表。如表 4-7 所示。

表 4-7　彩项结册

以上对除之后实得利来银　柒佰两	共六条银　一千零二十两		收其他杂项收入来银　五十两	收白面集实德利来银　四百两	收黄米集实得利来银　八十两	收红豆集实得利来银　一百两	收绿豆集实得利来银　八十两	收白米集实得利来银　三百一十两	兹将隆福米行民国二十年清和月初一至廿九日一月来各货采兑盈利 开列于左
	共五条银　三百二十两			付损失去银　十九两	付缴纳捐税去银　六十八两	付杂项费去银　三十五两	付运杂费去银　五十八两	付薪资去银　一百四十两	

从“彩项结册”的编制过程中可以看出，四脚账中的盈亏计算采用了如下公式：

红利（或者亏损）= 经营毛利 -（费用 + 税金 + 损失）

2.“存除结册”的编制

“存除结册”类似于西式的资产负债表。该结册的上下两方分别称为“天方”和“地方”。如表 4-8 所示。

表 4-8　存除结册

兹将隆福米行民国二十年清和月初一至廿九日一月来各号在欠、存货余盈开列于左	
来账	去账
米行资本结在来银　一万五千两	一、白米结存去银　二千两
兴顺号结在来银　五百两	一、绿豆结存去银　一千八百两
丰正号结在来银　七百两	一、红豆结存去银　五百两
谦益堂结在来银　三百两	一、黄米结存去银　一千四百两
广和号结在来银　二百两	一、白面结存去银　七百两
本期实得利来银　八百两	一、广发钱庄结存去银　六千两
	一、南坞饭庄结存去银　五百两
	一、仁和米厂结存去银　八百两
	一、财产器具结存去银　一千两
共六条银　一万六千七百两	共九条银　一万两
天地	符合

由以上“存除结册”可知，该结册采用的计算公式为：

资本 + 负债 + 本期利润 = 资产

（四）四脚账法，复式雏形

与龙门账相比，四脚账在如下方面表现出明显的进步：

其一，其账簿体系比较严密，从“草流”“细流”“总清”到结册，相当于从备忘录到序时账，到分类账，再到会计报告，形成了三位一体格局。

其二，四脚账总清簿中的分项核算，为成本结转和计算以及库存商品结余计算提供了便利。

四脚账是产生于中国本土的具有中国特色的复式记账法。其在记账原理、平账原理、成本结转、盈亏计算等方面，与西式记账法有异曲同工之妙。

但与同期的西式记账法相比，四脚账账簿系统还不够严密，核算项目设置不够科学，凭证运用不够严格。因此，可以说四脚账处于科学复式记账法的“幼年”时期。

本章小结

本章首先按照历史顺序，运用生动的考古成果实例，先介绍账簿实例，再总结记账方法，给同学们以生动具体的印象；其次介绍了“中式三账”体系，使同学们在宏观上对中式记账体系有所把握；最后，通过记账方法运用及业务中的实例，介绍了我国特有的复式记账方法——三脚账、龙门账和四脚账，并引导同学们将其与西式借贷记账法进行比较，最终了解其规律和特点。

课后拓展

1. 在网上或者图书馆查找悬泉置的介绍，悬泉汉简的内容、价值以及悬泉汉简所反映的丝路繁华景象。你能够找到悬泉汉简中的其他会计账簿或凭证介绍吗？

2. 在网上或者图书馆查找居延汉简的发现和发掘过程、居延汉简的价值、居延汉简出土文物介绍等内容。你能够找到居延汉简中的其他会计账簿或凭证介绍吗？

3. 在网上或者图书馆查找敦煌遗书有关资料，了解下列内容：（1）敦煌遗书发现以及遗失的过程；（2）敦煌遗书的内容；（3）敦煌遗书的价值；（4）敦煌文献现在的存放地；（5）敦煌遗书珍品介绍；（6）为什么说敦煌是“吾国学术之伤心史”；（7）敦煌遗书中的其他会计账簿或凭证介绍。

4. 根据给定实例，课后引导学生自己动手按照三脚账、龙门账、四脚账的方法记账和结账。

阅读链接

[1] 白寿彝．中国通史纲要．上海：上海人民出版社，1980.
[2] 郭道扬．中国会计史稿：上册．北京：中国财政经济出版社，1982.
[3] 王建忠，柳士明．会计发展史．5版．大连：东北财经大学出版社，2021.

第五章 会计结账方法的演变

学习目标

【知识目标】

能够举例说明不同的会计结账方法并总结其特点。

【能力目标】

能从给定的古代文献中，找出三柱结算法或者四柱结算法的要素。

【素养目标】

1. 从中式会计结账方法的运用中，深刻体会会计工作中需具备的严谨诚信精神。

2. 从对中式会计账簿原文的学习中，深刻体会客观公正和廉洁自律在会计工作中的重要意义。

文化传承

居延汉简中的《永元器物簿》由77枚简编联而成，现藏于我国台湾地区“中央研究院”。全册长91厘米，是目前发现的保存编联最长的简册。简册生动地展现了东汉和帝永元五年（93年）元月到永元七年（95年）六月的七篇月言簿，是广地候官下属的候长向上级报送的报表，记载了烽燧中各种兵器的名称和数量。《永元器物簿》既是我们研究会计结账方法的重要史料，又是一件艺术价值极高的书法作品，具有极高的历史价值。

背景资料

宋代黄庭坚（1045—1105 年）《赠李辅圣》诗云："交盖相逢水急流，八年今复会荆州。已回青眼追鸿翼，肯使黄尘没马头。旧管新收几妆镜，流行坎止一虚舟。相看绝叹女博士，笔研管弦成古丘。""旧管"和"新收"是会计结算用语，是"四柱结算法"中的两柱。那么，"流行坎止"是什么呢？按照旧习，流水账的封面大多书以"日行流水宝账"，古代商业活动中还有"年坎轧帐"等说法。这里的"流行""坎止"分别是指流水账簿记录和年坎轧帐了。流水账簿被比喻成"虚舟"，也是一语双关。本诗借用会计用语戏谑调侃，可见当时会计用语的流行程度。这些不同时期的会计用语默默记载了我国会计方法的演变。

第一节　盘点结算　实时意义

会计结账方法，又叫会计结算方法，是会计方法中一个极为重要的组成部分。它是会计核算、会计分析和会计检查的基础，是会计管理和内部控制有效发挥作用的关键。中式会计结算方法的形成与发展，经历了三个主要阶段：盘点结算法、三柱结算法和四柱结算法。

一　各国结算，始于盘点

顾名思义，盘点结算法指的是利用盘点的方式确定财产物资期末的实有数目和会计账目的方法。这种结算方法的运用开始于原始社会末期，一直持续到商代中期。商代中期出现了三柱结算法，以后，三柱结算法逐步占据统治地位。

由于当时生产力水平低，人们的剩余产品不多，书契记录方法尚处于萌芽阶段，人们的财物收支记录仅发挥着计数以备遗忘的作用，簿记记录并不系统，其收支记录无法关联比较，因此期末结存财物数额计量只能依赖实物盘点。

实物盘点得出的结论只是时点数，其效用只限于盘点的时点，过后就失效了。即便如此，盘点结算法也是世界各国结算方法之始，为后世会计结算方法的产生奠定了基础。

二　萧家草场，账实核对

盘点结算法后来发展成为账实核对的方法，如《萧家草场 26 号汉墓遣策》：

车一乘。⊕

御者一人。㊉
从者四人。㊉
柯（間）一双。方
小酱杯十。方
黑杯十。方
大书脯（奁）一。方
小脯（奁）一。方
书卮一。方
小酱卮一。方
沐器一枚。㊉
金鼎一双。方
金于（盂）一。方
大瓦于（盂）一枚。㊉
小瓦于（盂）一枚。㊉
大瓦罂一双。㊉
瓦□一具。㊉
甑一具。㊉

“遣策”指的是记载随葬品的竹木简。从上文可以看出，该遣策记录的物品已经经过了实物盘点，并记录符号“㊉”，“方”表示账实相符。

第二节 三柱结算 入出余分列

一 三柱结算，入、出和余

三柱结算法运用的主要时期是商代后期至秦代。三柱结算法是中式会计利用收入、支出和结余三要素及其相互关系结算本期财产物资增减变化的方法。其计算公式是：入－出＝余。“三柱”分别是“入”“出”“余”。

“入”“出”“余”分别相当于现在的“上期结余＋本期收入”“本期支出”“本期结余”。

在三柱结算法中，期初余额已经合并在“入”里面了。为什么要这样处理呢？那是因为，在人们应用三柱结算法的最初阶段，生产力发展水平低下，上期结存数量普遍不多，人们意识不到将其从“本期收入”中分离出来的重要性。

二 简册实例，有力证据

（一）睡虎地秦简

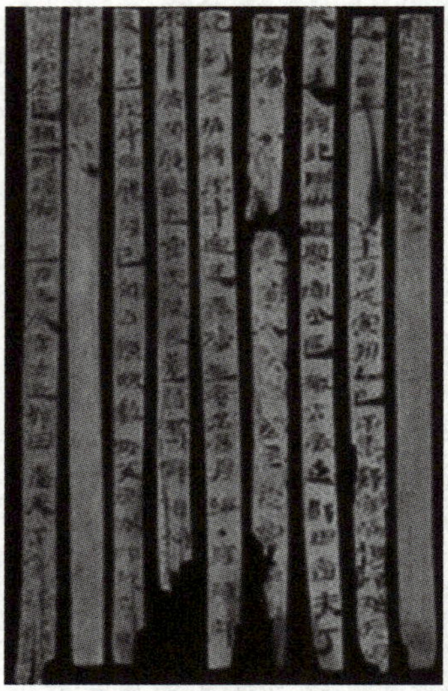

图 5-1 睡虎地秦简

睡虎地秦墓竹简（如图 5-1 所示）又称睡虎地秦简、云梦秦简，在其《效律》一部分中有这样的记载："入禾万石一积……其出禾，又书其出者，如入禾然……县终岁而为出凡曰：某仓出禾若干石，其余禾若干石。"在这里，"入禾 – 出禾 = 余禾。"

（二）悬泉汉简

1. 悬泉汉简《钱出入簿》

以下是敦煌悬泉汉简《钱出入簿》记录的内容：

□入三百廿五錢。　入二百六十七錢。

錢萬二千二百卌　其二千一百六十，田褒，七月盡九月。

二千一百六十，□□夫，七月盡九月。

除四人，過一時。當還錢□七千九百廿。

破胡，凡錢□

出錢千一百□

出錢九十六□

責時上與

出錢二千五百　買大材木蓋亭屋

出錢五百六十六　以賣綦毋卿器物

……

出錢二百一十糴糜　出錢九十五履　凡用錢六百八十五

今見泉千八百廿五。

今有餘泉九千二百八十八，在司馬君舍。

简文中，"入""出"分别表示钱的收入和支出之数；"凡"是总计之数；"今有余"表示"入"减"出"之后的余额。"泉"指的是悬泉钱。可见，此简册运用了三柱结算法。

2. 悬泉汉简《谷物出入簿》

以下是悬泉汉简《谷物出入簿》记录的内容：

縣泉置，五鳳三年九月穀出入薄。

淩胡隧，神爵三年九月，米出入簿。

□□五月，米出入簿。

凡出粟、糜黍十　（共支出粟和糜七十）

凡糜二百五十三石三斗少。（余糜二百五十三石三斗少）

凡入粟六百一石九斗二升少　（共收入粟六百一石九斗二升少些）

右凡出穬麥十一斛二斗　　　士吏姜蒙文德玉門所稟。

（右边所列各项共支出穬麥十一斛二斗，被当兵的姜蒙文和小吏德玉門领取）

右已豢、未豢，定入麥小石三百卌四石七斗。

（右边各项有已经领取喂牲畜的，还有没领取的）

凡二百卌九石九斗九升。　　　　八十三絭。

在《谷物出入簿》里，“凡出粟、糜黍十”指的是总计支出粟和糜的数量是七十；“凡糜二百五十三石三斗少”指的是余糜的数量是二百五十三石三斗少些；“凡入粟六百一石九斗二升少”指的是共收入粟六百一石九斗二升少些。在这里，我们能够清晰地看出“入”“出”“余”的数量，其运用了三柱结算法。

第三节　四柱结算　账项分明

一　四柱支撑，账项分明

随着经济收支关系日益复杂，人们逐渐认识到单列“上期结余”在结账方法上的重要性，于是，“上期结余”便从“入”中分离出来，形成了四柱结算法。四柱结算法就是按照“四柱”格式，定期结账的一种会计结账方法。

所谓“四柱”，即“旧管”“新收”“开除”“实在”四项要素，分别相当于“期初余额”“本期收入”“本期支出”“期末余额”。元朝孔克齐在其所著的《至正直记》中说：“人家出纳财货者，谓之掌事……计算私籍，其式有四：一曰旧管；二曰新收；三曰开除；四曰见在。”即会计界常说的“四柱法”。

其总额平衡公式为：

旧管 + 新收 = 开除 + 实在

其差额平衡公式为：

新收 − 开除 = 实在 − 旧管

当时，在运用四柱法编制的会计报告中，四个要素（“旧管”“新收”“开除”“实在”）的总计数要竖行顶格书写，各个要素具体项目的数额书写要低于要素书写的高度，并依次排列其后，这样四个要素就好像是四根突兀的柱子，取此意为“四柱结算法”。其示例如图 5-2 至图 5-4 所示。

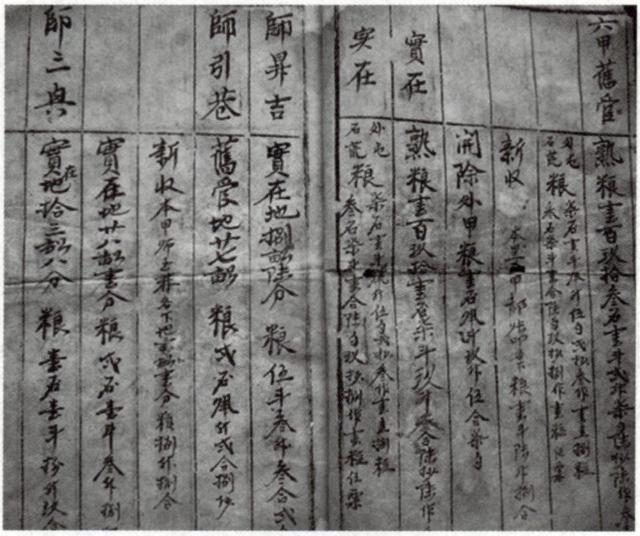

图 5-2　光绪年间某地六甲四柱清册

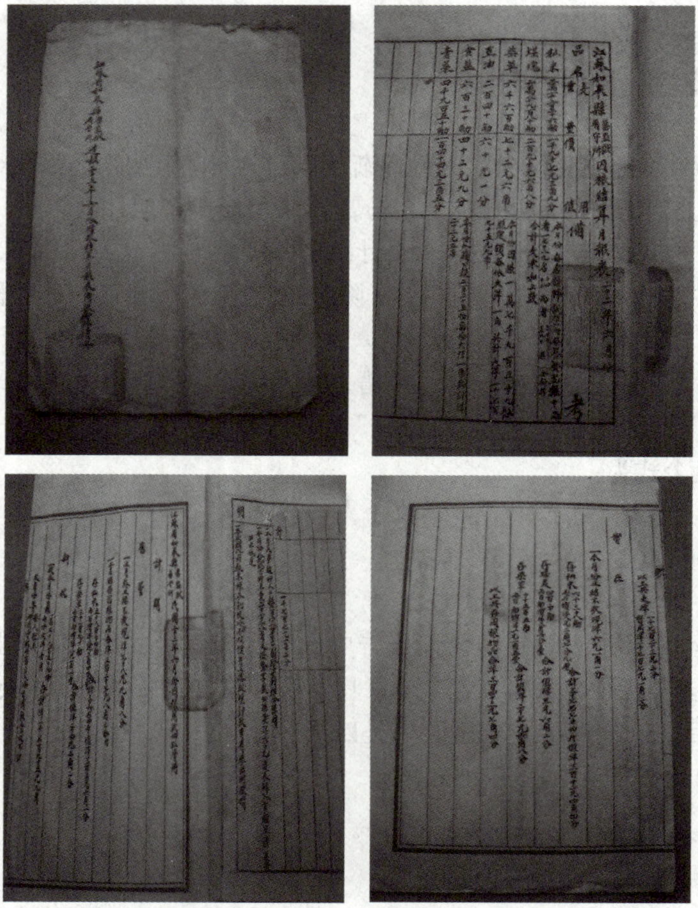

图 5-3　1933 年江苏省如皋县旧监狱看守所囚粮结算月报表用款四柱清册

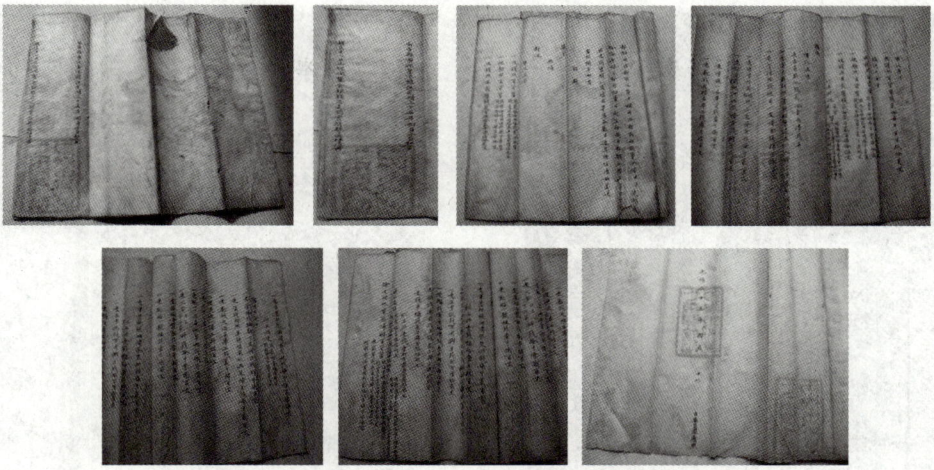

图 5-4　光绪年间南昌县四柱清册

二　《永元器物簿》，四柱初现

（一）出土

1930—1931 年，内蒙古阿拉善盟额济纳旗居延遗址出土了一万余枚汉简，称“居延汉简”。居延汉简绝大多数原本都以细麻绳编联成册，出土后，因麻绳腐烂断裂，原有册书尽成散简断片。《永元器物簿》出土时，仍保持原状，由 77 枚简编联而成，其中 2 简无字，乃首批发现的居延汉简中完整册书之一①。

《永元器物簿》全册长 91 厘米，是目前发现的保存编联最长的简册。

（二）部分原文

《永元器物簿》全篇共包括七篇月言簿，分别为永元五年六月、五年七月、六年七月、七年正月、七年三月、七年四月、七年六月。最后简纪年为永元九年十二月廿七、廿八日。

以下是《永元器物簿》部分图片及部分释文，如图 5-5 至图 5-11 所示。

图 5-5　永元器物簿（1）

① 居延汉简完整册书仅有两册，另一册是由 3 枚简编联而成的《永光二年予长候长郑赦宁册》。

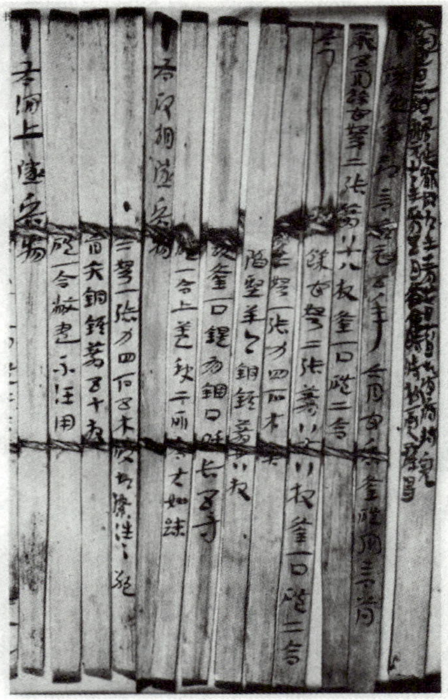

图 5-6　永元器物簿（2）

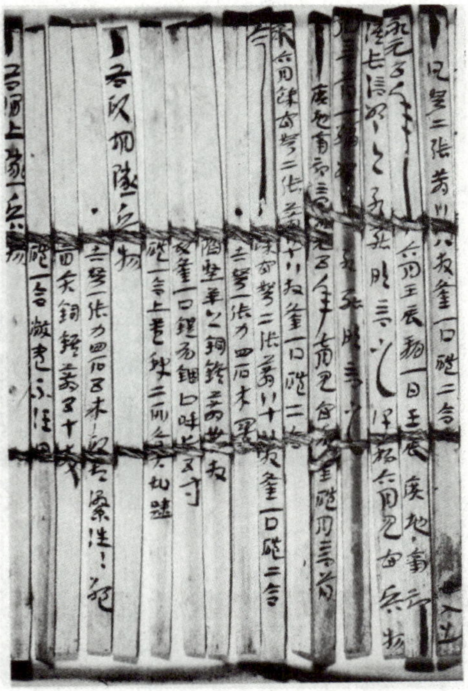

图 5-7　永元器物簿（3）

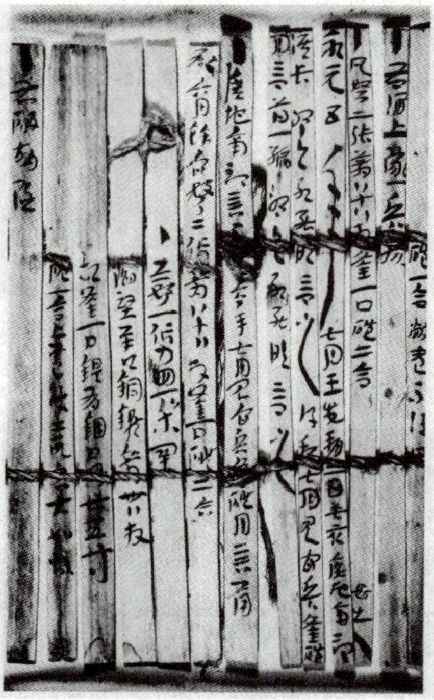

图 5-8　永元器物簿（4）

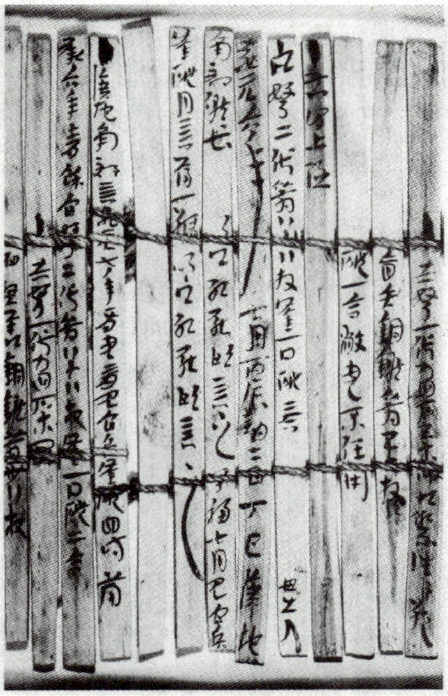

图 5-9　永元器物簿（5）

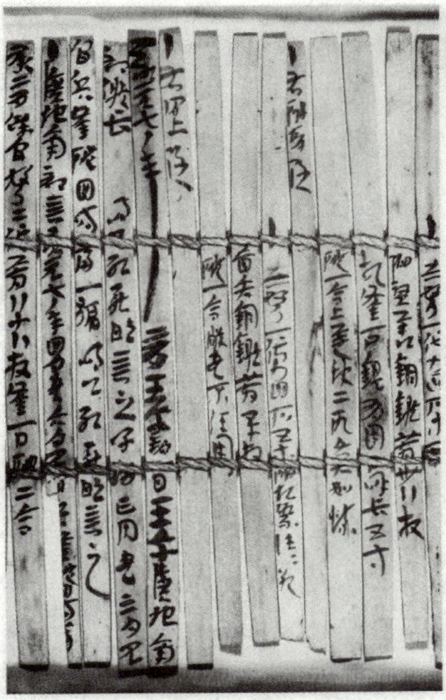

图 5-10　永元器物簿（6）

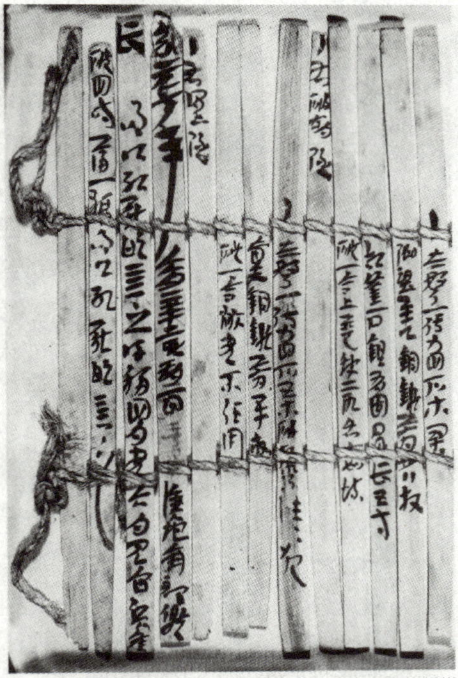

图 5-11　永元器物簿（7）

《永元器物簿》是编连成册的简册，这是商周至魏晋之间书籍的主要装帧形式。

以下是《永元器物簿》中永元五年六月和七月的月言簿：

广地南部言永元五年六月官兵釜硙月言簿

承五月余官弩二张箭八十八枚釜一口硙二合

今余官弩张箭八十八枚釜一口硙二合

赤弩一张力四石木关

陷坚羊头铜镞箭卅八枚

故釜一口有锢口呼长五寸

硙一合上盖缺二所合大如

右破胡燧兵物

赤弩一张力四石五木破切 往往绝

盲矢铜镞箭五十枚

硙一合敝尽不任用

右涧上燧兵物

凡弩二张箭八十八枚釜一口硙二合 毋入出

永元五年六月壬辰朔一日壬辰广地南部

候长信叩头死罪敢言之谨移六月见官兵物

月言簿一编叩头死罪敢言之

广地南部言永元五年七月官兵釜硙月言簿
承六月余官弩二张箭八十八枚釜一口硙二合
今余官弩张箭八十八枚釜一口硙二合
赤弩一张力四石木关
陷坚羊头铜镞箭卅八枚
故釜一口有锢口呼长五寸
硙一合上盖缺二所合大如
右破胡燧兵物
赤弩一张力四石五木破切 往往绝
盲矢铜镞箭五十枚
硙一合敝尽不任用
右涧上燧兵物
凡凡弩二张箭八十八枚釜一口硙二合 毋入出
永元五年七月壬戌朔二日癸亥广地南部
候长叩头死罪敢言之谨移七月见官兵釜硙
月言簿一编叩头死罪敢言之

候官是长城要塞上瞭望防范敌人的哨所，相当于县一级。该簿内容为东汉和帝永元年间（89—105 年）广地侯官下属的侯长向侯官上报的报表，记载了烽燧中各种兵器的名称和数量，所使用的“敢言之”“叩头死罪敢言之”为汉代公文的固定用语。

（三）四柱初现

从《永元器物簿》永元五年六月和七月的月言簿中，我们可以看出：该月言簿以“承五月（六月）余”表示上月末转入本月的各类兵器的实际数量，相当于四柱结算法中的“旧管”，即“上期结余”；“今余”表示本月结余的数量，相当于四柱结算法中的“实在”，即“本期结余”；因为广地南部在当时没有战事，兵器使用不是很频繁，故两个月中均“毋入出”，这句话相当于“新收 =0，开除 =0”。

从上面的分析可见，《永元器物簿》中已经有了四柱结算法的各个要素，人们已经认识到列出“上期结存”在结账中的重要性，并认识到该要素从一个账期过渡到另一个账期所具有的关键性作用。

（四）月言四时，月报季报

《永元器物簿》是月言簿，即每月言一次，相当于我们现在的月报。汉代的“四时簿”则相当于我们现在的季报，又可按照内容分为四时算簿和四时杂簿等。

三 五代后唐，净土寺报告

（一）报告原文

如表 5-1 所示，这是后唐《长兴净土寺年终报告》。当时，寺院里的主管会计称为“直岁”。每年岁终，寺院要召开“算会”，即年终会计核算工作会议。在会上，方丈要审核全年账务，并由直岁编制年度收支会计结算报告，即“钱物账”，在年初寺院众僧聚会之时，由“直岁”在全体僧众面前宣读全年的会计结算报告。

表 5-1 后唐《长兴净土寺年终报告》

净土寺直岁愿达
右愿达从庚寅年正月一日已后至辛卯年正月一日已前众
僧到北院算会愿达手下承前账回残及一年中间田收园税
梁课散施利润所得麦粟油蘇米面黄麻麸滓豆布纸等承前账
总壹仟捌佰叁硕半抄
伍佰贰拾柒硕伍豆斗肆胜麦
伍佰玖拾捌硕贰豆斗玖胜粟
壹仟伍佰肆拾玖硕柒豆陆胜半抄麦粟油酥米面黄麻麸渣豆布纸等承前账旧
肆佰伍拾叁硕柒豆壹胜麦
伍佰叁拾伍硕贰豆玖胜粟
贰佰伍拾叁硕贰斗肆胜麦粟油苏米面黄麻麸渣豆布等自年新附入
柒拾叁捌斗参胜麦陆
拾参硕肆胜油
叁佰贰拾肆硕柒斗壹胜半抄麦粟油面黄麻麸渣豆布等沿寺修造破用
壹佰肆拾陆硕叁豆麦
陆拾伍硕壹豆壹胜粟
壹仟肆佰柒拾捌硕贰斗玖胜麦粟油苏米面黄麻麸渣豆布纸等沿寺破除外应及见在
叁佰捌拾壹硕贰豆肆胜麦
伍佰叁拾叁硕壹豆捌胜粟
右通前件算会出现破除一一访实
如前伏请处分
长兴二年辛卯岁正月日净土寺愿达
徒众

在上面的年终报告中，“承前账回残”是“期初余额”，即“旧管”。“承前账回残及一年中间田收……等承前账总壹仟捌佰叁硕半抄”是“期初余额”与本年田地收成出租田地收入以及收取布施等的所得之和，即壹仟捌佰叁硕半抄，亦即“旧管”+“新收”的合计数，亦即“期初余额”+“本年新增”的合计数。

之后，本报告通过“四柱”，分别报告了“上期余额”“本年新增”“本年减少”“本期余额”的总数以及各个分项数额。

（二）四柱分析

第一柱："壹仟伍佰肆拾玖硕柒豆陆胜半抄麦粟油酥米面黄麻麸渣豆布纸等承前账旧"，其中"承前账旧"是"旧管"即"上期结余"；"壹仟伍佰肆拾玖硕柒豆陆胜半抄麦粟油酥米面黄麻麸渣豆布纸等"是上期结余各项及其总数。总数之后，是各个分类数额，为了使得总数列突出，看起来好像柱子一样，各个分项的书写要低于总数列，以突出总数。如：

"肆佰伍拾叁硕柒豆壹胜麦"指的是"旧管"中麦子的数量。

第二柱："贰佰伍拾叁硕贰斗肆胜麦粟油苏米面黄麻麸渣豆布等自年新附入"，其中"自年新附入"指的是"新收"即"本年新增"。本年新增数额是"贰佰伍拾叁硕贰斗肆胜"，新增的财物是"麦粟油苏米面黄麻麸渣豆布等"。下几列矮项书写的是新增财物的各个分项数额。又：

壹仟伍佰肆拾玖硕柒豆陆胜半抄＋贰佰伍拾叁硕贰斗肆胜＝壹仟捌佰叁硕半抄

【第一柱数量】　　【第二柱数量】　　【前面所列合计数】

第三柱："叁佰贰拾肆硕柒斗壹胜半抄麦粟油面黄麻麸渣豆布等沿寺修造破用"，其中"破用"指的是"开除"，即"本年减少"。本年减少数额是"叁佰贰拾肆硕柒斗壹胜半抄"，减少的财物是"麦粟油面黄麻麸渣豆布等"。下几列矮项书写的是本年减少财物的各个分项数额。

第四柱："壹仟肆佰柒拾捌硕贰斗玖胜麦粟油苏米面黄麻麸渣豆布纸等沿寺破除外应及见在"，其中"见在"指的是"实在"，即"本期余额"。下几列矮项书写的是本期余额的各个分项数额。又：

壹仟伍佰肆拾玖硕柒豆陆胜半抄＋贰佰伍拾叁硕贰斗肆胜－叁佰贰拾肆硕柒斗壹胜半抄＝壹仟肆佰柒拾捌硕贰斗玖胜

【旧管】　＋　【新收】　－　【开除】＝　【实在】

最后，该报告在结尾部分采用了通用格式，表示该报告已经通过"算会"审核无误，现公布于众，请求大家裁定。并且，在该报告结尾，报告者"愿达"明确了其责任。

本章小结

本章根据会计结算方法演变的时间顺序，以古代文献作实例，系统地介绍了盘点结算法、三柱结算法以及四柱结算法。在介绍每种结算方法时，首先运用生动的考古成果实例，将文献呈现，给同学们以生动具体的印象，再分析归纳结算方法，总结其规律和特点。

课后拓展

1. 在网上或者图书馆查找悬泉汉简、居延汉简、敦煌遗书中有关结算的文献实例，具体分析其结算方法。

2. 根据给定资料，引导学生仿照《长兴净土寺年终报告》撰写年终报告。

阅读链接

[1] 白寿彝．中国通史纲要．上海：上海人民出版社，1980.
[2] 郭道扬．中国会计史稿：上册．北京：中国财政经济出版社，1982.
[3] 王建忠，柳士明．会计发展史．5 版．大连：东北财经大学出版社，2021.

第六章 会计计量单位的演变

学习目标

【知识目标】

1. 掌握《汉书·律历志》中记载的五度、五量、五权的内容。
2. 掌握各个朝代计量单位的特点。

【能力目标】

1. 分析计量单位发展演变的规律。
2. 分析乾隆嘉量的象征意义。
3. 根据春秋战国时期劳动工具的特点讨论当时钱币的形状特色。

【素养目标】

1. 从各个朝代标准度量衡器的推行和使用中，深刻体会会计工作中需具备的严谨诚信精神。
2. 从纸币的信用基础的角度，深刻体会会计人的诚信精神。

文化传承

在故宫太和殿和乾清宫前，各有一件嘉量和一件日晷。嘉量是度量衡的标准器，日晷是测量时间的工具。它们除了各自的用途以外，还是皇权的象征。太和殿是清代皇帝举行大典的仪所，乾清宫是清代皇帝召见大臣的地方。在这两处放置嘉量和日晷象征着国家统一和强盛。这层寓意又为会计增添了一层古典而优美的光环。

背景资料

现在故宫的太和殿和乾清宫前各陈设着两件文物——嘉量和日晷。太和殿前的嘉量和日晷如图 6-1、图 6-2 所示。

图 6-1　太和殿前的嘉量

图 6-2　太和殿前的日晷

嘉量陈设在丹陛右侧。嘉量，是我国古代的标准容器。嘉是善良、美好的意思。故宫太和殿前的嘉量，是方形的，铜鎏金材质，放置于单檐歇山式汉白玉石亭屋之内。这件嘉量制于乾隆九年（1744 年）。器上有包括斛、斗、升、合、龠（yuè）五种容量单位的标准。根据古制，二龠为合，十合为升，十升为斗，十斗为斛。嘉量上镌刻了汉、满两种文字的铭文，为乾隆御笔。

据传，乾隆初年，乾隆皇帝得到一只东汉时期的“新莽嘉量”。乾隆认为这是皇权吉祥的象征，故派人以“新莽嘉量”为依据，参考唐太宗时期方形嘉量样式制造新嘉量。乾隆九年（1744 年）两个方形和两个圆形嘉量诞生了。乾隆皇帝把其中两圆一方三只嘉量，分别置放在北京故宫午门（圆形）、太和殿（方形）、乾清宫（圆形），将余下的那只方形嘉量派人送到盛京，陈设在沈阳故宫崇政殿前。

日晷在丹陛的左侧。它是古代人民使用的一种计时器[①]。

将这两件器具陈设在太和殿和乾清宫前的左右侧，象征着国家统一和强盛。中国古代对计量重要性的认识，由此可见一斑。

① 日晷利用太阳的投影和地球自转的原理，借盘中指针所产生的阴影的位置表示时间。故宫太和殿前的日晷是以汉白玉制成圆形晷盘，中央有金属指针，晷下有底座，底座由四根方柱支撑，柱础雕刻成托泥圭角，南有石阶三极，可登而观日影。太和殿前的晷属于赤道式日晷。日晷盘是一个上下两面有刻度的圆盘，上刻十二个时辰，盘面平行于赤道，日晷针位于盘面的中央，其上端指向北极，下端指向南极。

第一节　度天量地衡万物

一　计量起源——黄钟秬黍

微课

度天量地衡万物

传说中的“黄钟”产生于黄帝时代，起初是用竹子制作的一种吹奏乐器，长约九寸。“黄钟”本是由“秬黍”（古时的一种黑黍）来度量的：“黄钟律管，长九寸，孔径三分，围九分，一龠容一千二百黍，重半两。”

这种以黄钟乐律为理论基础，以律管为实物根据，用秬黍参校验证的方法，形成了古代几千年来确定度量衡单位标准的传统正法。

计量的基础是单位的制定，那么计量单位是如何制定的呢？

（一）五度——分、寸、尺、丈、引

《汉书 · 律历志》曰：“度者，分、寸、尺、丈、引也，所以度长短也。本起黄钟之长。以子谷秬黍中者一黍之广度之，九十分黄钟之长。一为一分，十分为寸，十寸为尺，十尺为丈，十丈为引，而五度审矣。”

度分为分、寸、尺、丈和引，是用来量长短的。其原本起源于黄钟的长度。黄钟的长度是用不大不小的九十粒秬黍的长度累加起来的。一粒秬黍的长度是一分，十分为一寸，十寸为一尺，十尺为一丈，十丈为一引，这样，五种长度单位就明确了。

（二）五量——龠、合、升、斗、斛

《汉书 · 律历志》曰：“量者，龠、合（gě）、升、斗、斛也，所以量多少也。本起于黄钟之龠，用度数审其容，以子谷秬黍中者千有二百实其龠，以井水准其概。合龠为合，十合为升，十升为斗，十斗为斛，而五量嘉矣。”

量分为龠、合、升、斗、斛，是用来量容量的。其原本起源于黄钟的容量。龠中能容纳中等秬黍一千二百粒。盛满井水以水平为准，两龠为一合，十合为一升，十升为一斗，十斗为一斛。这样，五种容量单位就明确了。

（三）五权——铢、两、斤、钧、石

《汉书 · 律历者》曰：“衡权者：衡，平也；权，重也。”权是关于轻重的物理量；衡指的则是天平或杆秤的横杆。衡器，即用以测量实物重量的计量器具。

《汉书 · 律历者》曰：“权者，铢、两、斤、钧、石也，所以称物平施，知轻重也。本起于黄钟之重。一龠容千二百黍，重十二铢，两之为两。二十四铢为两，十六两为

斤，三十斤为钧，四钧为石。”

权分为铢、两、斤、钧、石，是称量重量的单位。其原本起源于黄钟的重量。容量是一千二百秬黍的一龠重量是十二铢。两个十二铢是一两，即二十四铢是一两，十六两是一斤，三十斤是一钧，四钧是一石。

二　标准量器——商鞅方升、新莽嘉量

计量单位确定之后，要想使其固定下来和传递下去，就还需要做出标准器来。在中国古代，早在先秦时期，人们就知道要制作度量衡标准器了。现存于上海博物馆的商鞅方升（如图 6-3 所示），就是商鞅变法时期制作的一个度量衡标准器。

图 6-3　商鞅方升

西汉末年，刘歆进行度量衡改革，制成了现在被称为“新莽嘉量”的复合标准器（如图 6-4 所示）。“新莽嘉量”五量合一，由一个器物就能表现出龠、合、升、斗、斛这五种量器的大小，同时还能表现出长度单位和重量单位的大小，按照其设计，在敲击时，还能表现出音律黄钟调来。

新莽嘉量制成后，成为历代制作度量衡标准器所必须参照的模板，清代乾隆时期制作度量衡标准器，就是以新莽嘉量为参照对象的。

图 6-4　新莽嘉量

第二节 夏代商代

一 夏代

（一）夏代征税

根据“九五”期间国家重点科技攻关项目“夏商周断代工程”研究，夏代始于公元前2070年，自禹至癸，历14代，17王，共计470年。

随着国家的产生，必然产生国家的理财机构和理财活动。这种理财机构称为官厅会计机构，这种理财活动形成的制度就称为官厅会计制度。因此，夏代是我国政府会计的历史起点。

夏代已经开始征收国家赋税。据《史记·夏本纪》记载：“自虞、夏时，贡赋备矣。”又据《孟子·滕文公上》称：“夏后氏五十而贡。”是说夏朝平民每户从国家受田50亩（相当于今10亩多），然后将收获物的一部分贡纳给国家。《尚书·禹贡》称：“禹别九州，随山浚川，任土作贡。”是说禹划分了九州，根据不同土地的状况划定他们贡赋的标准。

（二）实物计量

整理经济收支事项，必然涉及实物的计量，因此人们开始使用统一的实物计量单位，据《尚书·夏书》称：“关石和钧，王府则有。”《越绝书·卷八》中有禹巡狩大越时“审铨衡，平斗斛”的记载，结合夏禹治水时“左准绳，右规矩”的记录可知，夏代已使用度量衡制度。这个时候采用的是实物计量。

二 商代

商代的生产力与夏代相比已有很大的发展，农业、手工业、畜牧业三大生产部门都达到了很高的水平。农业中虽然仍以木石工具为主，但是青铜工具在农业中已经开始发挥作用，农业生产技术已具相当水平。从考古发掘的卜辞和记事刻辞中发现，这个时候的会计单位以实物计量单位为主；由于出现了贝币（如图6-5所示），货币计量单位也出现了。

图6-5 商代贝币（青岛市博物馆藏）

原始贝币是钱币的始祖，是一种由天然海

贝加工而成的贝类货币。一般认为两串五个的贝或一串十个的贝为“一朋”。商代使用贝币的记录，我们可以在青铜器铭文中找到依据。

如图 6-6 所示为商代牙尺，该尺长 15.8 厘米，宽 1.8 厘米，厚 0.5 厘米，正面刻 10 寸，每寸刻 10 分。

图 6-6　商代牙尺（上海博物馆藏）

殷墟还出土过一段残骨尺，上刻 3 寸，每寸长 1.6 厘米，尺厚 0.45 厘米。

以上两件骨牙尺的发现，说明在商代商品交换中的尺度已成定制。1 尺约合现在的 15.8 厘米左右。

如图 6-7 所示，此青铜器名为“小臣邑斝”，造于商代晚期，通高 19.9～20.3 厘米、腹深 9.8 厘米、口径 16 厘米。口沿上有一对伞状柱，足下端呈圆柱状。颈和肩饰兽面纹，腹饰双线“V”形纹，柱顶饰三角云纹。

如图 6-8 所示，小臣邑斝内壁铸铭文 27 字：“癸子（巳），王易（赐）小臣邑贝十朋，用乍（作）母癸□（尊）彝，隹（唯）王六祀，□（肜）日，才亖（在四）月，亚□。”即癸巳日那天，名为邑的小臣获得商王赐予的十朋贝，邑用这些钱铸造了斝这件青铜器，于六年四月祭祀日后完成。

图 6-7　小臣邑斝

图 6-8　小臣邑斝铭文拓片

从这段文字中，我们可以看出货币的使用，同时，这也是一条详细的会计记录，其计量单位是货币单位。类似的例子还有：

如图 6-9 所示，此青铜器名为寝鱼爵[①]，上刻铭文：“辛卯，王赐寝鱼贝，用作父丁彝。”铭文大意为：辛卯日，王赐给担任“寝”这一官职的人叫“鱼”的贝币，用来铸造他的父亲丁的祭祀用器以记之。寝鱼爵，商代晚期青铜器物，高 22.2 厘米，通长 20 厘米，1984 年出土于河南安阳孝民屯南 1713 号墓，现藏于中国社会科学院考古研究所。

① 中国社会科学院考古研究所 . 殷周金文集成 . 北京：中华书局，2007.

如图 6-10 所示，这是戌嗣子鼎铭文拓片。铭文内容为：丙午，王赏戌嗣子贝二十朋，在阑宗，用作父癸宝鼎[①]。铭文的意思是说：丙午这天，王赏赐戌嗣子二十朋贝币，在阑宗，戌嗣子将这些贝币用来铸造祭祀父亲的宝鼎。

图 6-9　寝鱼爵

图 6-10　戌嗣子鼎铭文拓片

第三节　西周东周

一　西周

（一）货币

西周用贝壳作为货币。如德方鼎铭文（如图 6-11 所示）中所记："惟三月，王在成周，祉武王福自蒿，咸，王赐德二十朋。用作宝尊彝。"德方鼎是一件铸造于西周早期（公元前 11 世纪）的青铜器（如图 6-12 所示），铭文铸在它的腹内底部，记录了周成王在成周洛邑祭祀武王，贵族德参与其事，受到成王赏赐，作器以记之的故事。

图 6-13 所示是效卣。卣是盛放香酒的器具，该卣建造于西周恭王时期，高 24.3 厘米，口纵 9.7 厘米，口横 13.2 厘米，底纵 13.5 厘米，底横 16.4 厘米，重 3.650 千克。器盖和腹部饰有华丽的凤鸟纹，凤首回顾，生动多姿，颈部和圈足上装饰有回首的龙纹。铸有铭文 7 行 68 字，记录效的父亲公将天子赐品转赐于效而作器纪念一事。铭文中的一段如下：王易（赐）公贝五十朋，公易氒（jué，即世子）效王休[②]贝廿朋，效对公休，用作宝尊彝。铭文的意思大概是说：王赐给公五十朋的贝币，公又将王赐予的贝币中的二十朋赏赐给了儿子效。效为了宣扬公的美德，用这二十朋贝币造宝器以记之。

可见，西周仍用贝壳作为货币，其计量单位为"朋"。

① 中国社会科学院考古研究所 . 殷周金文集成 . 北京：中华书局，2007.

② 休，赏赐的意思。

图 6-11 德方鼎铭文拓片

图 6-12 德方鼎

图 6-13 效卣

（二）度量衡

在实物计量方面，西周时度量衡更趋于规范。据《考工记》称：“食一豆肉，饮一豆酒，中人之食也。”“豆”是古代盛肉或其他食品的器皿，形状像高脚盘，如图 6-14 所示。在这里，“豆”由容器转化为表示容量的计量单位。类似的还有“釜”（如图 6-15 所示）等。“釜”本意为饭锅，亦是容量单位。除此之外，人们还利用身体当量具。《孔丛子 · 小尔雅》记载：“只手之盛谓之溢，两手谓之掬，掬四谓之豆。”即一只手盛东西叫溢，两只手合起来盛东西即为“掬”，掬四次就叫一豆。显而易见，手的大小会严重影响计量的公平性。

图 6-14 豆

图 6-15 釜

在度方面，西周时已经使用骨、牙或铜质尺了。

二 东周（春秋战国）

春秋战国时期是我国奴隶社会向封建社会过渡的重要时期，在这一时期，货币计量单位已经在账簿和会计报告中使用，度量衡制度也已经具备了相当的水平。

（一）货币

在春秋战国时期，商品经济的发展导致对货币流通需求量的增加，这一时期币种繁多，币制混乱。由于当时各国各自为政，经济自成体系，自行铸造货币，而且各国货币相互流通，这样就形成了多币种、多币制长期共存并用的局面。这时的货币主要分为布币、刀币、蚁鼻钱（鬼脸钱）和圜钱四种。

1. 布币

布币在春秋早期出现，直至战国晚期铸行并流通铲形货币，其主要在中原诸国地区通行。“布”是“镈”的同声假借字，在古代通用。如图 6-16 所示，布币从青铜农具镈演变而来，因形状似铲，又称铲布。最初的布币，保留着其作为工具的模样，原始而厚重，留有装柄的銎（qióng），故称为空首布；后来逐渐变轻、变薄、变小，币身完全成为片状，称为平首布。

图 6-16　布币

2. 刀币

刀币是春秋战国时期铸行的针首刀、尖首刀、圆首刀等各种刀形货币的总称。如图 6-17 所示，刀币形状像刀，因而得名。刀币是由商周时期的工具青铜削演变而来的，其柄端均有环。刀币主要流通在东方的齐、燕等地，后来又发展到赵、中山等国，与布币并存，上面铸有文字。

3. 蚁鼻钱

蚁鼻钱是春秋战国时期江淮流域楚国流通的货币，是从仿制贝转化而来的。如图 6-18 所示，蚁鼻钱为椭圆形，正面突起，背磨平，形状像贝但体积较小。由于楚国的经济、文化比中原各国落后，镈、刀、纺轮的使用也较迟，铜铸币就沿用了仿制贝的形态。

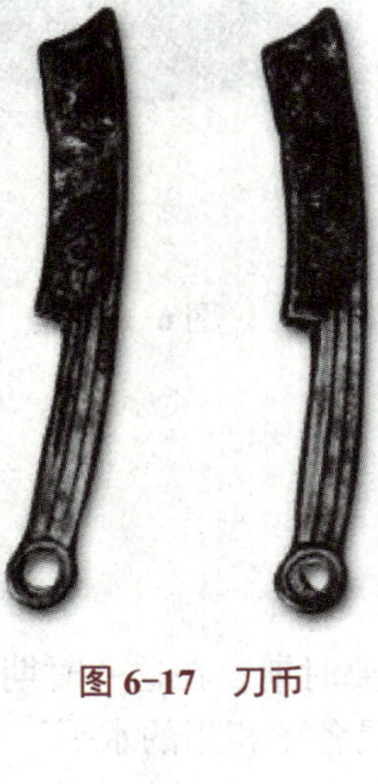

图 6-17　刀币

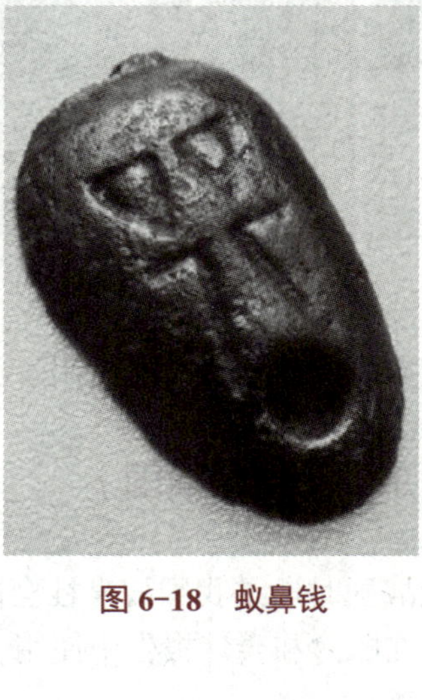

图 6-18　蚁鼻钱

4. 圜钱

圜钱也称圜金、环钱，是一种中国古代铜币，主要流通于战国时的秦国和魏国。如图 6-19 所示，圜钱是圆形的，中央有一个圆孔，钱上铸有文字。一说由纺轮演变而来；又说由璧环演变而来。圜钱是方孔钱的前身。

图 6-19　圜钱

（二）度量衡

度量衡是用来征收赋税、平准物价的工具。春秋战国时，商业繁荣，赋税制逐渐健全，诸侯国纷纷建立自己的度量衡制度作为本国的公量，一些实力强大的士大夫甚至还建立了家量。但当时小国林立，诸侯纷争，政治上不统一，表现在度量衡上就有不少的地域差异。即使是本国内，度量衡也会随着政治形势和经济发展等因素发生变化。

1. 度

春秋战国时期，各国的公、私尺度不一。以大尺而论，较长的百粒黑黍横排的尺（长 24.63 厘米）早先起于晋国，其后用于周鲁地区；较短的百粒红黍横排的尺（长 23.1 厘米）行于中原地区。亩也有大亩和小亩之分。

2. 量器

如图 6-20 所示，战国时期齐国的子禾子青铜釜于 1857 年出土于山东省胶县灵山卫。其通高大约 38.5 厘米，实测容积 20 460 毫升。腹部有铭文九行，大意是告诫齐国官员要使用标准的量器，不得徇私舞弊，如有违反者，会根据情节轻重施以相应的惩罚[①]。铭文严格规定了对量器的管理制度，说明当时已经十分重视度量衡的制造与管理。

“燕客”铜量（如图 6-21 所示）为战国时期的青铜器，通高 13 厘米，口径 15 厘

① 这件青铜釜上有“子禾子”三字铭文。子禾子正是历史上“田氏代齐”事件的主角田和。田氏家族原本姓陈，子禾子釜是田和未被立为诸侯时所做，年代在公元前 404—公元前 386 年，与上海博物馆收藏的“左关”青铜鉌、“陈纯”青铜釜共称“陈氏三量”。这三件计量工具是齐国中央政权在左关安陵地区征收税赋的专用标准量器。田和的曾祖父田常担任齐国国相时，为了壮大田氏一族的势力，开始在量器上做文章。齐国的旧量有豆、区、釜三种，四升为豆，四豆为区，四区为釜。田氏将家量改为五进制，即五升为豆，五豆为区，五区为釜，十釜为钟，并用大于公量的田氏家量出贷粮食，用公量收回。就这样，田氏在齐国广得民心，齐国百姓“爱之如父母，归之如流水”。公元前 386 年，田和被周安王立为齐侯，姜性齐国被田氏取代，史称“田齐”。公元前 379 年齐国君主齐康公死后，田氏彻底取而代之。

米，现收藏于湖南省博物馆。“燕客”铜量是楚国的一种量器的标准器。其铭文（如图 6-22 所示）内容涉及赋税征收、俸禄发放等，备受政府的重视。

图 6-20　子禾子青铜釜

图 6-21　“燕客”铜量

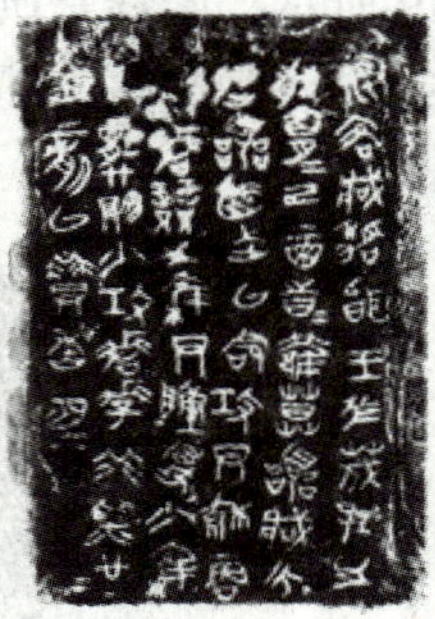
图 6-22　战国“燕客”铜量铭文拓片

秦国商鞅方升的铭文规定，以十六又五分之一立方寸的容积为一升。

3. 衡器

1975 年湖南长沙左家公山出土的战国楚木衡铜环权（如图 6-23 所示），做称量黄金货币之用①。

1975 年湖北江陵雨台山春秋楚墓中有铜环权出土。传世文物中有春秋齐国“右伯君”半圆鼻钮铜权（如图 6-24 所示）和春秋“都”国的半圆鼻钮铜权。

图 6-23　楚木衡铜环权

图 6-24　“右伯君”半圆鼻钮铜权及其铭文拓本

战国时期三晋司马禾石铜权（如图 6-25 所示），高 15 厘米、底径 19.5 厘米、重 30 350 克，平底、钮残。此外还有秦国高奴禾石铜权（如图 6-26 所示）、三晋“侯兴”铜权等。这种权呈半球形，顶端有鼻钮。

这些铜权重达几十千克，应该是配合秤杆使用的秤砣，但是由于没有发现秤杆，因此不能完全肯定这些铜权的用途。

《墨子·经说下》有“权重相若也。相衡则本短标长”之句，通常认为讲的就是杆秤，权就是秤砣。

① 其横杆是一根长 27 厘米的扁木条，中央是凸出的旋钮孔。接近杆的两个末端约 0.7 厘米处各有一个小孔，挂铜盘之用。两端的铜盘底部近于半径为 2 厘米的圆形，圆周边每 90° 钻一个小孔连接吊绳，吊绳长约 9 厘米，可以看出这种权是作为天平的砝码使用。9 枚环权制作精细，组成一套砝码。权的自重均接近或符合标准重量单位的整数，每件之间倍数关系明显、准确，呈标准重量的阶梯变化规律。

图 6-25　三晋司马禾石铜权及其铭文拓本

图 6-26　秦国高奴禾石铜权

中国国家博物馆馆藏战国时期楚国铜衡两件。这两件铜衡，我们根据刻文“王”字，称之为“王”铜衡（如图 6-27 所示）。这种衡梁配备一个适当重量的权，可以构成一具不等臂衡秤。“王”铜衡是杆秤的“幼年”时期。

图 6-27　“王”铜衡

图片来源：国家统计局，中国历史博物馆，故宫博物院．中国古代度量衡图集．北京：文物出版社，1984.

无论是在财政收支方面还是在民间交易事项方面，春秋战国时期已经由实物计量单位占统治地位阶段向实物与货币计量单位兼用阶段过渡。

第四节　秦汉

一　秦代

（一）货币

秦统一全国以后，将半两钱（如图 6-28 所示）推行中国。自此，方孔圆钱这种货币形制一直沿用了两千余年。《史记索隐》引《古今注》：“秦钱半两，径一寸二分，重十二铢。”除了半两钱以外，金和布也可作为货币流通。如《秦律 · 金布律》中记载：“钱十一当一布。其出入钱以当金、布，以律。”意思是说：十一钱折合一布。出入钱折合成黄金或布，应按法律规定。

图 6-28　秦半两钱

（二）度量衡

在统一全国的当年，秦始皇就下令“一法度衡石丈尺”，统一度量衡制，主要是把一百多年前商鞅定的战国秦度量衡制颁行全国，颁布了统一度量衡诏书。诏书全文是：“廿六年，皇帝尽并兼天下诸侯，黔首大安，立号为皇帝。乃诏丞相状、绾，法度量则不壹歉疑者，皆明壹之。”其大意是：二十六年（公元前 221 年），皇帝兼并了诸侯各国，天下一统，百姓安宁，立皇帝称号。颁诏书命丞相隗状、王绾，制定统一度量衡法令，凡使用不合标准的度量衡器的，都必须明令统一起来。短短 40 字，简要地说明了历史背景和统一要求。如图 6-29、图 6-30 所示，诏书大多铸刻或镶嵌在度量衡标准器具上。

图 6-29　秦始皇统一度量衡诏书拓片

图 6-30　度量衡标准器上的秦诏书

只有度量衡单位量值统一、准确、可靠，才能保证货币、车轨、田亩、兵器的规格、尺寸、重量等的统一。

如图 6-31 所示，这是秦皇诏八斤铜权，高 5.6 厘米，底径 9.8 厘米，重 1 997.8 克，有鼻钮。权身刻秦始皇统一度量衡的诏书 14 行，并铸有阳文“八斤”二字。按自铭折算，1 斤合 250 克。《陶斋吉金录》记此权重库平 55 两，合 2 051.5 克，折合 1 斤重 256 克。此铜权现藏于辽宁省旅顺市博物馆。

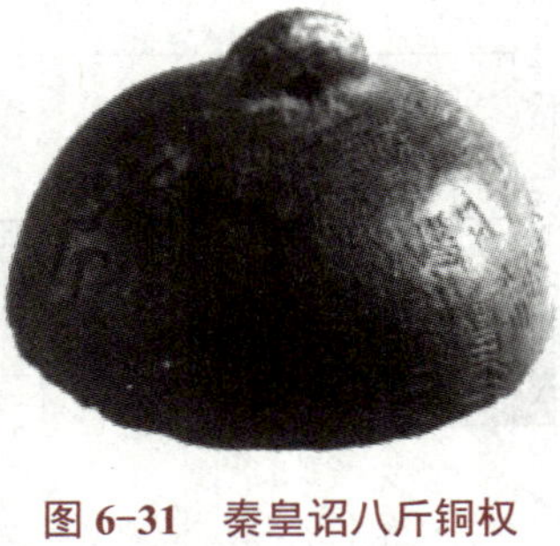

图 6-31　秦皇诏八斤铜权

秦朝的衡制有石（120 斤）、钧（30 斤）、斤（16 两）、两（24 铢）、铢五种单位；容量制有斛、斗、升十进制单位；尺度制方面，从法律文书中，可以找到秦朝法定的长度尺、寸十进制单位。

当时，在官厅会计方面，将实物折算成钱币的情况比较普遍。货币计量一般以半两钱为计量单位，如涉及黄金，则以“镒”为计量单位。官厅会计是实物计量单位与货币计量单位并用。

在民间会计方面，则是以货币计量单位为主。秦代实行重农抑商政策，但秦统一货币和度量衡的做法客观上为商人的经营活动创造了最基本的条件。

二 汉代

（一）货币

西汉时期，金属货币的应用有了进一步的发展，当时实行金、钱两本位制。金以“镒”“斤”为计量单位，铜钱以重量为名称。西汉时期的货币如图 6-32 至图 6-34 所示。

图 6-32　两汉五铢钱

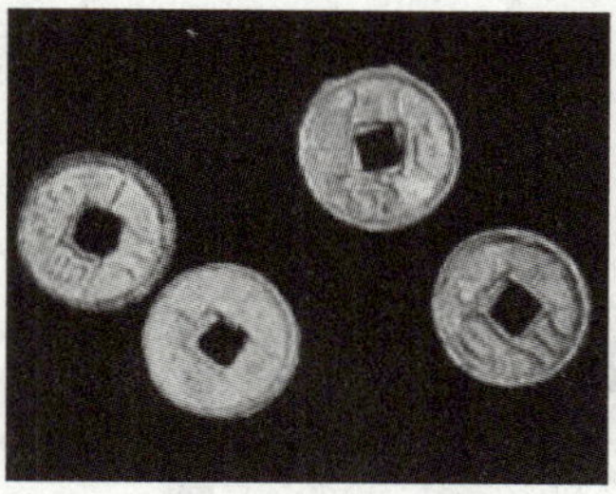

图 6-33　王莽时期的小泉直一

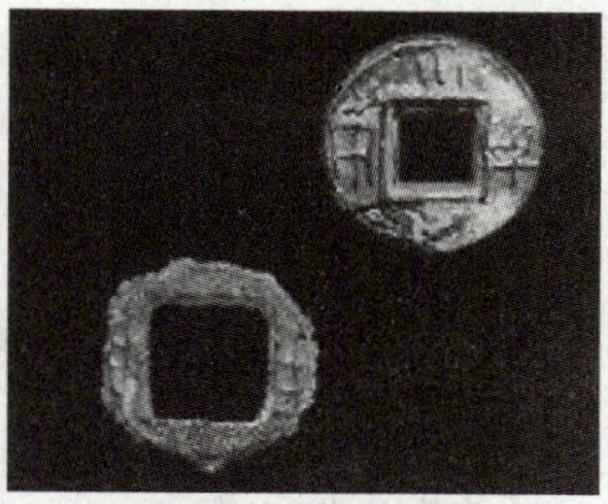

图 6-34　榆荚半两

（二）度量衡

西汉时期，度量衡器具的使用和计量单位进一步发展，食物计量单位标准得以规范化并纳入制度。如《汉书·律历志》中对度、量、衡计量单位标准的规定。

如图 6-35 所示，这是东汉时容积为一斛的光和大司农铜斛。大司农掌管租税钱谷盐铁之事，度量衡器关系到赋税征收，因此常由大司农监造颁发，此物证明了当时度量衡研制涉及的数学问题也要以《九章算术》的算法为依据，在计量科学的道路上向前跨越了一大步①。

如图 6-36 所示，这是新莽时期的铜环权。该权可分为三斤权、六斤权、九斤权、二钧权和石权，以上五权 1926 年出土于甘肃省定西县秤钩驿。石权和九斤权现藏于中国历史博物馆，三斤权、六斤权、二钧权现藏于我国台湾地区“故宫博物院”。

图 6-35　光和大司农铜斛

图 6-36　铜环权（新莽时期）

① 器身刻铭文：“大司农以戊寅诏书，秋分之日，同度量，均衡石，捅（校）斗桶，正权概，特更为诸州作铜斗、斛、称、尺，依黄钟律历，九章算术，以均长短、轻重、大小，用齐七政，令海内都同。光和二年闰月廿三日。大司农曹棱、丞淳于宫，右仓曹椽朱音，史韩鸿造。”此物是在刘歆死后 200 年所制，虽沿承着黄钟律历，但也依据了《九章算术》。《九章算术》是现在有传本的最古老的由国家组织力量编纂的官方性数学教科书，它的成书年代大约是东汉初期。[高怀瑾 . 中国古代计量看图说话（4）. 上海计量测试，2008（4）：37–87.]

如图 6-37 所示，这是新莽时期的始建国铜卡尺。始建国铜卡尺的形制和测量工件的方法，与今天的游标卡尺相似。但始建国铜卡尺副尺上只有“寸”刻线而没有“分”刻线，无法起到游标的作用。始建国铜卡尺的制作年代是公元 9 年，说明 2 000 多年前，我国长度测量技术已从一支直尺发展到既可测直径又可测深度的卡尺，在度量衡发展史上掀开了新的一页。

如图 6-38 所示，这是东汉时期的铜圭表尺，是袖珍式的圭表，其为携带方便把圭与表两部分合为一体。这是我国目前发现的最早的铜圭表尺，对研究度量衡史和天文史都有参考价值。

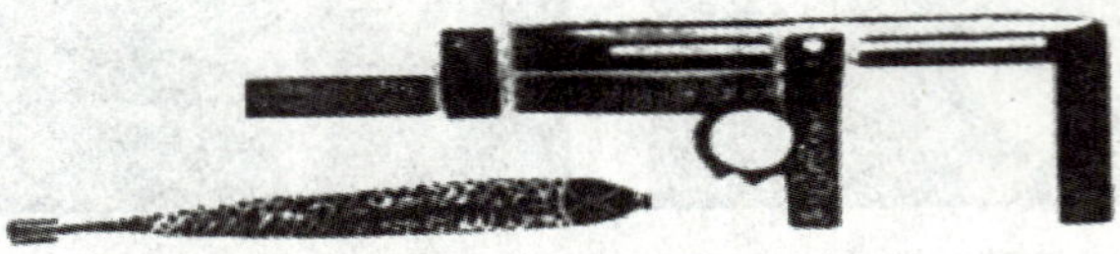

图 6-37　始建国铜卡尺（新莽时期）

图 6-38　铜圭表尺（东汉时期）

汉代官厅会计计量单位是实物计量与货币计量兼用，但钱币用途的扩展十分明显。

在民间会计方面，由于汉代的商品货币经济处于繁荣发展之中，簿记核算以货币计量单位应用为主、实物计量单位应用为辅。

第五节　魏晋南北朝隋唐

一　魏晋南北朝

整个魏晋南北朝时期，总体来说是以实物计量单位为主的，官厅会计中因租调制盛行，影响了流通领域钱币的使用。

这一时期度量衡又有了新的发展。三国魏晋南北朝时期度量衡变化多，增幅大，北方比南方更甚。

如图 6-39 所示，这是南朝画家张僧繇所绘的《执杆图》与《秤鸽图》，其中的杆秤形态与今天我们所用的杆秤无异。这是最早出现的提系杆秤记录。在《秤鸽图》中，秤杆的一端有一铜盘，内置一只鸽子，杆上共有三根提绳，秤锤形如纺锤。不同的提绳代表不同的计量标准，杆秤的计量范围已经相当广泛，从一两到几十斤甚至上百斤，极大地提高了交换要素的流动性。

图 6-39　南朝画家张僧繇所绘的《执杆图》与《秤鸽图》

图片来源：丘光明，邱隆，杨平．中国科学技术史：度量衡卷．北京：科学出版社，2013.

二　隋唐

随着商品货币经济的发展，隋唐时期，钱的使用范围进一步扩大了。隋代通行五铢钱，唐代通用的货币是开元通宝钱（如图 6-40 所示）。开元通宝钱是我国货币史上最稳定的一种铜币。唐代后期，在货币流通中出现了白银，从此出现了一个银铜并用的复本位时期。

图 6-40　唐代开元通宝钱

（一）开元通宝，十钱一两

我国货币制度的发展，唐朝是一个分界点。唐以前，钱的重量按“铢”计算，唐以后，不再以重量作为钱命名的单位，而改为“宝”或者“通宝”。其基本度量单位称为“一钱”，也叫“一文”；十文为一两；千钱为“一缗”，又称“一贯”。钱制变动引起了衡制变动，且被沿用至今。钱以下为分，分以下为厘。

（二）官厅实物，民间货币

在官厅会计核算方面，虽然计量单位还是以实物计量单位为主，但是在财政收支上，钱的比重有了较大的增长。民间会计以货币为主要计量单位。

第六节　宋元明清

一　宋代

宋代手工业与商业进一步发展，货币交易范围进一步扩大，品种也越来越多。货币量度主要有三个特点：一是铜铁钱并用，北宋以铜钱为主，南宋以铁钱为主。二是北宋产生了纸币，并在官厅会计和民间会计中得到了认可。北宋发行的纸币叫“交子”，南宋发行的纸币叫“会子”，仍以“文”“缗”为基本计量单位。三是白银具有浓厚的货币性，其地位不断提升，并成为纸币使用的保证，在综合计算中发挥主导作用。

图 6-41 所示是交子，是发行于北宋的纸币。交子是中国古代劳动人民的重要发明，是中国最早由政府正式发行的纸币。

图 6-42 所示是会子，是南宋于高宗绍兴三十年（1160 年）由政府官办、户部发行的货币，仿照四川发行钱引的办法发行。

图 6-41　交子

图 6-42　会子

这一时期，官厅会计中实物计量单位和货币计量单位兼用，民间会计以货币计量单位为主。

二　元代

在元代，官厅会计仍处于实物计量单位与货币计量单位兼用的阶段，民间会计则以货币计量单位为主。值得注意的是，元代的纸币发行，改由以白银为价值尺度。如图 6-43、图 6-44 所示，元初发行的中统元宝交钞（中统钞）以元为单位，后来发行的纸币以锭为单位。

图 6-43　中统元宝交钞

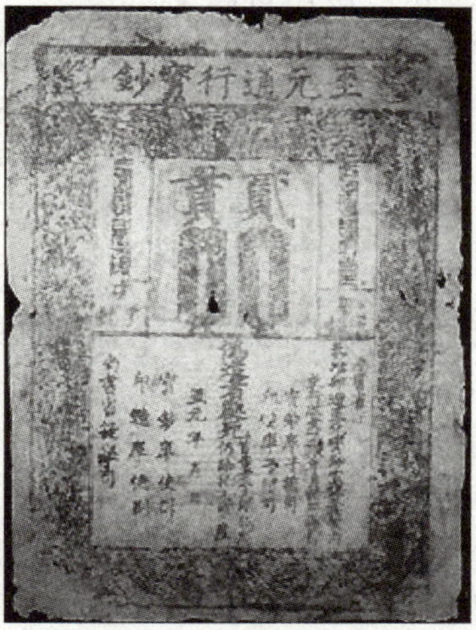

图 6-44　至元通行宝钞

元朝币制的最大特点是长期、广泛、大量地发行和流通纸币。中统钞的使用与唐代的开元通宝一样持久而广泛。

元朝虽以行钞为主，但也铸钱。元朝铸钱无论是数量、形制还是制作工艺都不及两宋，数量少，形制也不统一。

三　明代

在明代，无论是官厅会计还是民间会计，都是以货币为主要计量单位。如图 6-45、图 6-46 所示，大中通宝、至正之宝都是明代货币。银的使用范围日益扩大，用钞时以银作为后盾。

图 6-45　大中通宝

图 6-46　至正之宝

白银铸形以“锭”为主，以“两”为基本单位。两以下有钱、分、厘、毫四级。

实物计量单位可以统一折算成白银。实物计量单位也力尽其详，如石以下分为六级：斗、升、合、勺、抄与撮。

图 6-47　成化兵子铜量

如图 6-47 所示，这是成化兵子铜量，现藏于国家博物馆。该铜量高 18.6 厘米，口方边长 28.4 厘米，容量为 9 600 毫升。四壁铸阳文大字“福寿康宁”。底部铸阳文“成化兵子造”。“成化”是明宪宗年号，为 1465—1487 年。从其实测容积来看，此当是一斗之量。

四　清代

清代的计量单位以货币为主。在官厅会计方面，开始以白银为统一的计量单位。流通的货币有银、钱、钞，还有外国流入的各种银圆。总体上是银钱平行本位，大数用银，小数用钱。

在计量单位的使用上，凡银以厘为断，米粮以勺为断，搭放俸饷制钱，以一文为止。

在度量衡的使用上，杆秤的使用已经很普遍。如图 6-48 所示，这是《两淮盐法志・卷四》中称量海盐的场景，是清嘉庆十一年（1806 年）刻本。《两淮盐法志》记述的是清代官府监督商人解盐称重的情况，可见使用石权的等臂大天平（秤）。

图 6-48　《两淮盐法志・卷四》中称量海盐的场景

本章小结

本章首先介绍了《汉书·律历志》中记载的我国古代确定度量衡单位标准的方法：以黄钟乐律为理论基础、律管为实物根据，用秬黍参校验证。接着，按照时间顺序，介绍了夏代至清代会计计量单位的演变情况，包括各个朝代的度量衡以及钱币的演变。

课后拓展

1. 在教师的启发下，学生自己上网查找资料，用纸壳制作商鞅方升和新莽嘉量。

2. 通过博物馆参观或者上网查找资料，从青铜器、简册、绘画、瓷器、钱币等文物中寻找我国古代使用度量衡和钱币的有关线索。

阅读链接

[1] 白寿彝. 中国通史纲要. 上海：上海人民出版社，1980.
[2] 郭道扬. 中国会计史稿：上册. 北京：中国财政经济出版社，1982.
[3] 王建忠，柳士明. 会计发展史. 5版. 大连：东北财经大学出版社，2021.

第七章 杰出的会计人物

学习目标

【知识目标】

1. 了解管仲、李悝、商鞅、桑弘羊、刘晏、王安石、张居正等人的财政经济改革措施。

2. 了解书中提到的近现代会计名家在会计领域的杰出贡献。

【能力目标】

1. 对历代财政经济改革人物的个人命运进行评价。

2. 从本章介绍的这些我国会计前辈的事迹中找出他们的共性。

【素养目标】

1. 结合管仲、李悝、商鞅、桑弘羊、刘晏、王安石、张居正等人的改革事迹分析他们所具有的优秀品质。

2. 了解近现代会计名家的优秀品质。

文化传承

在浩浩汤汤的历史长河中，诞生了无数杰出的会计人物，他们用如椽巨笔，写下了辉煌的会计诗章。他们的人格魅力令人景仰，他们的光辉著作令人钦佩。我们可以循着波光旖旎的长河，采撷美丽的浪花，丰富我们的人生。

背景资料

春秋时期，齐国和鲁国是邻居。鲁国发展势头很好，齐桓公忧心忡忡地向管仲问计。管仲就规定齐国的所有人都只穿鲁国生产的衣服，而且下令禁止齐国人织布，所有衣服面料都要从鲁国进口。这样一来，鲁国的面料就供不应求了，价格猛增，鲁国人就一窝蜂地全部种起桑麻来。一年后，管仲突然下令停止进口鲁国的布料，任何人不得从鲁国购买任何纺织品。鲁国人顿时傻了眼，堆积如山的布料再也卖不出去了，更糟糕的是，由于鲁国人都忙于种植桑麻，农田里已经没有粮食作物了。鲁庄公实在没有办法，只好派人到齐国去采购粮食。管仲把粮价一提再提，最后几乎把鲁国的国库都掏空了。管仲不用一兵一卒，用经济战的方法，成功地战胜了鲁国。

第一节　中国古代会计人物

一　管仲主财计，世传《管子》

管仲（约公元前723—公元前645年），名夷吾，字仲，颍上（今安徽省颍上县）人，春秋前期和中期的政治家、思想家，是法家思想的始祖。管仲早年经商，后在齐国当政（公元前685—公元前645年），成为齐相，辅佐齐桓公成为春秋第一霸主。他在齐国进行改革，建立财制、实行人户编制、建立仓储理论并规定了逐级财务报告制度。如图7-1所示，此为管仲像。

图7-1　管仲像

《国语·齐语》记载了管仲的一些言论，《汉书·艺文志》著录《管仲》86篇，现存76篇，即现在流传的《管子》。《管子》并不是一人之作，也不是一时之书，而是因管仲在历史上影响较大而托名管仲所作。《管子》从经济、政治到意识形态方面提出了管理国家、统治百姓的理论和原则——“仓廪实而知礼节，衣食足而知荣辱”。

（一）复计著制度，逐级定期报告

复计著制度是春秋时期齐国实行的逐级定期报告制度。据《管子》记载，齐国行政隶属关系为：国分五乡，各置乡师；乡分五州，各置州长；州分十里，各置里尉；里分十游，各置游宗；每十家为一什，置什长；每五家为一伍，置伍长。所谓逐级报告，指由什长和伍长复于游宗，由游宗复于里尉，由里尉复于州长，由州长计于乡师，由乡师著于士师。所谓定期报告，指三月一复、六月一计、十二月一著。其中，“复，白也”，“白”，即陈述、禀告。“计，上计也”，“著，标著也，使各级署著其名”。这说明我国在春秋时期就已确定了各级政权向上级官府进行季报、半年报和年报的报告形式和时间限制，以及上级官府接受下级官府的季报、半年报和年报并对所受报告进行审查和稽核的制度。

此法在西周时期已有记载：百司百官和群都、县鄙定期向中央政权报告，每三年还要行大计，并接受考核。春秋时期的齐国实行的复计著制度为战国时期的各国所沿用，并确定为上计制度。上计制度是中国古代实行的各级地方政权向中央政权报告各治绩并接受中央政权考核的制度。

（二）盐铁专卖，富国之策

管仲还提出了“富国策”：盐铁归国，即盐铁专卖制度。

齐桓公问管仲富国之策，并建议对房屋楼台、树木、六畜、人口征税，管仲一一否定之后，郑重提出了自己的富国策：“唯官山海为可耳。”

“官海”即齐国政府明确规定食盐属于国有，但在生产上实行官督民产，规定百姓在特定时间、特定地域煮盐；由齐国政府设置盐官，统一收购、统一运输、统一销售。“官山”与此类似，国家把铁矿开采交给百姓承包，并根据产值按三七比例分取利润。管仲由此首次在中国历史上提出了盐铁专卖制度。

据《管子·海王》记载，“官山海”让财富迅速积累到齐国君主手中，为桓公霸业奠定了坚实的财政基础。仅食盐专卖一项，管仲为齐桓公算了一笔账：一个具有万辆兵车的大国，1 000 万总人口中应纳税的人约 100 万，每人每月征收 30 钱，一个月就有 3 000 万钱；因为食盐销售严格按照户籍实行“计口售盐”，只要每升盐加价 2 钱，每月即可多得 6 000 万钱，远超过每月 30 钱高额人头税带来的收入。

简单的横征暴敛容易激起民变。“官山海”表面上并没有直接征税，不会引起人民的任何抱怨，以“见予之形，不见夺之理”的方式使百姓服从，是很高明的国家财政手段。“官山海”在管仲之后备受各朝重视，特别是宋元明清这千余年间，盐课收入成为朝廷仅次于田赋的第二大财政来源。管仲的盐铁专卖思想传承至今，影响深远，成为春秋以后长达两千余年的中国食盐专卖制度的滥觞，后世因此尊管仲为“盐宗”。

（三）四民分业，专业分工

《管子·小匡》中管仲与齐桓公关于“四民分业”的一段问答开创了我国思想史上社会分工理论的先河，也奠定了齐国争霸春秋的国力基础，为中国封建社会所沿用。

管仲将齐国人民划分为士、农、工、商四类，明确规定，四者分类集中居住，世代承袭自己的本职且不能自由迁徙。分工可以提高效率，世袭可以积累经验。人民一经分工，则士农工商分别“少而习焉，其心安焉，不见异物而迁焉。是故其父兄之教不肃而成，其子弟之学不劳而能”。这就是说，同行业的人聚集一起，彼此易于交流生产经验，提高技术水平；可以使各业人员安心于本业，不会见异思迁，从而使从业人员数量相对稳定，这种安稳的状况有助于国家的治理。

以齐国的丝绸为例，我国最早出现的丝织中心，可以追溯到春秋时期的临淄。当时，齐国生产的“冰纨绮绣纯丽之物”（高档丝织品），不仅国内供给充分，还畅销周边各国，乃至“天下之人冠带衣履，皆仰齐地”。

对分工带来的贫富差别，管仲特别关注，特意制定颁布多项抑富扶贫措施，其中包括下令不准富豪之家从事手工编织和种菜之类的工作，以确保此类从业者稳定的收入来源不受冲击。随着齐国经济实力不断增强，齐桓公成为春秋时期的一位霸主。

（四）均地分力，相地衰征

管仲首先改革土地制度，实行“均地分力”的办法。“均地分力”，就是把土地按照肥沃程度的不同，经过折算后分配给农民，从而调动起农民的生产积极性。“民乃知时日之蚤晏（早晚），日月之不足，饥寒之至于身也。是故夜寝蚤（早）起，父子兄弟不忘其功，为而不倦，民不惮劳苦。”

在“均地分力”的基础上，管仲对农业税收方式也进行了相应的改革，实行“与民分货”，即把过去的劳役地租改变为实物地租；同时，“相地而衰其征”，就是按照土地肥沃程度的不同缴纳不同的租税。这些措施减少了人口的流动，促进了常住人口的增长。

二 李悝变法，著有《法经》

李悝（约公元前455—公元前395年），魏国人。魏文侯时，重用李悝、吴起、西门豹等人并推进改革。李悝任魏国相，主持变法，使魏国成为当时诸侯国中的强国之一。如图7-2所示，此为李悝像。

图7-2 李悝像

李悝集春秋末叶各国法律之大成，编撰出中国第一部封建法典——《法经》。《法经》的完整内容今已不存，其片断章句散见于各种古代典籍中。

据史书记载，《法经》共有盗法、贼法、囚法、捕法、杂法和具法六篇，依据传世的法律文本推断，《法经》中不乏涉及经济财计的法律规定，这些涉及经济财计的法律规定不仅是官府执行公务、百姓办理业务的法律依据，而且是官府职司财计的部门进行核算、审查的法律标准。所以魏国李悝所著《法经》，是我国至今发现的最早的涉及会计的法律。

三 商鞅变法，成就强秦

商鞅（约公元前390年—公元前338年），卫国（今河南安阳市内黄县梁庄镇一带）人，姬姓，公孙氏，名鞅。他是我国战国时期政治家、思想家。因商鞅本是卫国公孙族之后，故又称公孙鞅、卫鞅。因受封于商，后人称其为商鞅。他应秦孝公“求贤令”入秦，说服秦孝公变法图强。如图7-3所示，此为商鞅像。

商鞅到秦国后，宣传“强国之术”，决心协助秦孝公进行社会改革，因此得到秦孝公的信任，被任命为左庶长。

据史书记载，秦朝制定法律的主要依据和蓝本就是魏国李悝所著《法经》，从而使秦朝法律达到较高水平。秦律含盗法、贼法、囚法、捕法、杂法和具法等六律。此外还有单行律，如田律、仓律、九苑律、金布律、关市律、工律、工人律、均工律、传食律、效律等。其中效律与会计关系最为紧密。效律规定了会计账实不符、失误超出规定限度、造假账等的相应处罚。

图 7-3　商鞅像

（一）商鞅变法，政经改革

商鞅变法是分两次进行的。第一次开始于公元前 356 年，第二次开始于公元前 350 年。变法涉及内容很多，可归纳如下。

1. 政治方面

商鞅对政治的改革是以彻底废除旧的世卿世禄制、建立新的封建专制主义中央集权制为重点。主要内容有如下三点：

（1）奖励军功。制定二十级爵位，这种做法意味着废除旧的世卿世禄制，今后根据军功大小授予爵位，官吏从有军功爵的人中选用。各级爵位均规定了占田宅、奴婢的数量标准和衣服等次。制定了“奖励军功，严惩私斗”的办法。宗室贵族无军功的，不得授予爵位。有功劳的，可享受荣华富贵；无功劳的，虽家富，不得铺张。凡是进行私斗的，按照情节轻重判处刑罚。

（2）郡县制度。废除分封制，以县为地方行政单位。分全国为四十一县，官吏由中央直接任免，县设令以主县政，设丞以辅县令，设尉以掌军事。县下辖若干都乡邑聚。郡的范围较大，又有边防军管性质，郡的长官称守。每个郡下辖若干县，形成秦的郡县制度。

（3）户籍制度。实行什伍制度，秦之都乡邑聚原来都是自然形成的大小居民点，至此时，均成为基层行政单位。居民登记于户籍，五家为一伍，两伍为什，同于后代的保甲制度。为了加强对百姓的管理和统治，规定什伍之内各家互相纠察，“不告奸者腰斩，告奸者与斩敌首同赏，匿奸者与降敌同罚”。

2. 经济方面

商鞅对经济的改革以废除“井田制”、实行土地私有制为重点。秦国是战国时期各国中唯一一个用国家的政治和法令手段在全国范围内改变土地所有制的国家。其主要内容有如下三点：

（1）废井田，开阡陌封疆，在全国范围内废除井田制度，实行土地私有制度。废止“田里不粥（鬻）”的原则，准许民间买卖田地。此后秦政府虽仍拥有一些国有土地，如无主荒田、山林川泽及新占他国土地等，但后来又陆续转向私有。

（2）实行重农抑商政策，并奖励耕织，凡努力耕织、生产多的，免除徭役。凡因从事末业（工商）及懒惰而贫穷的，全家没入官府，罚为官奴婢。

（3）统一度量衡，统一斗、桶、权、衡、丈、尺，并颁行了标准度量衡器，全国都要严格执行，不得违犯。如今传世之“商鞅量”，上有铭文，记有秦孝公“十八年”“大良造鞅”监造，“爰积十六尊（寸）五分尊（寸）之一为升”，可知此量为“升”。由这件量器及其铭文可知，当时对统一度量衡一事是十分严肃认真的。

3. 社会方面

在社会方面，主要推行小家庭政策，以利于增殖人口、征发徭役和户口税等。规定凡一户有两个以上儿子到立户年龄而不分居的，加倍征收户口税。禁止父子兄弟（成年者）同室居住。

秦国经过商鞅变法，面貌焕然一新。在土地所有制方面，基本废除了以井田制为基础的封建领主所有制，确立了以私有制为基础的地主土地所有制；在政治方面，基本废除了分封制，确立了郡县制。秦国从落后国家一跃而成为“兵革大强，诸侯畏惧”的强国，出现了“家给人足，民勇于公战，怯于私斗，乡邑大治”的局面。

公元前338年，秦孝公死，太子惠王继位。旧贵族马上对商鞅进行反攻倒算，挑拨秦惠王以谋反罪逮捕商鞅。商鞅听到消息，立即逃跑。他找到一家客店准备住宿，店主不知他是商鞅，对他说：“商鞅定下规矩，留住没有凭证的人，店主要受连坐的处罚。”商鞅不得已，只好回到他的封地。公子虔等强加商鞅以“谋反”的罪名，使他惨遭“车裂”之刑而死。

商鞅虽死，但秦惠王和他的后继者都继续实行了商鞅的新法，所以秦国的国势得以进一步发展，为后来秦始皇消灭六国、统一中国奠定了基础。

（二）商君之书，震古烁今

据《汉书·艺文志》记载，商鞅著有法家论著《商君书》29篇，兵家权谋论著《公孙鞅》27篇。其中《公孙鞅》已失传，现存的《商君书》共有24篇，其中第16篇《刑约》和第21篇《御盗》内容已失传。

（三）历史评价，褒贬不一

商鞅变法虽然使秦国走向了富强，统一了六国，实现了中国历史上第一次大一统，但这场变法也给秦及秦以后中国社会的发展带来了不可低估的巨大的负面影响。后人对商鞅其人也是褒贬不一。

毛泽东这样评价商鞅：商鞅是首屈一指的利国富民伟大的政治家，是一个具有宗教徒般笃诚和热情的理想主义者。商鞅之法惩奸宄以保人民之权利，务耕织以增进国民之福力，尚军功以树国威，孥贫怠以绝消耗。此诚我国从来未有之大政策。商鞅可以称为中国历史上第一个真正彻底的改革家，他的改革不仅限于当时，更影响了中国数千年。

贾谊认为：商君违礼义，弃伦理，并心于进取，行之二岁，秦俗日败。

王安石对商鞅大加赞赏，他在《商鞅》诗中写道：“自古驱民在信诚，一言为重百金轻。今人未可非商鞅，商鞅能令政必行。”

四 桑弘羊主财计，汉朝中兴

图 7-4 桑弘羊像

桑弘羊（约公元前 155—公元前 80 年），洛阳人，汉武帝时的重臣。他出身于商人家庭，自幼有心算才能，13 岁入侍宫中。自公元前 120 年起，历任大司农中丞、大司农、御史大夫等重要职务，深得汉武帝宠信。在桑弘羊的参与和主持下，汉朝先后实行了盐、铁、酒官营，均输、平准、算缗、告缗，统一铸币等经济政策。此外，还组织了 60 万人屯田戍边，防御匈奴。这些措施都在不同程度上取得了成功，暂时缓解了经济危机，史称当时“民不益赋而天下用饶”。如图 7-4 所示，此为桑弘羊像。

（一）算缗

算缗是国家向商人征收的一种财产税，要求工商业者都要如实向政府呈报自己的财产数，二缗抽取一算的税（一缗为一千钱，一算为二百文钱）；小工商业者可以减半抽税。凡有乘坐马车的（官吏和战士除外），一乘抽税一算，运货的马车抽二算，船五丈以上的抽一算。

（二）告缗

告缗就是鼓励大家告发不如实呈报财产的人，经调查属实者，除了被告发人戍边一年、财产被全部没收外，告发的人可得到被没收财产一半的奖赏。桑弘羊出任大农丞后，又重申了告缗令，并在全国雷厉风行地推行。一时间，中等以上的工商业者，大都受到了告发。政府派出官吏到各地处理算缗和告缗的事，得到了数以亿计的财物、成千上万的奴婢，没收的田地大县数千顷，小县百余顷，还罚没了很多房屋。中等以上的工商业者纷纷破产，而政府的国库却充实起来，有力地支援了汉武帝的对外战争。

（三）币制改革

汉朝初年，国家对钱币的铸造管理不力，导致钱的大小、轻重不一，钱币的标准重量与实际重量相差悬殊，盗铸钱的风气盛行。公元前 113 年，为了彻底整顿货币，汉武帝采纳了桑弘羊的意见，具体包括以下三个方面：首先，将全国的铜材集中在中央，由上林三官统一调拨，使私铸者得不到铸钱的原料；取消郡国铸钱的权力，由中央政府指定掌管上林苑的水衡都尉下属钟官、技巧、辨铜三官分别负责鼓铸、刻范和原料；郡国将所铸的旧钱销毁，把铜送到中央，而以上林三官铸的五铢钱为全国唯一通行的货币。其次，统一价格标准与重量标准。最后，提高铸币技术。从此以后，基本上制止了私铸劣质钱币及其流通，从而增加了国家的财政收入，而且稳定了市场和流通，起到了巩固西汉统治的作用。这次币制改革是中国历史上将铸币权完全收归中央政府的一次创举，使汉朝的五铢钱成为质量稳定的钱币，一直流通至隋朝七百余年而不废。

（四）盐铁官营

桑弘羊任治粟都尉兼领大司农之后，就在原有的基础上对盐铁问题进行了整顿。他选派了得力的大农部丞数十人，分头到各郡国，在整顿原有盐铁官的基础上，新增加了一批盐铁官。据《汉书·地理志》的记载，盐官在二十七郡中有三十六处，铁官在四十郡中有四十八处。

盐的生产，是由政府招民自备资金，由盐官供给煮盐的工具和粮食，在盐官的监督下将煮成的盐全部售给国家，然后由国家出售给人民，个人不得私售。铁的生产，是在郡国出铁处设铁官进行生产，不出铁者置小铁官负责销售，其生产和销售完全由国家进行控制。因为铁的冶炼技术复杂，而且成本和规模也大，所以采取国家经营的方式。盐铁官营，在增加政府的财政收入、打击地方豪强的势力，以及发挥某些大规模生产协作等方面起到了积极的作用。

（五）募民实边

汉武帝在对匈奴的战争中取得了较大规模的胜利，为了巩固边防，桑弘羊继续大规模地执行汉文帝时晁错提出的募民实边的办法。公元前 127 年，募民十万屯卫朔方（今内蒙古杭锦旗西北）；公元前 119 年，又徙关东贫民七十多万至今甘肃一带；公元前 111 年，先派吏卒五六万人到今甘肃永登一带屯戍，接着不断扩大到上郡（今陕西绥德东南）、西河（今内蒙古鄂尔多斯市东胜区）及新建的武威、张掖、敦煌、酒泉（均在今甘肃境内）四郡，人数增加到六十万人。

这样大规模的移民实边，不但开发了西北边疆的农业生产，就地解决了边军的粮食供应问题，而且加强了西北的边防，巩固了对匈奴战争取得的战果。所以，在当时的边防建设上，这是一项具有深远意义的措施。

（六）均输法

公元前 115 年，桑弘羊为大农丞时，就开始试行均输法。所谓均输法，就是各郡国上交中央的贡品，一律按照当地的市价，折合成当地出产的产品，交纳国家后，由均输官统一调运到缺乏这些产品的地区出售。

这样各郡国再也不用为了贡品而派人四处采购物品了，同时，中央政府从货物的地区差价中获得了很大利润。显然，均输法对中央和地方政府都有利，也减轻了百姓的负担，打击了商人的暴利。桑弘羊代理大农令后，在全国普遍推行均输法。他在向各郡国派出盐铁官的同时，也派出了均输官，有些地方均输官是由盐铁官兼任的，并由大农部丞统一管理。均输法在全国推行之后，货物的流通渠道比原来畅通了，国家在全国各地征的贡赋，通过均输官源源不断地运到首都和边疆地区，因而大大地加强了汉武帝对外斗争的经济实力。

（七）平准法

桑弘羊在实行算缗、告缗、盐铁官营和均输法等政策后，又推行平准法经济改革。

平准是指在京都设立一个机构，由它把大农诸官和各地运来的货物以及工官制造的产品，在京都市场上贵卖贱买，以稳定京都的市场物价。官府各个机关采购物资，也都从平准官那里以平价购入。平准法的创立，不但解决了均输官运到京师的多余货物的出售问题，也便利了政府一些部门对货物的采购，因它沟通了官府各部门间货物的供求，故而减少了市场物价的波动，打击了投机倒把的商人。盐铁官营、平准法、均输法，这是桑弘羊整治和改革财政经济的三个支柱。

（八）酒榷

汉代饮酒之风盛行，耗量很大。桑弘羊于公元前 98 年实行酒类专卖，并设专门的管理者——榷酒官。具体是由官府供给私人酿酒者以谷物和酒曲等原料，根据政府制定的酿造要求，由私人进行酒的酿造。但是个人酿造的酒只能按公家规定的价格卖给国家，私人不得出售。国家垄断酒类的全部销售，盈利相当可观。酒类专卖与盐铁官营、均输并称为国家主要财政来源的“三业”。

公元前 81 年，昭帝召集各地贤良、文学至长安，会议盐铁等国家大事。贤良、文学反对盐铁官营和均输、平准等与民争利的政策，力主改弦更张，桑弘羊与之展开辩论。由于桑弘羊的坚持和封建国家财政方面的需要，当时除废止酒类专卖改为征税外，盐铁官营等各项重要政策仍沿袭不变。次年，桑弘羊因与霍光政见发生分歧，被卷入燕王旦和上官桀父子的谋反事件，结果被处死。

五 李吉甫著《元和国计簿》

《元和国计簿》是我国现存第一部会计专著。《元和国计簿》共 10 卷，是史官李吉甫于唐朝宪宗元和二年（807 年）所著。

该书内容分为三个部分：第一部分根据有关的统计资料，介绍国家预算的来源，说明赋税收入的情况。第二部分按照具体的项目记载国家财政收入的实际数额。第三部分将历史资料同现实资料进行对比分析，揭示财政收支中的问题所在及其原因。他将元和年间同天宝年间相比较，发现元和年间的供税户只有天宝年间供税户的四分之一，而对军兵的负担却比天宝年间增加了三分之一，平均每户便要负担一兵的开支，造成支多收少、入不敷出的财政困难。而冗兵过重、军费浩繁兼之水旱天灾，正是国家财政困难的原因所在。

韦处厚于文宗大和年间（827—835 年）又编著了《大和国计》，共 20 卷。这两套书都是运用有关资料，发现财政问题，找出其中原因，为我国的会计分析树立了榜样。

六 刘晏主财计，以养民为先

刘晏（约 716—780 年），字士安，曹州南华（今山东东明县）人。他在唐朝安史之乱后受命于危难之中，掌管中央财政工作，曾历任度支郎中、户部侍郎、吏部尚书、同中书门下平章事（宰相）等官职及转运、盐铁、常平等特使之职。因为他主管财政工作，故历史上又称刘晏为“计相”。唐朝安史之乱后经济一度出现“中兴”局面，刘晏功不可没。史书上称他“富其国而不劳于民，俭于家而利于众”。如图 7-5 所示，这是刘晏雕像。

图 7-5 刘宴雕像

刘晏天资聪颖，七岁即举为神童。《三字经》中提道：“唐刘晏，方七岁。举神童，作正字。彼虽幼，身已仕。”即便如此，他仍十分勤勉，“每朝谒，马上以鞭算。质明视事，至夜分止，虽休澣不废。事无闲剧，即日剖决无留。所居修行里，粗朴庳陋，饮食俭狭，室无媵婢”。

刘晏理财的高明之处在于能够“广军国之用，未尝有搜求苛敛于民”。他认为理财的重点在于涵养财源而不在苛征暴敛，也就是要鼓励民众积极发展生产和参与商业流通，增加劳动力和社会财富，这样税源充足，“国富而民不劳”“上足而下不困”。

（一）“常平法”救灾

常平法包括平仓、平盐和平衡其他商品价格。刘晏注意及时掌握商情，建立了一个效率很高的物价情报网，即使是边远地区的物价变动，在几天内也能知道，故“能权万货重轻，使天下无甚贵贱而物常平”（《刘宴传》）。刘晏还用“常平法”应对灾区的救灾。即在丰收年时大量收购粮食，储备到灾年时在灾区以平价出售；同时，他大量收购灾区的杂货，运到收成好的地区再出售。他不是采用单纯的赈灾方法，而是通过不同货物的营销来解决灾区困难。

（二）铸币改革

安史之乱时，货币紧缺，京城中许多人私自铸铜币，很快便造成劣币充斥市场，国家财政破产。刘晏接手货币铸造后，首先要求民众以货易货，用货物置换铜；其次统一铸币，并严格监督和保证铸币的质量。这样就增加了货币供应量，币值稳定了，物价下降了，并成功地用良币驱除了劣币，刹住了民间私铸币之风。

（三）茶叶间接专卖

唐朝时茶业已兴，但是没有开始征收经营者的税赋，刘晏制定了个人经营茶业的收税办法，采用间接专卖法，活跃了茶叶的流通，促进了茶叶市场的发展。

（四）漕运改革

唐朝财政收入主要依靠东南，从东南运租赋到长安，费用很高。由于战争的破坏，河南一带人烟稀少，使转运更加困难。刘晏任转运使后，通过实地考察，对转运办法进行了改革。以前转运由民众负担运输费用和徭役，他改为由国家出钱雇人运输。为了方便运输，他还采取分段转运的办法：由江船运到扬州，汴船运到河阴，河船运到清口，然后由渭河运到太仓，在各段连接处建立粮仓，以便存放和运转。这样，“不发丁男，不劳郡县”（《旧唐书 · 食货志下》），节省了运输费用和时间，每年从东南运粮一百一十万石到长安，无升斗损失。

（五）税制改革

大历年间（766—779 年），刘晏对原来的地税、户税等进行整顿，把赋税的增加建立在户口增加的基础上。他认为“户口滋多，则赋税自广”，“故其理财以爱民为先”。他增加赋税收入的办法，不是单纯依靠增税，而是通过实行有利于人民休养生息的政策，以促进人口增加和生产发展，使税源得以扩大；同时注意民众税赋的合理性，陆续免除了农村的一些税赋，对城里的商人们也实行了减税政策。这使得他管辖的地方人口逐步增加，经济也发展了。在他任转运使初期，全国人口只有二百万，后来增加到三百余万，而增加的人口基本都在他管辖的地区。

（六）改革盐法

刘晏主盐政之前，国家对食盐的管理方式是实施官收官销即统购盐户所煮，再官销取利，盐务机构庞大，又管理不善，所以费高利少且于民不便。刘晏对食盐专卖政策做了改革，只在出盐之乡置盐官，收购盐户所生产的盐，转卖给商人，商人可运盐至任何地方出售，即所谓“民制官收、商运商销”的模式。如此，节省了盐务的开支，还能够降低和稳定盐价。距产盐区远的地方，则设常平盐，在盐贵时减价出售，使“官收厚利而人不知贵”（《新唐书 · 食货志四》）。在刘晏任转运使期间，盐利收入增值十倍。

但是在当时，刘晏功高震主，他的廉洁也遭到嫉妒，在朝中遭到诽谤和诋毁。799 年唐代宗去世，唐德宗登基，新皇帝性情急躁，猜忌无情，刚愎自用，不能容刘晏的才干，780 年，德宗皇帝听信谗言，下诏处死了刘晏。

七 王安石变法，促使宋朝中兴

王安石（1021—1086 年），字介甫，抚州临川人，我国北宋时代著名的政治家、文学家和理财家。由其一手发动的“王安石变法”（史称“熙宁新法”），在宋代历史乃至中国历史上都具有深远影响，在我国古代财政思想发展史上也留下了深刻的烙印。王安石曾被列宁誉为“中国 11 世纪伟大的改革家”。如图 7-6 所示，此为王安石像。

图 7-6　王安石像

宋神宗以前，宋朝财政“年年亏短”“支诸宿藏”。如宋仁宗宝元元年（1038 年），共收入金帛 1 950 万，而支出 2 185 万，赤字达 235 万。等到宋神宗即位后，“百年之积，惟存空簿”，财政走上了一条更加艰难的道路。

熙宁二年（1069 年），宋神宗为了探索图强之路，把王安石推上了改革的舞台，任命他为参知政事（副宰相），同年改任为同中书门下平章事（宰相）。王安石亲自主持，实施改革，史称“王安石变法”。

（一）变法机构

王安石设立制置三司条例司，以此作为三司的上级。其作用就是统筹财政状况。制置三司条例司是当时最高的财政权力机关，除了研究变法的方案之外，条例司还负责规划财政改革、制定国家的收支政策。

（二）变法措施

1. 均输法

王安石通过均输法对北宋供输制度进行改革。其目的就在于节省劳动费用、减少人民的负担。变法规定：在淮、浙、江、湖等路设置发运使，负责监督各地的物资。发运使按照“徙贵就贱，用近易远”的原则，通过政府赋予的职权，备之以钱货，及时征购各项物资。

2. 青苗法

熙宁二年（1069 年）九月，王安石颁布青苗法。青苗法的目的是用政府信贷代替私人高利贷，解决农民贷款难的问题。

青苗法规定：以各常平所储存的钱谷为根本，当粮食的市场价格上涨过高时，则以低于市场价的价格进行出售；当市场价格下降的时候，则从市场中进行囤积。农民按照自愿原则，向政府借贷钱物。即在每年青黄不接时，由官府向农民发放贷款，秋后农民再连本带息一并归还。这样就可以避免农民受到高利贷的盘剥，使农民能够“赴时趋势”，减轻其生活负担。

然而在实施当中，却出现了强势借贷的情况，给变法带来了负面影响。

3. 农田水利法

为了改善农业基础设施，王安石实行了农田水利法。国家通过青苗法的低息贷款，支持各地兴修农田水利。要求各地修建河塘水坝，治理河流，且俱上报政府，涉及数县的大型工程，由政府出面组织协调。农田水利法发布后受到广大农民的拥护，很快在全国推行，收到了很好的效果。

4. 免役法

熙宁四年（1071 年），王安石推出了讨论已久的免役法。免役法是针对繁重的差役而制定的，主要内容是出钱免役。具体如下：一是国家制定的免役户不再服役，随夏秋两税交纳免役钱；二是免役钱的数额各地根据事务简繁自定，除雇役外剩余的部分专用于灾荒，称为“免役宽剩钱”；三是城市原来不服役的官户、寺观、女户按半数交纳役钱，称为“助役钱”。

免役法废除了以往轮流差役的方法，将县官和差役的关系改变为雇佣关系。而雇用差役所需要的经费由百姓按户进行分担。这样的变法使农民从劳役的桎梏当中解放出来，从而保证了农民的劳动时间，促进了生产力的发展，同时增加了政府的财政收入。

5. 市易法

市易法是针对北宋中叶富商大贾垄断市场、操纵物价、盘剥市民而实行的新法，目的是稳定物价，使中小商人免受富商大贾的压榨，增加国家财政收入。

市易法的主要内容是，政府出资在开封设置“市易司”，平时收购商家滞销的相关货物，并向商家发放贷款，实行五人互保，以“平物价，所以抑兼并也”。这样做实际上就是通过政府的手段进行市场干预。

6. 方田均税法

方田均税法，是针对北宋土地占有极不均等、贵族官僚广占田园而不纳税、贫民“产去税存”的现象进行改革的。方田均税法分为“方田”和“均税”两个部分。“方田”指的是通过现场土地丈量，将土地分为五个等级；方田的丈量结果为“均税”提供依据，即据此制定相关的税收数目。其目的就在于增加国家的财政收入，减轻农民的负担。然而，这种做法损害了地主官僚们的利益，使变法遇到了很大的阻力。

（三）变法影响

1. 变法失败

元丰八年（1085 年），宋神宗病逝，十岁的宋哲宗即位，太皇太后高氏临朝听政，她否定了改革，命司马光为宰相。司马光相继废除了方田均税法、市易法、免役法和青苗法，王安石也含恨而死，变法最终失败。

2. 失败原因

毛泽东曾总结王安石变法的教训，认为他“卒以败者，无通识，并不周知社会之故，而行不适之策也”①。变法失败的原因主要有以下两点：

（1）变法触动了大地主、大官僚的某些特权利益。

（2）变法中用人不当，出现过一些危害百姓的现象。

比如青苗法，一经全面推行完全走了样，逐渐演变成“害民之法”：自愿贷款变成了强制摊派；低息贷款成了官方的高利贷；地方官吏从中捞取好处，雁过拔毛；官府的逼债手段比民间放高利贷者更加严酷。凡此种种，青苗法实行“二十年间，因欠青苗至卖田宅、雇妻女、投水自缢者，不可胜数”。

又如免役法，其根本目的在于减轻农民的负担，然而在推行中出现了问题。例如一名官员在开封府试行免役法的时候，原本是四等农户免去纳役钱，该官员却故意将农户等级提高为三等。这就导致农民的根本利益受到损害，没有从根本上解决农民的负担问题。

3. 积极影响

（1）租税负担趋于公平。

（2）改革促进了农业经济的发展。

（3）财政由贫变富。

（4）改革使社会趋于和谐安定。

---

① 邸延生．毛泽东评述中国历史名人名著．北京：人民出版社，2013：85.

八 张居正理财，明朝财力世界最强

图 7-7 张居正画像

张居正（1525—1582 年），生于湖广江陵（今湖北省荆州市），汉族，字叔大，少名白圭，号太岳。如图 7-7 所示，此为张居正画像。

1572 年，穆宗驾崩，张居正得到皇太后的支持辅佐少帝，并且有司礼监太监冯保的合作，得以大权在握，实行大改革，施展富国利民的抱负。当时明神宗年幼，他是皇帝的老师，一切军政大事均由他主持裁决，前后当国 10 年，实行了一系列改革措施，收到一定成效。在进行政治改革的同时，他还进行了经济改革，史称“一条鞭法”。

在张居正之前，明朝政府规定农业的赋役主要包括赋税和劳役两个部分，项目繁多常给民众造成不便，更给了许多土豪劣绅假公济私的机会。这种情况引发了许多社会矛盾。“一条鞭法”恰可以挽救这种局面。

《明史》中记载：“一条鞭法者，总括一州县之赋役，量地计丁，丁粮毕输于官。一岁之役，官为佥募。力差，则计其工食之费，量为增减；银差，则计其交纳之费，加以增耗。凡额办、派办、京库岁需与存留、供亿诸费，以及土贡方物，悉并为一条，皆计亩征银，折办于官，故谓之一条鞭。”

“一条鞭法”实施之后，张居正开始在全国丈量土地，明确土地的所有权，在确权的基础上，根据人均土地面积进行税负的征收。在支付方式上，张居正将农业的赋役统一为税负，通过银两进行支付。这种改革大幅度提高了税负的征收率，提高了农民的经营能力，为明朝中后期的经济发展奠定了坚实的基础。

因积劳成疾，张居正于 1582 年农历六月二十日病逝，享年五十八岁，追谥文忠。

第二节 西式簿记方法传入中国

一 蔡锡勇

蔡锡勇是中国介绍西方借贷复式簿记的第一人。他所著的《连环帐谱》（如图 7-8 所示），是中国第一部研究借贷复式簿记的专著。

蔡锡勇（1847—1898 年），字毅若，亦称毅敬，福建龙溪（今福建省漳州市龙海区）人。早年受教于广东同文馆，毕业后以优异成绩保送至京师同文馆深造。光绪元年

（1875年），随陈兰彬（荔秋）出使美国，任公使翻译官，驻华盛顿四年，并随使西班牙、秘鲁等国。当时他对借贷复式簿记已有一定了解。归国后，蔡锡勇先供职于电局，光绪十年（1884年）充当湖广总督幕僚，被委任为洋务局委员，主持同外商洽谈采购冶铁和纺织机械等事务。光绪十五年（1889年）曾以道员衔受命创办汉阳铁厂、湖北枪炮厂、织布局等企业。如图7-9所示，此为蔡锡勇像。

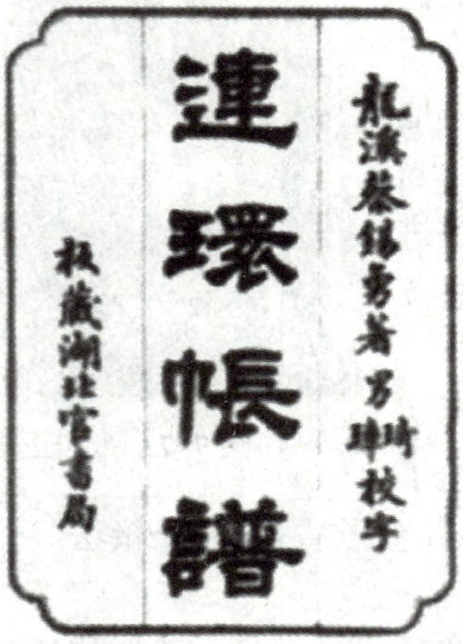

图7-8 《连环帐谱》书稿影印照片

图7-9 蔡锡勇像

在此期间，蔡锡勇悉心研究借贷复式记账法，并结合中式收付记账原理，撰写了中西结合的《连环帐谱》一书。蔡锡勇病逝后，其子蔡璋、蔡琪秉承父志，校订、整理书稿。光绪三十一年（1905年），蔡锡勇遗著《连环帐谱》出版问世。《连环帐谱》是我国第一部介绍和研究借贷复式簿记的著作，也是第一部由我国学者撰写的会计专著，对国外会计的引进和我国原有会计的改良产生了深刻影响。许家林、沈贞玮评价道：

一生为官饱读诗书改创速记出使欧美情钟西式簿记，

两代接力子秉父愿拾漏补遗东瀛取经修就连环帐谱[①]。

蔡锡勇还担任过武汉大学前身“自强学堂”的总办，也就是我国近代最早的高校校长。他也是我国速记的创始人，其所著《传音快字》一书，于1896年由湖北官书局出版。人们评说他是“笔随口述，不假思索，手不停挥，率每分钟能作二百余字”。

二 李希圣

李希圣（1864—1905年），字亦元，号卧公，湖南省娄底市涟源市水洞底镇天堂村人，清末官员、诗人。光绪六年（1880年）肄业于娄底涟璧书院。光绪十七年（1891年）中举人，次年中进士，任刑部主事。光绪二十八年（1902年）11月，任京师大学堂提调兼编译书局总纂。李希圣博考古今掌故，深究中外利病，冀有所变通。如图7-10

① 许家林，沈贞玮．中国会计发展史海钩沉之一：蔡锡勇与《连环帐谱》.财会通讯，2010（28）：139.

所示，此为李希圣像。

图 7-10 李希圣像

李希圣所著《光绪会计录》于光绪二十一年（1895 年）成书，次年刊行，它是继《万历会计录》之后保存较为完整的会计录。作者在“序”中称：“泰西各国，岁出岁入之款，年终则布告国中，登诸报馆，故虽五尺之童，无不能言国用者。中国则不然，虽司农大臣老于其任者，不能尽知也；通才硕学博及古今，至问以左藏之所掌，则愕眙而不能言。盖官既无成书，吏亦无专牍，虽欲稽考，其道无由。”鉴于此，作者撰著了该书。

《光绪会计录》中的项目布局是以西式簿记决算报告表的基本格式为模板，并增设了中、西入出项目对比考核的“例言”。全书以光绪十九年（1893 年）的财政收支数额为依据，首先列示全国的收支总数，之后分别列式各项收支的明细数额。在书中，作者以白银作为统一计量单位，全书的各项指标、各个项目之间具有可比性，为开展会计分析创造了条件。这也是《光绪会计录》相比以前进步的地方。

《光绪会计录》为进行会计分析工作，揭示当时国家财政收支中存在的问题，提供了系统而较为完整的资料。尤其是该书注重把中国传统的会计方法与西式会计方法相结合，这对改良我国传统会计分析方法有着一定的作用。

三 谢霖

谢霖（1885—1969 年），字霖甫（亦称“麟甫”），江苏武进（今江苏常州）人。谢霖先生是中国会计界的先驱，著有《银行簿记学》，他是我国第一位注册会计师。如图 7-11 所示，此为谢霖像。如图 7-12 所示，这是《银行簿记学》书影。

图 7-11 谢霖像

图 7-12 《银行簿记学》书影

主题视频

谢霖

1905 年，谢霖赴日留学，在明治大学学习期间，专攻商科。谢霖于 1906 年与孟森合作编纂《银行簿记学》一书，次年春在东京出版，该书是继《连环帐谱》之后，由我国学者撰写的第二部介绍借贷复式记账法的著作。该书系统地介绍了西式记账法在银行业的应用。该书所述的西式记账凭证（传票）、会计报表（损益计算书、资产负债表）等都是首次传入中国的。

1909 年，谢霖在日本获商学学士学位，并回到中国，归国次年，他进京应考获“商科举人”功名。1912 年谢霖被聘为中国银行总司账（总会计），1917 年被聘为交通银行总秘书，主持我国银行会计的改良事业。谢霖根据银行业务的特点，结合中国实际，运用复式簿记原理，创制了独具特色的现金收付记账法，设计了第一种新式银行会计制度，他还设立讲习所、编辑讲义，传授新式银行簿记方法，培养出大批会计业务人员。

1918 年 6 月，正在中国银行任总司账的谢霖先生，呈请北京政府农商部、财政部，递交了执行会计师业务的呈文和章程，建议推行职业会计师制度，制定会计师条例，并奉命代拟《会计师暂行章程》。同年 9 月，农商部正式公布施行章程，并向谢霖颁发了第一号会计师证书。谢霖在北京、天津等地创办了我国最早的会计师事务所——谢霖会计师事务所，受理会计师业务。

谢霖还曾在四川大学、北京大学、复旦大学、光华大学等和上海商学院任教授、系主任、院长、副院长等职，并著有《簿记学》《实用银行簿记》《公司法要义》《票据法要义》《海商法要义》《银行会计》《铁道会计》《会计学》《成本会计》《审计学要义》《中国之会计师制度》等著作，他还创办了正则会计补习学校，培训会计人才，影响遍及全国。

第三节　中国近现代会计人物

一　徐永祚

徐永祚（1893—1961 年），字玉书，浙江省海宁市人。他先后在海宁达才学堂和浙江省高等学堂读书，后考入上海神州大学经济系学习，成绩优异。1918—1919 年任《银行周报》主编，立志从事会计改良工作。如图 7-13 所示，此为徐永祚像。

图 7-13　徐永祚像

1921 年，徐永祚在上海设立了徐永祚会计师事务所。当时，上海金融界的南四行、北四行和其他较大的银行、钱庄，工业界的天厨味精厂、上海安达纱厂、常州大成纱厂及天原化工厂，商界的中国百货公司、南洋兄弟烟草公司、华成烟草公司，以及出版界著名的商务印书馆及中华书局等，均长期聘请该会计师事务所的会计师担任常年查账及会计顾问。

徐永祚会计师事务所在处理多种会计事务的同时，注意把工作的重点放在帮助企业改良会计方面。截止到1933年，“为商家改良会计者，不下三数百家”，取得了较好的效果。抗日战争期间，徐永祚先生拒绝向日伪政府备案，特改“徐永祚会计师事务所”为“正明会计师事务所”。

徐先生致力于推动改良中式簿记事业的发展，努力创办会计人员训练班。要求这类人才必须既有丰富的会计理论知识，又有处理会计实务之经验，方可胜任改良中式会计工作。

1931年，徐永祚于会计师事务所内，招考学习会计师和学习事务员数十人，进行了培训会计人才的尝试。1933年，鉴于实业界对会计人才的迫切需要，又在会计师事务所内特设训练部，制定了“徐永祚会计师事务所附设会计人员训练班”章程，设立了初级班，以培养初级会计人才为宗旨；同时设置高级班，以培养高级会计专门人才为目的。1934年7月，徐永祚先生所办会计补习学校又与上海市商会商业学校联合举办了“改良中式簿记讲习科”。讲习科每届定期二月，专门教授改良中式簿记之账理、账法，以及每种账簿的实际用法，以求满足推行改良中式簿记之急需。接着又于1934年9月开办“改良中式簿记函授科”。这种短期速成性质的函授教育，把改良中式簿记的影响扩大到了上海以外，促进了当时改良中式簿记方法的推行，并取得了良好的效果。

徐永祚先生为了扩大改良中式簿记的影响和便于推行改良中式簿记的理论与方法，又在原会计师事务所出版部的基础上创办了全国闻名的《会计杂志》。《会计杂志》于1933年1月1日创刊发行，截至1937年因战争停刊，共计刊行八卷48期，登载专家、学者所撰论文六百余篇，系统地表述了改良中式簿记的基本指导思想、基本理论与基本方法，以及推行改良中式簿记的过程，也比较详细地介绍了英、美诸国的新式簿记、审计学说及会计制度建设情况；还介绍了其他方面的论著与消息。该刊物内容丰富，实用性强，故深受各界人士的欢迎。该刊物与改良中式簿记运动相配合，不但对推行改良中式簿记方法起着宣传与指导作用，而且对推动我国会计理论与会计实务的发展也起到了一定的作用。直到1937年抗日战争全面爆发，上海沦陷，不少企业内迁，徐永祚会计师事务所处于停业状态，《会计杂志》也随即停办，这场改良中式簿记运动方告一段落。如图7-14所示，这是徐永祚所著《改良中式簿记概说》书影。

图7-14　《改良中式簿记概说》书影

徐永祚先生及他主持的会计师事务所，在20世纪20至30年代，对改良中国的会计做出了重要贡献，他在中西会计相结合方面的设想，以及在推行改良中式簿记中所取得的经验与教训，对于我国会计的发展产生不小的影响。

二 潘序伦

潘序伦（1893—1985年），江苏宜兴人，会计学家、会计教育家、会计实务专家和会计实业家，被誉为“中国现代会计之父”。

潘序伦因在兄弟辈中排行第四，故又名秩四。潘序伦出身书香门第，其曾祖父和伯父都是清代举人。他14岁时父亲去世，因此得长兄伯彦（古文学家）的教益很多。潘序伦12岁前读私塾，后入蜀山小学，毕业后考进上海浦东中学，经常考第一名，颇得校长黄炎培（我国近现代民主主义教育家）的赏识。当他15岁将要毕业时，因参与为抗议某教师而举行的交白卷风潮，被开除学籍。之后，他转入常州府中学堂，毕业后进入南京政法大学，不到两年，学校因故被勒令停办。不久，他考进了南京海军军官学校无线电收发班，毕业后被分派到海军某舰上任准尉无线电收发报员，可他无意久留，于是退出军籍，辞去职务。

后来，潘序伦曾到南京造币厂当过翻译员，又回到家乡做中小学教员，他立志出国留学，得到黄炎培的支持。之后，他进入上海圣约翰大学学习，1921年毕业，得到文学学士学位，同年学校保送其进入美国哈佛大学商学院，他选学了会计学科，因而奠定了其一生从事会计学研究的基础。

潘序伦在哈佛大学勤奋苦读，放弃了假日休息与游览娱乐，经常是一个面包一杯开水充饥，争分夺秒地把全部时间用于学习，从宿舍到教室、图书馆，终日只是与书为伴，终于在1923年获得哈佛大学企业管理硕士学位，翌年，又获得哥伦比亚大学经济博士学位。

1924年，潘序伦学成回国，任上海商科大学教务主任兼会计主任等职。1927年1月，他在上海爱多亚路（现延安东路）38号创办了潘序伦会计师事务所，并编译出版会计丛书和创办会计学校。

他从实践中深刻地感受到开展会计师业务，首先要取信于社会，因此取《论语》中“民无信不立”之句，将“潘序伦会计师事务所”改名为“立信会计师事务所”。1927年，他在事务所内举办簿记训练班，因学生人数大增，为适应需要，又在上海河南路吉祥里18号创办了“立信会计补习学校”，后又创办“立信会计专科学校”和“立信高级会计职业学校”。

1930年12月，潘序伦任国民政府主计处筹委会委员，1931年3—7月任主计处主计官。抗日战争时期，他离开上海到了重庆，又在重庆设立了“立信会计师事务所”和多种教学形式的立信会计学校。

为了解决会计教材的供应问题，1941年秋，他与生活书店合作，创设“立信会计图书用品社”，专门出版立信会计丛书和印制发行会计账册报表。立信会计丛书到1956年为止，共编译出版200余种，之后立信会计图书用品社还编制了《苏联会计述要》《国营会计概要》等著作。

抗战胜利后，潘序伦于1946年6月至1947年5月，任经济部常务次长，1947年5月受聘为全国经济委员会委员。为了培养高级会计人才，以适应社会需要，他克服一个又一个困难，在重庆市区建造了立信大楼，分别办了两所专科学校。不仅如此，他还鼓励和支持外地的立信同人和校友在桂林、北京、天津、南京、广州、衡阳和香港等地办起了各类不同形式的“立信会计学校”。到1953年时，立信会计学校培养的学生已逾10万人，遍布全国各地，远达美、德、日等20多个国家和地区。他办学的原则是严格要求、精心培养，自编自教、切合实际，边学边做、讲究实效，精打细算、勤俭办校，尊师爱生、团结友爱。

潘序伦自美国学成归国后，任教、著书收入颇丰，对捐助办学与发展会计事业不遗余力，1945年抗日战争胜利后，他由重庆回到上海，一时迁校没有地方，他便捐出私宅五开间三层楼房一幢，继而又捐出美金上万元，为学校建造了体育馆，而他自己日常生活非常简朴，斗室中一床一几一柜，一桌四椅，别无他物，唯书成堆，此习惯一直至晚年未改。

“文化大革命”期间，他唯一挂念和关怀的就是如何迅速培养出为国家经济建设服务的会计人才。党的十一届三中全会以后，他得到“文化大革命”期间被抄财物的赔偿款8万元，便立即捐半数给刚建成的上海市会计学会做事业费，又捐赠给正在恢复的立信会计高等专科学校3.5万元做奖学基金，后又有立信校友增资为10万元，创建了潘序伦会计事业基金会。

在党的十一届三中全会路线指引下，潘序伦积极推动恢复立信会计高等专科学校和立信会计学校，建了新校舍；成立了全国第一个会计学会——上海会计学会和改革开放后第一个会计师事务所——上海会计师事务所；重建了立信会计编译所，编译出版了“新编立信会计丛书”“立信财经丛书”等30多种图书。三位一体的立信会计事业，在中国共产党的领导下，又生机勃勃地发展起来了。潘序伦于1985年11月8日因医治无效，在上海病逝，终年93岁。2003年，立信会计高等专科学校更名为上海立信会计学院，并升格为本科院校。迄今为止，立信会计已有90多年历史，为祖国培养了大批合格的会计人才逾20万人，在国内外声名远扬，对此潘序伦先生功不可没。1993年10月，为纪念潘序伦先生100周年诞辰，时任中央政治局委员、国务院副总理李岚清为他题字：“现代会计学宗师，职业教育之楷模”。

除了前述著作，潘序伦的主要著作还有《成本会计》《高级商业簿记教科书》《公司登记规则》《公司会计》《股份有限公司会计》《国营企业会计概要》《基本会计学西方会计》《基本会计学》《会计学》《审计学》《所得税原理及实务》《通用簿记教程》《政府会计》等。

三 顾准

顾准（1915—1974年），字哲云，出生于上海，原籍江苏省苏州市，中国当代学者、思想家、经济学家、会计学家，研究社会主义市场经济第一人。

顾准从小随母姓，他8岁时父亲破产，因家中生活困难，母亲只好为他人洗衣服以维持生计，小学毕业后，他就进入中华职业学校学习，后因家庭贫困只学了两年就辍学了。

1927年夏天，他离开职校到上海立信会计师事务所当练习生（学徒），时年顾准只有 12 周岁。潘序伦让他白天在事务所工作，晚上和业余时间到立信会计补习学校学习会计知识（不收学费）。事务所除了提供膳宿外，每月还给顾准几元工资。由于顾准聪颖好学，勤奋努力，一年多后，他就有了很大的提高，担任了潘序伦的会计簿记等课程的助教，负责批改学生作业。此后，顾准编写了《高级商业簿记习题详解》，并参与了我国第一本政府会计教材的撰写。

1931 年，16 岁的顾准，开始在立信会计补习学校讲课。平时潘序伦经常派顾准到各银行查账，他便对银行会计产生了兴趣，自己边学习边研究尝试编写了一本教材《银行会计》，潘序伦看到书稿还不成熟，就请自己在美国留学的同学，当时在中国银行工作的银行会计专家金国宝先生帮助顾准修改订正。1934 年，顾准 19 岁，《银行会计》书稿由商务印书馆出版了，并列入了“立信会计丛书”。后来顾准还根据到银行查账工作的经验，撰写了《中国银行会计制度》一书。

从顾准 19 岁起，潘序伦就开始推荐他到上海圣约翰大学和杭州私立之江大学担任银行会计课程的教师。顾准在立信会计补习学校发展很快，每月工资有 250 银圆，加上他在外校任课，每月又有 100 多银圆的收入，使他有了比较好的生活。他思想进步，1931 年发起成立了“立信同学会”并代为起草了同学会的章程。

1935 年 10 月，他第一次流亡去了北平。1935 年冬北平爆发“一二・九”运动后，全国掀起了抗日救国高潮。1936 年 2 月，顾准自北平回到上海，先后担任过上海职业界救国会党团书记，职员支部书记，江苏省职委宣传部部长、书记，江苏省委副书记。1937 年 11 月，顾准担任了中共江苏省“职员运动委员会”书记，他努力把各行各业的群众团结到党的周围。1939 年，顾准担任了中共江苏省“文化界运动委员会”副书记，当时书记是孙冶方（我国著名的经济学家）。他们组织文化界人士开展了许多抗日救亡活动。

1942 年 3 月，顾准担任淮海区行政公署财经处处长。其间他组建淮海区行政公署的粮食系统、税务系统，开办银行，为抗日根据地筹措钱粮。1943 年 3 月，顾准到延安中央党校学习，一直到 1945 年 8 月。这期间顾准除了学习外，还在延安大学经济系讲授《会计原理》。他在延安的教学还得到了陈云同志的好评。

抗战胜利后，顾准回到江苏省淮安，在华中财经办事处工作。1947 年 7 月，顾准到山东，在山东省工商总局担任领导职务。1948 年 2 月，顾准担任了渤海区行署副主任兼财办主任。1948 年 9 月济南战役后，顾准从方毅同志手中接任了山东省财政厅厅长职务。1949 年 5 月初，顾准在江苏省丹阳被任命为上海市军管会财政处处长。1949 年 5 月 25 日，顾准随解放军回到了上海，担任华东局财经部副部长和上海市财政局和税务局的第一任局长。顾准为上海解放初期的经济稳定和恢复发挥了重要作用。税收专管员制度就是他首创的。

1953 年春节后，顾准被调到北京建工部工作，后他被调到中国科学院经济研究所工作。1957 年，他在《经济研究》杂志第三期上发表《试论社会主义制度下的商品生产和价值规律》一文，被后人誉为“我国经济界提出社会主义条件下实行市场经济的第一人”。

1974 年 12 月 3 日，顾准因医治无效病逝。顾准几十年为探索真理而忍辱负重、不计成败，虽经历崎岖坎坷却不言放弃、执着不悔，他是会计学人永远的榜样。

四 许毅

许毅（1917—2010年），江苏省南通县姜灶镇人，是我国财政学泰斗、我国经济类首批博士生导师之一。他在不到13周岁时就进入海门大生第三棉纺厂当了一名小小的学徒工。因聪慧好学，深得老板的赏识，便有了接触会计知识的机会，并有幸进入潘序伦先生创办的立信会计学校学习。当时虽只是一名函授学员，学业也只有一年的时间，但潘序伦先生的“立志、守身、处事、待人”的教育思想却影响了他的一生。

1931年“九一八”事变爆发，14岁的许毅开始思索民族危亡、国家命运等问题。他开始广泛阅读进步书刊，几年里，上海生活书店成了他的“书屋”。他不仅通读了商务印书馆出版的《万有文库》、艾思奇的《大众哲学》、列昂节夫的《政治经济学》，还有鲁迅的《狂人日记》《阿Q正传》。从此，他对近代中国错综复杂的社会矛盾和民族矛盾有了深入的了解，对社会主义和无产阶级革命事业有了强烈的向往。

在自学中成长，在成长中进取，“做人、做事、做学问”成了许毅终生追求的目标。1938年11月他参加革命工作，任苏北敌占区救亡工作团联络部部长。1941年加入中国共产党。他还担任过苏北地区联合抗日政治部敌工科科长、联抗司令部大队教导员、司令部粮秣处主任兼紫石县财政局副局长。淮海战役时期，他还担任了华中支前司令部粮食局副局长兼财粮部副部长、苏北粮食局局长。新中国成立后曾担任华东军政委员会财政部计划处处长、税务管理局副局长、财政部经建司重工处处长、工业财务司和基建财务司副司长、中国人民建设银行行长，1963年至1966年任财政部财政科学研究所所长、财政部党组成员。

改革开放后，他主持恢复了财政部财政科学研究所，并任所长至1985年，其间创建了财科所研究生部。在中国财政学会及其各专业研究委员会、各省市财政科研机构的建立过程中，他发挥了重要的组织领导作用，促成了全国性财政业务、教学、科研网络体系的形成。他积极推进中国注册会计师行业的建立，促进国内外同业的合作交流，并亲身参与创建了中华会计师事务所、中国财务会计咨询公司、中南评估公司，是中国财务会计咨询事业的开拓者之一。

在学术研究领域，他是我国社会主义“国家分配论”财政学理论体系的倡导者之一，提出了中国特色的财政学框架，开拓了社会主义市场经济建设时期财政学研究的新领域。为研究财政发展规律，他还对近现代中国社会经济发展过程进行了系统研究，研究成果在史学界和经济学界产生了重要影响。他先后出版涉及财政学、中国近代财经史、革命根据地史的专著、合著数十种，发表有重要影响的学术论文数十篇。

1981年1月，许毅成为第一批国务院特殊津贴获得者和经济学博士生导师之一。他曾先后担任国务院经济研究中心常务理事、国务院发展研究中心顾问以及中国财政学院、中国成本研究会、中国金融学会、中国税务学会、中国财政学会、中国国际税收研究会和中国投资学会顾问，也是北京大学、中国人民大学、中央财经大学等高校兼职教授。其淡泊名利，潜心做事、做学问的人生态度值得会计学学子们学习。

五 杨纪琬

杨纪琬（1917—1999 年），上海松江人，我国当代卓越的会计学家、教育家、社会活动家，我国社会主义会计制度的奠基人之一。中国注册会计师协会首任会长，中国会计学会副会长，博士生导师。

杨纪琬于 1935 年考入国立上海商学院（现上海财经大学）会计系，毕业后留校任教，并攻读中英庚款基金会的在职研究生。1939 年至 1949 年，他担任过国立上海商学院、东吴大学、之江大学、大夏大学、光华大学、立信会计专科学校的会计学助教、讲师、教授。

1949 年，杨纪琬调入财政部会计司工作，曾任会计司司长等职务。从 1980 年起，杨纪琬教授主持起草新中国成立以来的第一部《会计法》，并于 20 世纪 80 年代初与阎达五教授一道提出并完善了会计管理论。会计管理论在学术界和实务界影响很大，成为 20 世纪 80 年代会计工作转轨变型的主要理论依据。其代表作品为《社会主义会计理论建设》。

杨纪琬在任财政部会计司司长期间，建议及推动恢复中国注册会计师制度，所以他是中国会计制度的奠基人之一。2002 年 2 月 10 日，中国会计领域的第一个奖学金——“杨纪琬奖学金”在北京设立，由财政部、中国注册会计师协会、财政部财政科学研究所、教育部财务司和中国证券监督管理委员会推荐专人组成“杨纪琬奖学金”管理委员会。经中华人民共和国财政部批复，同意财政部财政科学研究所成立“杨纪琬奖学金”管理工作办公室。

杨纪琬逝世后，中国官方发表的《杨纪琬同志生平》中称他为“新中国会计界公认的一代名师”，他为中国会计制度和会计准则的建设、会计理论的发展、会计教育和注册会计师事业的发展，贡献了毕生精力，做出了巨大而杰出的贡献。

六 娄尔行

娄尔行（1915—2000 年），祖籍浙江绍兴。娄尔行是我国当代最有影响力的会计学家之一，是新会计学科体系的主要创始人，为推动中国会计理论的发展做出了重要贡献，在国内外会计界享有很高声誉，享受国务院特殊津贴。他先后担任过上海市会计学会副会长、中国会计学会副会长、中国审计学会副会长及顾问、中国成本研究会顾问、上海大华会计师事务所董事长、财政部会计准则中方专家咨询组成员，还受聘担任过江西财经大学、浙江财经学院（现为浙江财经大学）等院校的兼职教授和顾问。

娄尔行 1937 年毕业于国立上海商学院会计系，同年赴美国密歇根大学企业管理研究生院深造，1939 年毕业，获企业管理硕士学位（MBA）。学成回国后，他立志报效祖国。1939 年至 1949 年他曾在国立上海商学院、光华大学、国立临时大学、上海立信会计专科学校任讲师、副教授和教授。1950 年起在上海社会科学院、复旦大学和上海财经学院（后改为上海财经大学）任教授，并担任上海财经大学会计学系主任、名誉系主任。1981 年，他成为我国第一批经济学（会计学）博士生导师之一。

娄尔行长期坚守在教学岗位，撰写了大量的论文、专著和教材。1950年出版了第一本著作《成本会计学》，20世纪50年代中期主编出版了《工业会计学》。1984年主编出版了《资本主义企业财务会计》，第一次系统全面地向国内会计界介绍了西方会计学中具有代表性的基本理论和实务，对我国会计学的发展产生了重要影响。同年还主编出版了《基础会计》，在书中对我国以往受苏联影响的传统会计原理和教材体系做出了重大改革。1987年，他受国家审计署委托，总结几十年来审计学研究成果，主编出版了《审计学概论》，该书荣列1988年度十大中文畅销书。这些教材甫一问世，就为众多高等院校采用，并获得财政部、国家教委等有关部门颁发的多项荣誉。

娄尔行积极倡导和参与会计教学改革。从1981年起，针对当时我国会计专业设置过细、知识面过窄的现状，他提出了"扩大知识面，培养广博而专精的人才"的指导思想，重新设置会计课程体系，其教学改革成果——"上海财经学院课程设置方案"得到会计同行的充分肯定，被财政部作为教学改革试点方案在部属院校中推广。在他的领导下，1987年上海财经大学会计学系被评为全国财税系统先进集体，1988年由国家教委批准确定为全国重点学科点。1992年，77岁高龄的他带领会计学系教师开展第二轮教学改革，教改成果得到财政部和国家教委的高度肯定，并在财经高等院校中推广。他多次被评为教育系统的市级和校级优秀教育工作者。

娄尔行毕生从事会计学研究工作，著述宏富、见解精深。半个多世纪以来，他在学术期刊上发表了许多有影响力的论文，推动了我国的会计改革和会计教育改革。1980年，他率先组团与美国学者开展中美比较会计研究。1987年，他率上海财经大学会计系部分教师与美国学者合作出版了用英文撰写的《中华人民共和国会计与审计》，这是新中国成立以来第一部系统阐述中国会计和审计历史、现状及制度的英文版学术著作，成为国际会计界了解中国会计的一个窗口。他通过毕生不懈的追求和探索，形成了自己的会计学术思想体系，集中体现在《会计审计理论探索》一书中。

娄尔行一生致力于会计教学和学术研究活动，倾其毕生的才智和心血培养了一代又一代的会计人才。他一生育人无数，桃李遍天下。他积极奖掖后学，扶持年轻人担任会计教学和科研的领导，带出了一批在会计界颇有影响的中青年会计学者，为我国会计教育事业做出了重要贡献。

七　葛家澍

葛家澍（1921—2013年），江苏兴化人。他1940年就读于江苏学院，1942年转入厦门大学，1945年于厦门大学会计学系毕业，获厦门大学商学学士学位，大学毕业后留校任助教、讲师、副教授和教授，在校内历任会计核算教研室副主任、经济系副主任。1982年厦门大学成立经济学院，他被任命为首任经济学院院长。

葛家澍在会计学领域有较深的造诣，他的会计思想和观念被会计学术界，也被国家教委誉为"独树一帜"。他是国家批准的第一批经济学（会计学）博士生导师之一，也是国务院批准享受政府特殊津贴的第一批专家之一。从1986年开始，他连续担任中国会计学会副会长。他还是国务院学位委员会（经济）学科评议组第一届和第二届成员、财政部企业会计准则咨询专家组成员、福建省注册会计师协会名誉会长，并受聘为西南财经大学荣誉教授，还是南开大学、西北大学、天津财经学院、江西财经大学、安徽财贸学院、中山大学、兰州商学院、江苏理工大学等多所院校的兼职或客座教授。由于他在教学和科研方面具有突出贡献，1998 年被国务院授予全国“先进工作者”称号并被选为福建省第六、第七、第八届人民代表大会代表。

20 世纪 50 年代初，他在王亚南校长的指导下，和其他青年教师一道组织了“新会计研究会”，学习运用《资本论》原理研究会计学，致力于构建中国特色的会计理论。当他看到苏式会计理论的缺陷后，就大胆地发表文章，提出会计核算的对象应该是“社会主义扩大再生产过程中的资金运动”的观点，从而确立了系统、严密的“资金运动理论”。后来由于极左思想影响，会计界抛弃了被认为是“体现了资本家剥削工人”的“借贷记账法”，创造出“增减记账法”。葛家澍意识到了问题的严重性。1978 年，他受“实践是检验真理的唯一标准”大讨论鼓舞，毅然决定把“记账方法”作为会计界解放思想的突破口，向会计界的极左思想“开刀”，发表了《必须替借贷记账法恢复名誉》一文，指出：记账方法只是记载经济业务的手段，并不带有任何阶级性。该文被不少会计学家誉为“打响了会计界拨乱反正的第一炮”。从 1981 年开始，葛家澍先后发表了《论会计理论的继承性》等文章，进一步批驳了会计学具有“阶级性”的说法，指出会计学的本质属性是技术性。这为后来西方会计理论的全面介绍和引进铺平了道路。20 世纪 90 年代，葛家澍又致力于财务会计概念框架和会计准则的研究，积极推动和参与我国会计准则的制定。

由于葛家澍在会计学上的贡献和影响，国务院学位委员会批准他为第一批经济学（会计学）博士生导师之一，他先后担任厦门大学经济学院院长，国务院学位委员会经济学学科评议组第一、二届成员和校文科学术委员会主席等校内外领导职务，还曾担任中国会计学会副会长、财政部会计准则委员会委员兼会计理论专业委员会主任等职。

八　阎达五

阎达五（1929—2003 年），山西祁县人。他是我国北方地区最有影响力的会计学专家，也是中国人民大学最早的经济类博士生导师之一。

1949 年 3 月，阎达五肄业于华北文法学院经济系，1954 年毕业于中国人民大学夜大学。从 1950 年 10 月中国人民大学建校起，一直在该校工作，曾任教员、讲师、副教授、教授，担任过教研室主任、系副主任、系主任等职务。1960 年至 1963 年，曾赴越南民主共和国讲学两年有余。

阎达五曾担任中国会计学会副会长，财政部人才中心高级专家委员会特聘专家，第二、三、四、五届北京市人民政府专业顾问，国务院国民经济核算协调委员会委员，《会计研究》编辑委员会副主任，财政部企业会计准则咨询专家组成员，财政部注册会计师考试委员会第一至四届委员，多个部门和地区会计学会顾问以及多所财经院校兼职教授。

早在 20 世纪 50 年代，他就主张将苏联经验与中国实际相结合，率先编写第一本中国化会计教材，闻名于中国会计界。80 年代，他作为“管理活动论”会计学派创始人之一，为发展中国的会计理论与实务做出了重要贡献。1990 年，他被吸收为日本国际会计研究学会荣誉会员。作为会计管理活动论学派的奠基人之一，他于 1980 年在中国会计学会成立大会上与杨纪琬教授合作发表了学术论文《开展我国会计理论研究的几点意见——兼论会计学的科学属性》，首次提出了“会计管理”概念，视会计为一种管理活动。

在此基础上，他又对会计做了科学的分类，提出会计按其服务对象，可分为宏观会计和微观会计，微观会计又可按其经营目标分为营利组织会计和非营利组织会计，营利组织会计按管理过程又可进一步分为预测决策会计、内部责任会计和对外报告会计。会计管理活动论提出后，对中国会计理论和会计工作均产生了重大影响，并引起了国外学者的注意，其所著专门论述“管理活动论”的专著——《会计理论专题》已在日本翻译出版。阎达五教授一生著作丰富，他撰写的论著有 15 本，发表研究论文 100 余篇，完成译著 17 本，参与研究的项目 12 个。

九 郭道扬

郭道扬，1940 年生于湖北省谷城，1964 年毕业于湖北大学经济系。郭道扬专于中国会计史，著有《中国会计史稿》《会计发展史纲》，拥有众多研究成果。曾任国际会计史学家协会学术委员会委员、中国会计教授会会长。现任中南财经政法大学会计学院会计研究所所长，教授、博士生导师、博士后流动站合作研究导师，校学术委员会主任委员、校学位委员会副主任委员，兼任国务院学位委员会学科评议组成员、国家社会科学基金委员会管理学科评议组成员、中国会计学会副会长与会计史专业委员会主任。他是享受国务院特殊津贴的专家，全国先进教育工作者、湖北省有突出贡献中青年专家、湖北省劳动模范。

1978 年 3 月，郭道扬接受商业部下达的课题，开始研究“中国会计发展史”。1982 年，他撰写的《中国会计史稿》上册在责任编辑金继先的帮助下顺利出版。这部书是中国第一部会计史学专著，结束了中国会计有史无书的局面，填补了中国经济史学的研究中会计史和审计史研究方面的空白，也填补了世界东方会计史研究方面的空白，从而打开了中国会计史研究走向世界之路。《中国会计史稿》荣获全国高校首届人文社会科学研究成果一等奖，这是新中国成立以来会计学界获得的唯一国家最高奖。《中国会计史稿》出版后，立即被翻译成日文在日本出版，以后又被美国国家图书馆和西方 20 多个著名大学的图书馆典藏。郭道扬在《中国会计史稿》以及以后陆续出版的《会计发展史纲》《会计史教程》中，提出了有自己独立见解的会计发展历史观，他首次把人类的会计起源确定在旧石器时代的中晚期，把人类在原始社会中的经济计量和经济记录方法的发展过程，划分为三个互相关联的阶段，即简单刻记阶段、刻记记事阶段、书契记录方法萌芽阶段。郭道扬在自己的学术专著中，对中国“会计”命名形成的历史过程及内在含义、会计的未来发展趋势等，都提出了令世界会计学界瞩目的观点。

郭道扬在国内外发表学术论文 140 余篇，其中具有代表性的论文有：《会计职能论》《会计控制论》《走向宏观经济世界的现代会计》《二十一世纪的战争与和平——会计控制、会计教育纵横论》《帐（账）的应用考析》《百年反思与新世纪展望》《论中国会计的历史贡献》《论中国会计教育的过去、现在与未来》《回首千年话沧桑》《论两大法系的会计法律制度》《二十世纪会计大事评说》等。其中《会计职能论》获中国会计学会1999年度优秀论文一等奖；《百年反思与新世纪展望》获中国会计学会2000年度优秀论文一等奖；《回首千年话沧桑》获中国会计学会2001年度优秀论文一等奖；《帐（账）的应用考析》获中国会计学会优秀论文二等奖；《论两大法系的会计法律制度》获中国会计学会2003年度优秀论文荣誉奖；其他论文也多次获得省部级科研奖。

第四节　外国会计人物

一　卢卡·帕乔利

主题视频

卢卡·帕乔利

卢卡·帕乔利是意大利文艺复兴时期著名的数学家和会计学家，是《算术、几何、比及比例概要》的作者。他1445年出生于意大利托斯卡纳地区的一个名叫博尔戈·圣塞波尔克罗的小镇。如图7-15所示，这是卢卡·帕乔利像。如图7-16所示，这是《算术、几何、比及比例概要》书影。

图7-15　卢卡·帕乔利像

Summa de
Arithmetica geo

图7-16　《算术、几何、比及比例概要》书影

1464年，19岁的卢卡·帕乔利来到威尼斯，担任一位商人的家庭教师，负责教育商人的三个儿子学习数学。

那时的意大利已经处于资本主义萌芽时期，复式簿记已日趋完善，其中以威尼斯式簿记尤为著名。在这段时光里，卢卡·帕乔利深深感受到了意大利资本主义迅速前行的脚步，同时也接触到了著名的威尼斯式簿记，并逐渐对其产生了浓厚的兴趣。在这样的环境影响下，卢卡·帕乔利一边工作，一边进行数学和复式簿记的学习与研究。1482年，他开始编写《数学大全》，1494年，帕乔利出版了《算术、几何、比及比例概要》，即《数学大全》。

作为一本数学专著，该书其中有一部分篇章是介绍复式簿记的，正是这一部分篇章，成为最早出版的论述15世纪复式簿记发展的总结性文献，集中反映了到15世纪末期为止威尼斯的先进簿记方法，从而有力地推动了西式簿记的传播和发展。

1517年，帕乔利与世长辞。

二　英国的近代会计学家

（一）弗朗西斯·威廉·皮克斯利

弗朗西斯·威廉·皮克斯利于1852年7月5日出生于英国南肯辛顿。1873年，他选定特许会计师作为自己终生的职业，并在很短的时间内就通过了特许会计师考试，创办了自己的事务所。

皮克斯利著述颇丰，其中尤其值得称道的是审计教材方面的杰出贡献。1881年他撰写了英国第一部审计教科书《审计人员论》（或译为《审计人员：他们的义务和责任》），在该书的第一版中，皮克斯利介绍了《公司法》中关于会计和审计的规定、簿记与账户的形式、财务报告的不同类别、审计的性质、审计人员的义务与责任等，在后来的版本中又增加了对可用于分发股利的利润和证明书的论述。该书连续13次再版，成为会计职业界的必读图书之一。1903年，他编著的《会计学》出版，这部著作不仅被认为是西方会计学的奠基大作之一，而且被认为是推动世界由簿记时代进入会计时代的力作。

1933年，将一生心血倾注于特许会计师事业的皮克斯利与世长辞。纵观皮克斯利的一生，他既是英国特许会计师职业及其团体的早期开创者和审计业务的亲身实践者，同时也是会计审计理论的发展者和创新者，无论是他在审计实践中表现出的高尚道德和专业技术，还是在学术教育领域取得的丰硕著作成果，其影响都远远超过了一代人与一个世纪。

（二）劳伦斯·罗伯特·迪克西

劳伦斯·罗伯特·迪克西于1864年出生于英国伦敦，1886年成为伦敦会计师协会的成员，并在伦敦创办了会计师事务所，开始在会计师界崭露头角。迪克西在从事审计业务的过程中，不仅保持着良好的职业道德，而且在业务质量方面也是精益求精，正是他在实际工作中积累的丰富经验，为其在会计、审计著述创作方面准备了充分的资料。

1892年，迪克西在伦敦出版了成名作《审计学》，该书吸收了英国《公司法》中的精华并结合有关法院判例编著创作而成，在以后的版本中，又增加了英国特许会计师公会对会计程序方面的建议。截至1969年，这部书先后18次再版，产生了巨大影响。

此后，迪克西著述不断。1903年，迪克西编著的《高等会计学》出版，被会计学与会计史学界评价为奠定西方会计学基础的力作。除上述两部名著外，他的会计著作还有《会计学员簿记》《折旧比较表》《企业文书簿记》《会计信誉及其处置》《拍卖商会计》等。迪克西的生活始终围绕着课堂教学、学术演讲及写作展开，直至他逝世的前一个月。1932 年，迪克西去世，在他去世后不久，《审计学》的第 15 版出版发行，在序言中有这样一段话："在本书出版发行之时，我们杰出的作者已经与世长辞，从此这个领域失去了一位具有卓越才能的人，而我们大家则失去了一位尊敬的师长，失去了一位同事和朋友。"

三 美国的近代会计学家

（一）威廉 · A. 佩顿

威廉 · A. 佩顿 1889 年 7 月 9 日生于美国密执安州（现为密歇根州），分别于 1915 年、1916 年、1917 年在密执安大学获学士、硕士和博士学位。早在获得学士学位前他就开始从事会计学术与实践活动，并曾在多所大学、政府部门和会计师事务所任职。

1922 年，他的经典名著《会计理论》出版，该书是早期倡导会计主体观的代表作。在书中，他批驳了业主主体观理论，认为其最大的缺点是把费用和收入定义为仅仅是业主权益的派生物，由于从各种渠道取得的收入均直接归业主所有，因而造成了以下尴尬局面：区分经营收益和其他收益显得没有必要；对利润表的差量分析也显得没有必要，另外还会使利润表的分类不合逻辑。而企业主体观理论更合乎新经济学，特别是股份公司制度下对损益的计算，因为"在任何情况下，企业都是一个独立实体或法人的概念"，它的资产是由所有者与债权人的投入形成的，其损益是企业经营这些资产的结果。根据所有权与经营权分离的原则，企业有责任对取得的收入与发生的费用以及利润分配情况详加分析，并向投资者传递有关信息。1940 年，他的企业主体观理论在他与利特尔顿教授合著的《公司会计准则绪论》中再次得到体现与充实，该书被认为是经典的、具有开创性的会计理论著作。

（二）A.C. 利特尔顿

A.C. 利特尔顿 1886 年出生于美国的伊利诺伊州布鲁明顿市，大学时他是学习铁路管理专业的。在大学期间，他开始关注注册会计师行业。大学毕业后，他先到一家会计师事务所工作，后来又回校任教。在长期的会计教学实践中，他著书立说，先后有《1900 年前会计的演进》、与佩顿教授合著的《公司会计准则导论》等大作问世，而最具影响力的当属 1953 年出版的《会计理论结构》一书，其影响经久不衰。另外 A.C. 利特尔顿在世界会计史研究方面也很有建树，许多国家会计史研究者在探讨问题时都会引用他的观点和重要结论。

本章小结

本章介绍了历史上重要的会计人物。我国最早涉及会计的法律是战国时期魏国宰相李悝所著的《法经》，涉及盗法、贼法、囚法、捕法、杂法和具法六篇。我国现存最早的会计著作是唐朝史官李吉甫所著《元和国计簿》，共有10卷。全世界最早的介绍复式会计记账的著作是意大利卢卡·帕乔利所著《数学大全》。我国复式记账法总结性专著最早的是清代末期蔡锡勇所著的《连环帐谱》，于1905年出版。还介绍了我国封建社会的几次重大经济改革人物，如管仲、商鞅、桑弘羊、刘晏、王安石、张居正等。最后介绍了我国近现代会计学家以及西方著名的会计审计学家。

课后拓展

1. 课后利用本课程学习资料库和图书馆，学生查阅相关资料，撰写小论文，从不同的角度讨论商鞅、桑弘羊、刘晏、王安石、张居正等推行变法的得失和成败原因。

2. 思考我国封建社会各朝代的经济改革为什么都不能持续。

3. 课后通过网络收集我国现代优秀会计人物的先进事迹，以丰富本课程学习资料库。

4. 课后通过网络收集近代英国和美国其他优秀会计学家的生平资料，以丰富本课程学习资料库。

5. 课后引导学生收集古今中外会计小故事，以丰富本课程学习资料库。

6. 引导学生尝试自己编一些会计谜语，以丰富本课程学习资料库。

拓展阅读

[1] 郭道扬. 中国会计史稿：上册. 北京：中国财政经济出版社，1982.
[2] 郭道扬. 会计史研究：第一卷. 北京：中国财政经济出版社，2004.
[3] 王建忠，柳士明. 会计发展史. 5版. 大连：东北财经大学出版社，2021.
[4] 文硕. 西方会计史：上. 北京：中国商业出版社，1987.
[5] 翁礼华. 大道之行：上、中、下. 北京：经济科学出版社，2009.

第八章 会计经典事件

学习目标

【知识目标】

1. 了解我国的会计经典事件。
2. 了解西方的会计经典事件。

【能力目标】

1. 能够对课程中提及的某个会计经典事件发表感想。
2. 能够概述我国会计发展的改良和改革之争。

【素养目标】

1. 结合国际四大会计师事务所发展演变的过程，理解诚信精神在会计师事务所发展过程中的作用。
2. 理解新中国成立之初记账方法争论的内容。

文化传承

一代代有事业心、正义感和责任感的会计先驱，用他们深邃的会计思想和通过不懈努力打造的辉煌会计文化为会计理论、会计实务的发展做出了不可磨灭的贡献，也为世界经济发展、人类文明做出了不可磨灭的贡献，这些思想和文化是人类历史上一笔非常宝贵的精神和物质遗产。

背景资料

蔡元培曾说："历史者，记载以往社会之现象，以垂示将来。吾人读历史而得古人之知识，据以为基本，而益加研究，此人类知识之所以进步也；吾人读历史而知古人之行为，辨其是非，究其成败，法是与成者，而戒其非与败者，此人类道德与事业所以进步也，是历史之益者也。”古希腊历史学家波里比阿也曾言：“倘若对过去的重大事件逐一追根究底，过去的一切会使我们特别注意到未来。”

以史为镜，可以知兴替，以人为镜，可以明得失。追溯会计历史，从过往影响世界会计发展史的重大事件中可以看出，伴随着人类文明的发展，作为经济管理重要组成部分的会计也日益发展、完善起来，尽管历经坎坷，但依然保持着旺盛的生命力和强大的拓展性。

第一节　古代会计经典事件

古代会计，从时间上说，就是从旧石器时代的中晚期至封建社会末期这段漫长的时期。从会计所运用的主要技术方法方面看，主要涉及原始计量记录法、单式账簿法和初创时期的复式记账法等。早期会计所进行的计量、记录等工作是同其他计算工作混合在一起的，经过漫长的发展过程后，才逐步形成一套具有自己特征的方法体系，成为一种独立的管理工作。根据马克思的考证，在古印度时期的农业社里，已经设有记账员，负责记录农业社财务收支。古埃及人早在数千年前就把经济事项记到纸莎草纸手稿卷上。古巴比伦的“芝诺账簿”较结绳记事、垒石记数已有了较大发展。《汉穆拉比法典》（约公元前 1776 年）规定：商人要进行独立的核算；寺院属国家簿记的范围；款项的转交若没有收据则被认为是不真实的。在中国，西周时期就已产生三柱结算法的萌芽，唐朝中期三柱结算法被四柱结算法所取代。清朝乾隆年间，复式簿记思想已产生并逐渐发展起来。

我国古代会计经典事件，前面几章已有论述，现主要介绍西方古代经典会计事件。

一　古埃及官厅会计产生

在原始社会末期，古埃及已经开始运用纸草记录、计量日常经济活动或事项。纸草文书是古埃及的原始账单，也是世界最早的会计文献之一。大约在公元前 4000 年，埃及进入了奴隶社会，法老是国家的最高统治者，设置了严密的各级财计官僚机构，如记录官、出纳官、国库长官、监督官等官员。古埃及奴隶制度的建立和奴隶经济的发展，促进了古埃及官厅会计的产生和发展。具体来说是由于以下几点：（1）在奴隶制国家里，私有制的产生、商品经济的不断发展，使一部分人从生产中分离出来并专门从事财计工作成为可能。（2）奴隶制国家建立后，为了巩固统治者的统治地位，就必然需要军队、法庭、监狱等一系列机构，而维持国家机构的正常运转，就必须依赖税收这一重要的经济支柱，而要管理好税收，就必须建立相应的税收机构及财计人员。古埃及记录官负责财政经济收支的计算，但因未设置独立的会计机构，所以其并不是专职会计官员。古埃及还建立了比较完善的内部牵制制度，国库粮物、钱币的出入，必须由记录官、出纳官和监督官分别登记、检查。

二 古巴比伦设置专门记录官

在古巴比伦，统治者出于政治统治的需要，开始注重财计方面的控制。在中央一级或神殿以及地方政府均设置了一种重要的官员——记录官。由于古巴比伦两河流域没有像纸莎草、石块、木片那样的书写材料，只有大量可利用的黏土，因此，古巴比伦的记录官用削成三角形尖头的芦苇秆和木棒把经济活动或事项记录在黏土板上，如图 8-1 所示（苏美尔人的商业簿记）。虽然古巴比伦记录官的工作和地位与古埃及记录官差不多，但他们在行政上却发挥着更大重要的作用。一方面，他们不仅要记录各项财政收支、租赁、款项发放情况，以及作为租税纳入仓库的各种实物的数量，还要定期清查财产、编制财产目录和实物收支汇总表。同时，他们还需要亲赴全国各地征收捐税和祭品等。另一方面，在民间，他们还需要负责监督契约的签订，把契约相关条款详细记录在黏土板上，同时还要写出在发生诈骗、无法支付时所应用的刑法上的条款。为了保密以及防止篡改，他们还会用黏土给契约黏土板做一个薄薄的封套。在债务未结清之前，黏土板存放于债权人手中。虽然古巴比伦的会计记录方式仍是文字叙述，但已经能够反映经济业务的来龙去脉。

图 8-1　苏美尔人的商业簿记

在古巴比伦会计史上，值得一提的是汉穆拉比（Hammurabi）和《汉穆拉比法典》。汉穆拉比（如图 8-2 所示）是一位有理想、有抱负的君主，在古巴比伦还是亚述小城邦的时候，他就立志要振兴国家。最初，他通过制定法典、修筑城墙、重建神庙来积聚国家实力。在位第 6 年，他开始向外扩张，历经 35 年征战，最终统一了两河流域。汉穆拉比在位期间，实施了一系列促进经济发展的政策，通过调整土地租佃关系、禁止大奴隶主肆意掠夺小私有者、限制发放高利贷、开凿运河、建设水利、发展商贸业等措施，有力地促进了国家经济的发展，同时他对国家财计工作也较重视，对财计舞弊者给予较严格的惩罚。

著名的《汉穆拉比法典》集中体现了汉穆拉比的治国思想，其原文被刻在玄武岩石柱上（如图 8-3 所示）。《汉穆拉比法典》被认为是世界上最古老、最完备的一部法典，其对商业契约、授产契据、租地契约、地契、期票、利率、利息、税捐、财产清单等具有会计意义的事项都下了明确的定义，因此对古巴比伦会计的发展产生了重要的影响。

图 8-2　汉穆拉比雕像

图 8-3　被刻在石柱上的《汉穆拉比法典》

三　庄园会计出现“内部控制思想”

476 年西罗马帝国的灭亡，标志着欧洲古代史的结束，以及中世纪的开端。在中世纪，庄园不仅是封建制度下的政治单位，也是重要的经济单位。当时，庄园主已不能亲自管理土地和庄园的经济业务，需要委托专职人员进行日常管理和账务记录，从而产生了委托代理关系。庄园主记账的目的主要是防止损失和盗窃，提高劳动者的劳动效率；而从受托的管家方面看，会计记录是自己受托责任履行情况的证据。庄园会计已开始注意庄园内部控制，并且记账与现金出纳职能分开。庄园管家利用会计资料对庄园各项活动加以控制，并规划未来发展，他们常常不定时突击来到劳动现场进行实地调查，将结果报给庄园主，由于庄园主享受社会和政治的特权，没有强烈的利润动机，因此庄园会计的主要职责是反映庄园管家的受托责任履行情况，而相应的内部控制活动也只是为了确保庄园主的财产安全。从内部控制的技术手段来看，这个时期的内部控制在职位分工、账物分离、账簿核对等方面接近现在的内部控制理念。

第二节　近代会计经典事件

一　我国近代会计经典事件

鸦片战争之后，西式复式记账法开始传入我国，并展开了一场轰轰烈烈的改良中式簿记运动。1914 年，北洋政府颁布了我国第一部《会计法》，开启了我国会计法制建设的“筚路蓝缕，以启山林”之路，虽收效甚微，但对当时经济发展也起到了一定作用。1918年，谢霖创建了我国第一家会计师事务所，促进了我国会计师职业的发展。新中国成立后，会计学专家和学者们围绕着会计记账方法、会计属性、会计对象、会计本质和会计职能等基本会计理论展开讨论和研究，逐步形成了新中国会计理论模式。

（一）西式复式记账法传入我国

鸦片战争以后，中国近代会计史拉开帷幕，对近代会计产生深远影响的重大事件就是西式复式记账法开始传入中国。1905年，由长期驻外使节蔡锡勇所著系统介绍西式簿记原理的《连环帐谱》一书由湖北书局正式出版，开创了专门出版中国会计学术著作的先河，为会计应用奠定了理论基础。1908年，大清银行第一次使用借贷记账法，从此，复式记账法开始在中国的企事业中得以实际应用。而在中国官僚资本兴办的现代工业、交通、金融企业中，多由外国会计人员直接应用西式复式记账法。1930年，中华民国实业部召开工商会议决定推广使用复式记账法，这是我国官方有关统一使用复式记账法的第一项规定。

（二）我国第一部《会计法》颁布

1912—1913年，北洋政府财政部曾两度草拟《会计法》，但都没有颁布。1914年3月，北洋政府财政部颁布《会计条例》。为了达到使整理财政有所取则，编制预算有所依据，机关收支有所遵从，审核决算有所遵循的目的，同年10月2日，《会计条例》经重新修订，由参政院决议更名为《会计法》，并正式颁行。该《会计法》包括总则、预算、收入、支出、决算、期满免除、工程及买卖贷借、出纳官吏、附则9章37条，是我国会计史上第一部《会计法》。受历史条件的限制，这部《会计法》颁布后，虽对当时政府预算、决算发挥了一定的约束作用，但对商业经济发展的影响并不显著。1935年8月14日，国民政府也颁布了《会计法》，该《会计法》共10章127条，10章分别是通则、会计报告、会计科目、会计簿籍、会计凭证、会计人员、会计事务程序、会计报告程序、会计交代、附则。这部《会计法》较北洋政府颁布的《会计法》在立法内容的专门化、法律条款的可操作性等方面均有明显的改进，有利于促进会计制度建设步入正轨，对当时的会计产生了深远影响。

（三）改良中式簿记运动

20世纪初，中国民族资本主义工商业开始发展起来，与西式簿记相比较，传统的中式收付簿记虽具有理论浅显、方法简便、通俗易懂、节省经费等特点，但已逐渐暴露出了其与机器工业生产以及近代商业经济发展不相适应的种种弊端，主要表现为账户分类不科学、账簿组织和格式不规范、账法不规律等。鉴于此，以徐永祚为代表的会计学者发起大规模的改良中式会计簿记运动，主张从中国实际出发仿效西式簿记账、理账法，对中式簿记加以改良，力图将西式借贷复式簿记的“内核”与中式收付复式簿记的“外壳”有机结合起来。在此过程中，徐永祚等学者拟定了“改良中式簿记方案”，出版了《改良中式簿记概说》等专著，发行了《会计杂志》改良中式簿记专号，对传统的中式簿记第一次进行了理论总结。经过改良后的中式簿记结合了以下四种记账方法：

（1）收付簿记法，以“收”“付”为记账符号，以收入或付出款项为标准登记账簿，编入报表的收、付方。

（2）账簿分割法，其账簿组织体系中各种账簿可集合，亦可分化使用，弥补了中式簿记无法设多栏式的缺陷。

（3）统辖记账法，按不同期间编制会计报表，反映报告日的财务状况和期间经营成果，以表辖账。

（4）四柱结算法，账簿结算和报表编制时采用，将其推及全部会计项目。

改良中式簿记被广泛应用，对当时的中小企业经营管理产生了重大影响。改良中式簿记的形成最先确立了中式簿记的统一规范，并为西式簿记的普遍应用准备了条件。

作为20世纪20—30年代中式簿记改良运动的中坚力量之一，1928年，徐永祚在上海暨南大学《会计学报》创刊号中发表了《改良中国会计问题》，正式发起大规模的改良中式会计簿记运动。1933年1月，为了方便介绍国内外财会管理的理论和经验，徐永祚会计师事务所创办了《会计杂志》月刊。随后，徐永祚出版了《改良中式簿记概说》一书，发表了《改良中式簿记实例》《改良中式簿记缘起及简章》等文章，并在上海举办改良中式簿记展览会，掀起了改良中式簿记的热潮，推动了中国当时会计学术的发展。另外，徐永祚还举办会计培训班，普及新式簿记知识，为中国培养了大批财务会计管理人才。他还为400家企业设计、指导、实行改良中式簿记，影响巨大。直至20世纪90年代，徐永祚所开创的收付记账法，在预算会计、商业会计中都发挥着重要作用。

（四）中国会计师事务所成立

1918年6月，时任中国银行总会计职务的谢霖向北洋政府农商部、财政部呈请执行会计师业务被批准，同年7月16日，《银行周报》上刊登了一则谢霖会计师事务所承办会计师业务的广告，宣告了中国最早的会计师事务所的成立。其后，随着注册会计师数量的增多，会计师事务所的数量也不断增加，其中在上海、北京、天津、武汉等地开办的会计师事务所数量最多，如上海曾多达70家，天津有近40家等。在众多的会计师事务所中，以正则会计师事务所、徐永祚会计师事务所、立信会计师事务所、公信会计师事务所最为著名。正则会计师事务所由谢霖在20世纪20年代创立于京津地区，1930年，其总所迁到上海，抗日战争期间，又迁往四川，同时在国内20多个城市、地区设立分所和会计补习学校。徐永祚会计师事务所由徐永祚于1921年创设于上海，抗战期间曾更改事务所名称。该事务所发行《会计杂志》双月刊，刊登会计丛书，开展会计学术研究，举办会计培训事业，培养会计人才，推行改良中式簿记。立信会计师事务所由潘序伦于1927年创设于上海，原名潘序伦会计师事务所，第二年改称此名。该所与立信会计专科学校、立信会计图书用品社共同构成三位一体的立信事业，承揽会计师业务，出版发行会计丛书和期刊，培养会计人才。公信会计师事务所由奚玉书于1936年创办于上海，该所除执行会计师业务外，亦发行《公信会计月刊》和开办会计补习学校。至中华人民共和国成立后，上述四大会计师事务所仍继续经营，1957年才结束办理会计师业务。新中国恢复注册会计师制度后，1986年立信会计师事务所才开始重新承揽会计师业务。

20世纪30年代，潘序伦与徐永祚之间曾展开了一场争论，焦点是中国会计要不要与国际接轨。以徐永祚为代表的“中式簿记改良派”，主张在保存中式簿记核算形式的前提下进行改良，而以潘序伦为代表的改革派认为，会计属于一种科学技术，是不分国界的，也无所谓中西之分，而要看方法科学与否。这场学术争论推动了中国会计事业的发展，而潘序伦与徐永祚更是因为这场争论结下了友谊。有了徐永祚这个标杆，潘序伦也更加注重钻研学术，专注于现代会计学在中国的传播和推广。

（五）新中国会计模式初步形成

1949年10月1日新中国成立，借鉴苏联社会主义经济建设经验，选择计划经济体制，形成了以生产资料公有制为基础的社会主义计划经济模式。为满足社会资源计划配置的需要，围绕会计记账方法、会计属性、会计对象、会计本质、会计职能等建立我国社会主义会计理论体系与模式便成为当时会计界的主要任务与研究内容。

1. 记账方法争论

新中国成立之前，部分民族工商业采用的是从西方国家引进的借贷记账法，而另一部分使用的则是由中式簿记沿袭下来的收付记账法。新中国成立初期，会计界面临的一个重大问题就是运用什么方法记账。1950年1月，张乃器在《大公报》上发表《应用自己的簿记原理记账》，其中指出，我们应当使用自己原有的簿记原理记账，因为它是“民族的、科学的、大众的”，“借”“贷”两字在中文上是完全说不通的，它完全违反了我们中国人的意识和习惯，而“收”“付”则不然，由此拉开了新中国会计记账方法争论的序幕。结果，绝大部分学者认为借贷记账法既科学又严密，使借贷记账法得到了肯定。到20世纪90年代，中国彻底采用了西式的借贷复式记账法。

2. 会计具有阶级性

1951年，邢宗江、黄寿良在《新会计》创刊号上刊登了题为“怎样建立新中国会计理论基础”的论文，提出不同的社会经济制度有不同的会计理论，不同的阶级需要不同的会计，会计完全隶属于阶级需要，具有阶级性。该论文的刊登引发了新中国成立初期一场关于会计属性的大讨论，争论的焦点是会计具有阶级性还是具有技术性的问题。1952年，苏联专家发表了题为“会计具有阶级性”的文章，为这次争论做了总结。会计是一门有阶级性学科的论点便成了20世纪50年代的主要观点。这次关于会计属性的讨论，在当时的历史条件下，是为了满足彻底否定西方会计、全面推行苏联会计理论和实务的需要，以及实行高度集中的计划经济体制的需要而进行的。

3. 提出社会主义财产与资金运动

新中国成立初期，我国会计学者与苏联学者对会计对象的认识是一致的，都认为会计对象是社会主义财产，是在各企业和各组织范围内按货币表现的方式来反映、监督社会主义扩大再生产过程及其物质基础。1953年，苏联列昂节夫和沙洛莫维奇对1950年苏联原高教部编写的《会计核算原理课程提纲》中会计对象的定义提出了批评性的意见，引发了苏联会计界对会计对象的讨论，也引起了我国会计学界对会计对象的研究，并形成了许多新观点、新理念，其中最有代表性且被广泛接受的观点是资金运动论，即会计的对象是企业和其他单位中的资金运动。1963年，由财政部组织、多所院校专家学者参加编著的《会计原理》教材，肯定了会计对象是“社会主义再生产过程中的资金运动”这一定义。此后，资金运动论在我国会计学界逐步为人们所接受并成为主流派观点，代表着我国会计学者开始逐渐摆脱苏联会计理论的消极影响，冲破了苏联学者的观点束缚，开始对会计理论进行创新性研究，形成了我们自己的会计理论特色，这为构建我国社会主义会计模式与理论体系奠定了基础。

4. 强调会计是一种管理工具

新中国成立之初，我国会计学者对会计本质的认识主要来源于苏联学者。1952 年苏联专家曾指出，像资本主义社会的其他上层建筑一样，会计学也作为保护和巩固资本主义的工具被资产阶级动员起来。除了受到苏联会计理论的影响外，我国学者对会计工具论的认识还受到我国当时政治、经济体制的影响。在高度集中的计划经济体制下，社会资源的配置主要依靠强制性的指令与计划，而会计也自然而然地成为执行这种指令与计划的工具，不需要或没有意识到会计的预测、决策等其他功能。1962 年，国务院副总理李先念在全国会计工作会议上指出，会计是管理社会主义建设的工具之一。这种会计工具论观点在我国长期占据着主导地位。

5. 明确会计的反映和监督职能

新中国成立初期，我国会计界曾经提到过会计职能的内容，但没有明确提出“会计职能”这一概念。20 世纪 50 年代末 60 年代初，我国会计界开始明确提出“会计职能”概念并进行研究，形成了两种主要观点，即一职能说和二职能说。所谓一职能说，是指会计是生产过程的物质反映，只有“反映”的职能；二职能说则是受马克思的簿记是“过程的控制和观念的总结”论述的启发，认为会计有“反映”和“监督”或“反映”和“控制”两种职能。20 世纪 60 年代初，由于我国国民经济处于调整、整顿、充实、提高的时期，需要充分发挥包括会计监督在内的各种经济监督手段的作用，因而从此开始，会计具有反映和监督两项职能的观点逐步成为社会主流。

6. 形成统一会计制度

新中国成立以后，为了尽快形成全国统一会计制度的框架，财政部于 1952 年正式颁发了《国营企业统一会计科目》《国营企业统一会计报表》《国营企业决算报告编送暂行办法》。此外，还为工业、交通、铁路、邮电、贸易和农林六大行业分别制定了会计制度，其中仅工业企业的会计科目就设了 25 大类、149 个一级科目和 87 个二级科目，设计了资产负债表、损益表和成本表等 22 种会计报表。从 1952 年底到 1953 年底近一年的时间内，财政部先后发布了《国营企业统一登记会计簿籍填制会计凭证办法》（这实际上是我国发布的第一个会计基础工作规范）、《国营工业企业统一成本核算规程》、《国营企业材料会计处理办法》、《国营农业企业统一会计科目及会计报表格式》、《国营供销机构统一会计科目及会计报表格式》、《国营建筑包工企业施工单位会计处理办法》和《国营建筑包工企业统一会计科目及会计报表格式》等财务会计制度。从上述企业会计制度所覆盖的内容看，我国已经初步形成了统一企业会计制度体系的雏形，这为稳定新中国成立初期社会主义计划经济体制下的会计秩序奠定了坚实的基础。

7. 制定行业会计制度

1953 年，财政部通过组织专家进行调查和研究，开始考虑改变统一会计制度的做法，决定根据企业生产规模的大小和经济业务繁简的不同，对所执行的企业会计制度做出适当调整，于是，以生产规模为标志标准的行业会计制度陆续出台。从 1954 年 1 月开始，财政部分别颁发了《国营工业企业统一会计科目及会计报表格式》《国营工业企业统一简易会计科目及会计报表格式》《国营建筑包工企业统一简易会计科目及会计报表格式》。根据私营企业经济业务的性质，财政部不仅委托全国工商联合会拟定了《私营企业会计制度》，还根据管理范围和权限，分别颁发了《中央主管部门所属公私合营企业基本业务标准账户计划及会计报表格式（草案）》和《地方级公私合营工业企业基本业务标准简易会计制度》。"一五"时期，我国根据企业不同规模、所有制性质所颁发的一系列标准会计制度和部分简易会计制度，形成了一套基本上能够根据经济建设状况，适应当时不同行业、不同所有制和不同规模企业的会计基础工作情况，适应当时国民经济结构和计划经济管理体制要求的企业会计制度体系的初步框架。

二 西方近代会计经典事件

近代会计的时间跨度标志一般认为应从 1494 年意大利数学家、会计学家卢卡·帕乔利所著《算术、几何、比及比例概要》一书公开出版开始，直至二十世纪五六十年代。此间在会计的方法、技术与内容上有两方面的重大发展：其一是复式记账法诞生并不断完善和推广；其二是成本会计产生并迅速发展，继而成为会计学中管理会计分支的重要基础。19 世纪中叶以后，股份公司在西方得到了广泛的发展，并成为企业组织的主要形式。在经营方式上，股东直接从事经营管理。此时，会计服务的对象是公司内部管理。为防止公司经营者的舞弊行为，保护投资者的权益，英国首先实行了以审查会计报表真实性为目的的独立审计。1853 年，苏格兰爱丁堡会计师公会的成立，标志着会计开始作为一种专门职业而存在。1911 年泰勒的《科学管理原理》出版，标志着标准成本会计的产生。美国在经历了 1929—1933 年经济危机后，开始着手制定会计准则，用以规范会计行为，于是形成了以提供对外财务信息为主要任务的财务会计。

（一）意大利商业革命——复式簿记的诞生

意大利位于地中海，特殊的地理位置使其成为东西方文化的连接点。中世纪，意大利的地区贸易和国际贸易促使商品货币经济关系迅速发展，当世界绝大部分地区还处在封建制度的繁荣期时，这里俨然已经是资本主义的一个特区，其商业和金融业逐渐居于当时欧洲乃至世界的领先地位。其中，威尼斯、热那亚和佛罗伦萨发展成为商业、贸易、金融和制造业的中心城市。

商业革命促进了复式簿记的诞生，在佛罗伦萨、热那亚、威尼斯等地出现了复式簿记的萌芽。最早流行于佛罗伦萨的簿记仅限于记录债权、债务；后来在热那亚应用的账簿已把记账对象扩大到商品和现金。比较完备的复式簿记是威尼斯盛行的方法。威尼斯的簿记，除记录债权、债务、商品和现金之外，还设立了"损益"和"资本"账户。1494 年，意大利数学家卢卡·帕乔利在《算术、几何、比及比例概要》第三部分的簿记中详细论述了借贷记账方法，提出"借""贷"符号，会计基本恒等式，财产清算方法，日记账、分类账、总账登记方法，以及试算平衡方法。复式簿记的诞生奠定了现代会计的基础。

复式簿记较之以前的会计方法，具有一定的优点。它帮助商人记录债权与债务，要求对每一笔经济业务均要记录，并根据记录的二重性，检查总账的正确性和完整性。另外，还可根据总账直接编制财务报告。正如美籍日本著名会计学家井尻雄士所言："人们说到复式簿记的长处往往只从小节着眼，说它因为一笔数目登记两次可以通过计数核对而减少差错。其实远非如此。在单式簿记下，一家企业的现状，只能用现在财富的一套账户来表示。而复式簿记却迫使人们以一套适当的资本账户，来'算得'现状。资本账户记录了导致现状的各种过往业务。所以，经管责任乃是复式簿记制的核心。""更重要的是，在复式记账制之下，从过去算得现在的会计，不是碰巧地、随意地完成的，而是完全地、有系统地完成的，因为不然的话，两方就失去平衡了。复式簿记制最基本的贡献就是它让经理和会计人员经受这种压力，一定要交代财富的变化。"复式簿记被推广应用以后，被各界著名人士交口称赞。德国诗人、文学家、哲学家歌德形容复式簿记是"人类智慧的绝妙创造之一，每一个精明的商人从事经营活动都必须利用它"。数学家凯利认为，复式簿记原理"像欧几里得的比率理论一样，是绝对完善的"。经济史学家松巴特说："创造复式簿记的精神，也就是创造伽利略和牛顿系统的精神。"

（二）英国工业革命——成本会计产生

随着1733年凯伊·约翰发明飞梭、1764年詹姆斯·哈格里夫斯发明珍妮纺纱机、1769年瓦特试制蒸汽机取得成功，英国进行了开始于18世纪60年代、完成于19世纪30—40年代的第一次工业革命。在第一次工业革命中，机器劳动替代手工劳动，大大提高了劳动效率，使产品价值与劳动价值的比大幅增加，工厂制代替了手工工场，开创了制造大机器的时代。企业规模逐渐扩大，出现了竞争，生产成本得到了普遍重视。随着这些生产方式的变化，新现象、新问题不断产生，如在社会生产中大量机械设备被广泛推广使用，固定资产成本在生产成本中所占比重大幅提升，促使折旧从会计理论进入会计实务；企业规模不断扩大、经营活动日趋复杂，大大增加了对生产成本信息的需求，这直接导致了成本会计的产生；工厂制度的出现，大额资本需求的产生，导致所有权与经营权正式分离，从而使向不参与经营的所有者提供财务状况和经营成果等信息成为会计的主要目标之一。

为满足企业经营管理上的需要，成本会计的萌芽开始产生。托马斯·巴特斯比（Thomas Battersby）于1878年出版了《优秀的复式簿记人员》，提出了"主要成本"或"第一成本"概念，将其定义为直接材料费和直接劳务费的合计，认为折旧应是主要成本的组成部分之一；在此基础上，巴特斯比还认为应将主要成本在各成本对象间进行分摊，并提出了直接费用与间接费用的区分标准。1887年，埃米尔·卡克（Emile Carcke）与J.M.费尔斯（J.M.Fells）合著出版《工厂会计》，详细地论述了工业簿记中特有的账户，即材料账户、工资账户、设备账户和产品账户等。1889年，英国的特许会计师G.P.诺顿（G.P.Norton）出版了《纺织工厂簿记》，提出了制造成本与非制造成本应分别核算的主张。1896年，J.S.刘易斯（J.S.Lewis）的《工厂的商业组织》出版，主张将成本分为主要成本和间接费用两大部分，主要成本按产品进行分配，间接费用则直接转到损益账户。

在这一阶段，成本会计侧重于对生产过程的消耗进行系统的汇集与计算，确定产品生产成本和销售成本，此时的成本会计称为记录型成本会计，在实务方面主要取得以下进展：

第一，建立了材料核算和管理办法。设立材料账户和材料卡片，标明“最高库存量”和“最低库存量”，以确保材料既能保证生产的需要，又可以节约资金；实行“永续盘存制”进行材料管理，采取领料单制度控制材料耗用量。

第二，建立了工时记录和人工计算方法。使用卡片记录每一位工人的工作时间和完成产量；将人工成本先按部门归集，再分配给各种产品，以便控制和准确计算人工成本。

第三，确立了间接费用的分配方法。随着生产设备的大量增加，间接费用也快速增长，先后提出了按实际数额进行分配和按间接费用正常分配的理论。

第四，采用分批成本计算法和分步成本计算法计算产品成本。根据制造业的生产工艺特点，选择分批计算产品成本还是分步骤计算产品成本。

第五，成立了专门的成本组织。1919 年，美国成立了全国成本会计师联合会。同年，英国也成立了成本和管理会计师协会。它们对成本会计进行了一系列的研究，为奠定成本会计理论基础和完善成本会计方法做出了重大贡献。

（三）南海事件——审计诞生

主题视频

南海事件——审计诞生

15 世纪末，英国经济还比较落后，但进入 16 世纪之后，其迅速发展起来，逐渐成为一个繁荣的、充满活力的国家，跨入了西欧诸强的行列。在经济持续繁荣的背景下，储蓄膨胀与投资机会严重不足形成了尖锐的矛盾，而投机商们看到了这一点，为了攫取巨额利润他们制造出了一个大骗局：南海公司。

罗伯特·哈利和约翰·勃朗特——南海公司的两位重要发起人，通过他们的伶牙俐齿和巨额资金的投入，骗取了政府和公众的信任，把实际经营状况一团糟的南海公司包装成一家与东印度公司、英格兰银行平起平坐的国家级公司，一跃成为行业龙头老大。

1720 年 4 月 12 日，南海公司以每股 300 英镑的价格发行新股，吸引了大批投资者，同时也带动了各行各业公司股票纷纷上市。但随着时间的推移，许多泡沫公司的骗局被揭穿，英国政府为了保护南海公司的利益和继续维持其垄断地位，于 1720 年 7 月出台了《反泡沫公司法案》（the Bubble Act），勒令中止一些泡沫公司股票的上市，从而加强了对股市的控制。政府的干预应是长期利好消息，但对于南海公司这个大泡沫公司来讲却不亚于钢针刺体。

1720 年 8 月，南海公司的董事们及高级职员分赃不均，发生内讧，一位董事承受不住巨大的心理压力，认识到股票的市价与公司的实际前景已完全脱离，便毅然抛出了所有的股票，紧接着南海公司的高层管理人员纷纷撤出，众多股民开始疯狂地抛出股票，南海公司的股价急剧下跌。暴跌之前，南海公司的股票曾高至每股 1 050 英镑，9 月 1

日，南海公司股票在证交所的指数为775点，两星期后为500点，10月14日跌至170点，到12月跌到了124点。

南海公司的破产倒闭，使无数债权人和投资者蒙受了巨大的损失，他们强烈要求严惩舞弊者并赔偿损失，议会就此组织了一个13人组成的特别委员会，调查南海公司破产事件。经过初步调查，发现该公司会计记录严重失实，存在明显舞弊行为，因此，委员会聘请了精通会计实务的查尔斯·斯内尔对南海公司的一家分公司——索布里奇公司的会计账目进行审查。查尔斯·斯内尔是英国伦敦市彻斯特·莱恩学校的习字兼会计教师，实践经验丰富，理论功底扎实，在伦敦享有盛誉。经过对索布里奇公司会计账目的审查、核实，1721年，斯内尔提出了一份题为“伦敦市彻斯特·莱恩学校的习字兼会计教师查尔斯·斯内尔对索布里奇公司会计账目进行检查的意见”的报告。在报告中，斯内尔指出了该公司的确存在舞弊行为。根据此报告，议会没收了全部董事的个人财产，并将一位负直接责任的经理逮捕。

南海公司事件对英国的政治和经济造成了巨大的影响，特别是行贿行为曝光之后，公众对股票市场彻底失去了信心，几乎到了“谈股色变”的程度。同时，英国的《反泡沫公司法案》进一步强化管理，法案规定“禁止进行股票投机买卖的可耻行为”“禁止一切有关证券现货和期货价格的赌博、抛盘和先买权”。该法案的宗旨是要通过抑制股市投机，达到保护投资者的目的，但这种简单的禁止无疑是一种因噎废食的做法。至1825年该法案被废止前，股票买卖在英国几乎销声匿迹。但不可否认，南海公司的破产客观上促进了注册会计师这一市场经济条件下重要职业的诞生，查尔斯·斯内尔也被多数审计学家和注册会计师从业人员认为是世界上第一位审计师。

（四）世界上第一家会计师协会——爱丁堡会计师协会成立

19世纪初，第一次工业革命推动了苏格兰经济的发展，公司商业活动日益复杂，促进了公共会计师行业的迅猛发展。但是，越来越壮大的会计师行业并没有获得独立的社会地位，缺乏应有的监管。一方面，很多不称职的人包括帽商、酒商、裁缝以及饭店老板都加入了会计师队伍，冒充专业会计人士。人们也常常把簿记员、习字教师、保险统计员、财产托管人、公司清算人等都误认为是会计师。因此，当时的整个会计师行业水平参差不齐，会计师的声誉和社会形象都受到严重的损害。另一方面，随着苏格兰经济迅速发展，银行和企业的破产清算业务也日渐增多。当时，破产清算业务主要由会计师、律师、银行家、商人等托管人组成的专业团队负责执行。其中，会计师负责主要的工作。当时，由于没有成立会计职业团体，缺乏有效的监管，破产舞弊现象连连发生，债权人的权益无法得到有效的保障。于是，债权人对苏格兰的破产清算制度产生了不满，强烈要求改革。

为了肃清会计师队伍，提高会计师自律管理的权威性，保护行业利益和公众利益，1853年5月，61名苏格兰的民间会计师在爱丁堡自发成立了会计师协会，并希望英国女王能够颁发特许状，获得有别于其他会计师的“特许会计师”称号，爱丁堡会计师协会的请愿书明确表示：“请愿者从事的会计师职业是一个长久而又崇高的职业，而且近年来显得愈来愈重要。正如在爱丁堡所看到的一样，会计师的业务范围复杂而又广泛，鉴于这种种情形，请愿者希望结成一个名为爱丁堡会计师协会的组织，本着将正在从事民间审计职业的人们团结成一体的宗旨，追求相同职业患难与共的目标。请愿者认为，如果将在爱丁堡开业的会计师联合为一个整体，具有共同遵守的誓约与制定考试和接收会员的规则和章程或其他事项的权力，将会保证会员的合格性，从而确保会计业务很好地开展，这无疑大大有助于公众利益。”1854 年 10 月 23 日，英国女王同意颁发特许状，世界上第一家会计师协会——爱丁堡会计师协会成立，会计行业逐步向规范化发展。

（五）从八大会计公司到四大会计公司

八大会计师公司是指 20 世纪 80 年代八所世界上最大的会计师公司，也是今天闻名全球的四大会计师事务所的前身。这里简要介绍其中几家。

主题视频

国际“四大会计公司”的演变

1. 普华会计公司

普华会计公司是“八大会计公司”中普华的前身，它于 1865 年 5 月创立于英国伦敦，是最早在伦敦商业区开业的事务所之一，也是以后“八大会计公司”中唯一的“外来户”。

其创始人萨姆尔·罗韦尔·普赖斯，1821 年 1 月 12 日生于英格兰，在与埃德文短暂合伙经营威廉·埃德文会计师事务所后，自 1849 年起独立经营事务所。1865 年 5 月，威廉·霍普金斯·霍利兰德和埃德文·华特豪斯加入合伙，事务所以三位会计师的名字重新命名为普赖斯－霍利兰德－华特豪斯。1871 年，已 64 岁的合伙人霍利兰德因健康原因退出合伙关系，会计公司改名为普华。1887 年，普赖斯去世后，普华由华特豪斯继续领导。

19 世纪末，随着欧洲资本向美国滚滚流动，普华也把眼光投到了美国市场。但很快，英国合伙人决定终止普华在美的业务，从而为曾经担任普华纽约分所的易斯·大卫·琼斯和其助手威廉·詹姆斯·凯撒提供了大显身手的机会。二人以琼斯－凯撒会计师事务所的名义发展业务，自 1895 年 1 月 1 日起，在较短时间内就承揽了对全美管道公司下属子公司、组成芝加哥压缩工具公司的 4 家公司及组成美国皮毛公司的 27 家公司进行审计的业务。

1898 年，琼斯回到英国伦敦，建议将英国普华与琼斯－凯撒会计师事务所合并，后英国普华派著名的阿瑟·路易斯·迪克金森赴美主持大局。迪克金森为拓展业务做了大量的工作，且在 1904—1906 年担任美国注册会计师联合会主席。在担任该主席期间，他还成为普华后来一位合伙人——斯特莱特的引路人。斯特莱特于 1897 年担任宾夕法尼亚州注册会计师协会的首任会长，后对美国注册会计师联合会发生兴趣，因此与当时的联合会主席迪克金森过从甚密，最后斯特莱特的事务所并入美国普华，他本人也于 1907 年成为普华的合伙人。迪克金森代表普华领导在美主持业务，直至 1913 年，回英后成为英国普华的合伙人，接替他的是会计师界大名鼎鼎的乔治·O. 梅。

1945 年，为了加强与世界各地合伙人的合作与交流，英国普华与美国普华代表在伦敦开会，经过协商，制订了建立普华国际的计划，不久，普华在欧洲、加拿大、拉美的机构也纷纷表示支持。同年 9 月，世界各地的普华合伙人云集纽约，一致同意建立普华国际会计公司。

莱布兰德－罗斯兄弟－蒙哥马利会计师事务所是后来“八大会计公司”中永道的前身，于1898年成立。其主要创始人罗伯特·蒙哥马利，1872年出生于宾夕法尼亚州，尽管年幼时家境不好，但他凭着自己的刻苦努力，不但在27岁时取得了注册会计师资格，而且成为宾夕法尼亚州和纽约州的律师协会会员。他14岁时，便进入一家小型会计师事务所当学徒，1898年升为合伙人，同年，他与其他三位同事：威廉·莱布兰德、爱德华·罗斯和亚当·罗斯共同创立了莱布兰德－罗斯兄弟－蒙哥马利会计师事务所。

1957年，莱布兰德－罗斯兄弟－蒙哥马利会计师事务所联合英国的库帕兄弟会计师事务所、加拿大的麦克多纳尔德－古里尔会计师事务所以及澳大利亚的一家事务所，组成一个国际性的会计师事务所联盟。把库帕兄弟事务所与莱布兰德－罗斯兄弟－蒙哥马利事务所名称的首字母连缀起来就是后来的永道。1973年3月1日，各会计师事务所达成一致意见，均更名为永道，以统一的形象对外承揽业务。

1997年9月18日，普华国际会计公司与永道国际会计公司宣布已初步达成合并意向。按双方初步达成的合并意向，一个多元化的全球领导小组将对合并后的机构进行领导，并接受由世界各地成员所和合作伙伴组成的国际委员会的监督。合并后的公司总部设在美国纽约，时任永道董事长出任新公司董事长，时任普华首席执行官出任新公司首席执行官，公司将采用一个新的统一的名字——普华永道。

2. 阿瑟·扬会计公司

该公司创办于1894年，是在美国本土创办较早的一家会计师事务所，是“八大会计公司”中阿瑟·扬的前身。其创始人阿瑟·扬是英国移民，1890年，阿瑟·扬随家人移民美国，继续从事他以前的银行工作。1894年，他工作的银行停止营业，由于对会计的偏好，阿瑟·扬萌生了创办会计师事务所的念头。同年，他遇到了在一家铜矿公司担任主计长多年的查尔斯·斯塔特，二人一拍即合，于1894年开办了斯塔特－扬会计师事务所。1906年，斯塔特退出事务所，阿瑟·扬和他弟弟继续经营，事务所改名为阿瑟·扬会计公司。

3. 厄恩斯特会计公司

厄恩斯特会计公司是“八大会计公司”中厄恩斯特·惠尼的前身，创办于1903年。创办人是一对兄弟，哥哥叫特奥多尔·厄恩斯特，弟弟叫阿尔文·厄恩斯特。特奥多尔曾担任过一家铁路公司的会计员，阿尔文则在一家会计师事务所工作。兄弟俩都有长期的工作经验，1903年，二人集资500美元，创办了自己的会计师事务所。1979年，该会计师事务所与它的海外合作伙伴——惠尼－史密斯－惠尼正式合并，名称改为“厄恩斯特－惠尼国际会计公司”。1989年，厄恩斯特－惠尼（EW）与阿瑟·扬（AY）合并为安永（EY）国际会计公司。

4. 哈斯金斯－塞尔斯会计公司

哈斯金斯－塞尔斯会计公司于1895年创办于美国，是“八大会计公司”中哈斯金斯－塞尔斯的前身。创始人查尔斯·瓦尔多·哈斯金斯1852年生于纽约一个银行家家庭，1867年中学毕业后，进入一家进口商的会计部门工作，1872年赴法国巴黎留学，2年后回到美国，在父亲的股票经纪行工作，不久又受雇到一家铁路公司做会计工作。另一位创始人埃利加赫·瓦特·塞尔斯于1858年生于美国，家庭富足，曾就读于得克萨斯州的巴克大学，16 岁时辍学去一家铁路公司当站务员助理，在自己执行会计师业务之前，塞尔斯一直任职于全国各地的铁路公司，担任会计、稽查工作。不过他取得会计师职业资格的道路并不顺利，直到 1896 年，塞尔斯才取得纽约州官方授予的会计师资格。

1893 年，哈斯金斯与塞尔斯共同参加了多里克委员会组织的对首都各部、委、协会的检查工作，由于表现卓越，二人声名鹊起，同时，共同的工作使二人更加亲密，他们一致认为会计师行业前途远大，并决定创办自己的事务所，终于在 1895 年，哈斯金斯－塞尔斯会计师事务所在纽约正式成立。1952 年，哈斯金斯－塞尔斯与美国西海岸最古老的会计公司麦克拉伦－固德－威斯特合并，使之实力大增。1952 年，哈斯金斯－塞尔斯合并了英国最古老的会计师事务所之一——德洛伊特·帕莱德·格里菲斯会计师事务所，合并后改名为德洛伊特－哈斯金斯－塞尔斯会计师事务所（DHS）。德洛伊特·帕莱德·格里菲斯会计师事务所成立于 1845 年，比哈斯金斯－塞尔斯还要早 50 年，在会计界信誉卓著，因此，这两家事务所的合并，曾使 DHS 一度出类拔萃。1989 年 7 月 6 日，比 EW 和 AY 合并仅晚 50 天，原“八大会计公司”中的第七德洛伊特－哈斯金斯－塞尔斯（DHS）与第八陶切－罗斯（TR）合并成功，取名“德勤”。

5. 陶切－尼文会计公司

陶切－尼文会计公司创办于 1900 年，是“八大会计公司”中陶切－尼文的前身。其创办人是乔治·陶切和约翰·尼文。作为银行家之子的乔治·陶切和会计师之子的约翰·尼文均系出生于爱丁堡的英国移民家庭。陶切自 16 岁起就在尼文父亲的会计师事务所实习，1898 年，他赴伦敦工作。同年，尼文前往美国，在芝加哥普华会计师事务所工作。1900 年，陶切也来到美国，因为与尼文关系一直很好，便与尼文商议，合伙开办事务所，1900 年 3 月 1 日，陶切－尼文会计公司正式开业。20 世纪 40 年代，陶切－尼文－贝莱－斯马特会计师事务所成立。它是由陶切－尼文会计师事务所、阿伦·R. 斯马特会计师事务所与乔治·贝莱会计师事务所合并而成的，总部设在汽车城底特律，乔治·贝莱会计师事务所的创始人是乔治·贝莱，一位厄恩斯特会计师事务所的元老，他被推选为管理委员会的第一位主席。

20 世纪 50 年代末，陶切－尼文－贝莱－斯马特会计公司联合加拿大的罗斯·陶切会计师事务所和英国的乔治·A. 陶切公司，组成了国际集团性质的会计公司，更名为陶切－尼文－贝莱－斯马特，并于 1960 年 1 月 1 日正式成立。到此为止，该会计公司已经在美国之外的 14 个国家拥有了 49 家分公司。

6. 马威克－米切尔会计公司

马威克－米切尔会计公司是“八大会计公司”中皮特－马威克－米切尔的前身，于 1897 年成立。创始人詹姆斯·马威克生于 1863 年，由于父亲的影响，他原想子承父业，做一名律师，但却未能如愿，反而在 1886 年通过了注册会计师资格考试，从此他的一生发生了重大转折。1887 年，马威克与乔治·瓦尔克开办了瓦尔克－马威克会计师事务所，后因业务发展不顺，马威克于 1891 年赴澳大利亚，后又辗转至温哥华寻求发展。1894 年，马威克最终选择了在纽约发展事业，并在华尔街挂牌执业。另一位创始人罗格·米切尔家境殷实，在格拉斯哥大学进修期间与马威克相识。毕业后先是帮助父亲打理工作，后赴美国开办米切尔制造厂。工厂解散后，1896 年，米切尔在美国开办了一家小规模的会计师事务所。一个偶然的机会，马威克与米切尔相遇了，经过商议，两人决定共同成立一家会计师事务所，1897 年 10 月，皮特－马威克－米切尔会计师事务所正式营业了。1950 年 11 月 21 日，皮特－马威克－米切尔会计师事务所与美国一家老牌事务所巴罗－韦德－格斯里合并，名称仍使用前者，从而使皮特－马威克－米切尔坐稳了美国会计公司的“王位”。1987 年，皮特－马威克－米切尔与庄伯彬合并，改名为毕马威。

安达信会计公司解体以后，现有四大会计公司：普华永道在处理国际事务和通信业务方面见长，德勤在零售业和制造业中称雄，毕马威在电子金融行业中称雄，安永在医疗保健及财务方面见长。

第三节　当代会计经典事件

当代会计方法技术和内容的发展有两个重要标志：一是会计核算手段方面质的飞跃，即现代电子技术与会计融合导致“会计电算化”产生。1946 年在美国诞生了第一台通用电子计算机，1953 年其便在会计中得到初步应用，其后迅速发展，至 20 世纪 70 年代，发达国家就已经出现了电子计算机软件以及数据库的应用，并建立了电子计算机的全面管理系统。二是会计伴随着生产和管理科学的发展而分化为财务会计和管理会计两个分支。从系统的财务会计中分离出来的“管理会计”这一术语在 1952 年的世界会计学会上获得正式通过。

一　我国当代会计经典事件

（一）中国特色社会主义会计体系的构建

1978 年，十一届三中全会拉开了改革开放的序幕，明确了社会主义经济是有计划的商品经济；1979 年 1 月，党中央提出了国民经济“调整、改革、整顿、提高”的新八字方针；1982 年 9 月，党的十二大提出了“以计划经济为主、市场经济为辅”的经济方针，我国的市场经济体制逐步从原来高度集中的计划经济体制向有计划的商品经济转变。在以经济建设为中心、改革开放为主旋律的新形势下，我国会计发展突破了以政治需要为导向的格局，逐步向为经济管理服务转型。在继续学习和研究前期苏联社会主义会计并进行理论创新的同时，我国会计学者已开始引进和借鉴西方先进的会计理论与方法，以此构建具有中国特色的会计理论与会计体系，从而在我国形成了百家争鸣、百花齐放的会计理论与会计实践全面改革与发展的新局面。

1.《中华人民共和国会计法》的制定和完善

1980 年 8 月，在第五届全国人大第三次会议上，人大代表提出并正式立案会计立法。1984 年 7 月至 1985 年 1 月，第六届全国人大常委会在第七次和第九次会议上对《中华人民共和国会计法（草案）》进行了审议修改，最后一致通过，于 1985 年 1 月 21 日以第 21 号中华人民共和国主席令颁布了《中华人民共和国会计法》（以下简称《会计法》），自 1985 年 5 月 1 日起施行。

1985 年颁布的《会计法》共 6 章 31 条，对会计的作用、职能，核算和监督的方法、程序，会计机构设置和会计人员的基本职能，会计管理体制，会计工作的组织领导，以及违反《会计法》应负的法律责任等做了详细的规定。《会计法》是新中国第一部会计专门法律，其颁布施行，对维护国家财政和财务制度，加强经济管理具有重要的意义，标志着我国的会计工作从此走上了法治化的轨道。

随着我国经济体制改革的全面深化和现代企业制度的逐步建立，社会对会计信息的质量、范围、时效等的需求大大增加，利益主体的多元化和经济转型时期的多种矛盾对会计工作产生了种种消极影响。1999 年 10 月 31 日，第九届全国人大常委会第十二次会议通过了经修订的《会计法》，自 2000 年 7 月 1 日起施行。这次修订确定了《会计法》规范会计行为，保证会计资料真实、完整，加强经济管理和财务管理，提高经济效益，维护社会主义市场经济秩序的立法宗旨；增加了公司、企业会计核算的特别规定；明确了单位负责人的会计责任；强化了内部控制制度在经济活动中的突出地位和作用。

2.《中华人民共和国注册会计师法》的制定颁布

随着市场经济的发展，注册会计师在维持市场经济正常秩序方面的作用日益突出，社会各界对加强注册会计师行业法制管理的呼声也日益高涨。在此背景下，1993 年 10 月，历经 12 次修改形成的《中华人民共和国注册会计师法》（以下简称《注册会计师法》）经第八届全国人大常委会第四次会议审议通过，以第 13 号中华人民共和国主席令予以公布，自 1994 年 1 月 1 日起实施。2014 年 8 月，第十二届全国人大常委会第十次会议又对其进行了修正。《注册会计师法》共 7 章 46 条，对注册会计师和会计师事务所的性质与业务范围、注册会计师资格认定、会计师事务所设立要求、注册会计师的职业规则、注册会计师协会以及法律责任等方面做出了明确规定。《注册会计师法》是新中国第一部注册会计师专门法律，它的颁布对加强注册会计师的管理、维护社会公共利益和投资者的合法权益、促进社会主义市场经济及会计市场的健康发展具有重要的意义。

3. 管理活动论与信息系统论

改革开放以来，在新的经济环境下，会计“工具论”的观点已不能确切地表述会计的本质与特征，于是会计理论界组织、推动了关于会计本质的大讨论，从而相继出现了关于会计本质的“管理活动论”和“信息系统论”两种主流观点。“管理活动论”在本质上强调会计的控制和监督职能，后经学界深入讨论，逐渐形成了会计管理的概念。“信息系统论”是从西方会计研究成果中引进并结合我国的实际加以发展而形成的，认为会计是一个以提供财务信息为主的经济信息系统。这两种观点成为 20 世纪 80 年代我国会计界对会计本质的主流认识，这也是与我国当时的社会经济环境相联系的。在改革开放早期，会计信息的作用主要是在计划经济模式下有利于政府实施合理的计划配置和有效控制，对企业而言，会计信息则主要用于企业内部经营管理、经管责任的考核评价等方面。随着我国改革开放的深入、市场经济体制的逐步确立和资本市场的快速发展，对上市公司而言，会计主要以向外部投资者提供对决策有用的信息为目标，促进资本市场资源配置功能的实现。20世纪80年代末90年代初，我国会计理论界将会计思想与现代经济学的进步结合起来，将宏观控制与微观效益结合起来，提出现代会计是一个控制系统的思想，更是把对会计本质的认识推向了一个新境界。

（二）会计准则的制定和完善

会计准则作为我国会计法规体系的重要组成部分，它的产生与发展取决于经济发展的客观要求和一定的社会环境。早在20世纪80年代末期，我国财政部就已开始着手起草我国会计改革纲要，提出改革的目标是借鉴国际惯例，制定一套与国际会计准则充分协调的会计准则体系，并成立专门会计改革工作小组对制定会计准则的可行性、基本结构、主要内容等问题进行调查研究。1991年11月，财政部拟出了《企业会计基本准则（草案）》，并广泛征求意见。1992年11月，经国务院批准，财政部以第5号部长令颁布了《企业会计准则》，这标志着我国的会计工作逐步走上了规范化的轨道，会计模式已从计划经济转变为市场经济。《企业会计准则》共10章66条，对企业资产、负债、所有者权益、收入、费用、利润等各项会计要素的核算，以及财务报告的编制等做出了规定。

随着社会主义市场经济的深入发展和资本市场的日趋成熟，原有的会计准则体系已难以适应会计信息使用者对更高质量会计信息的需要。与此同时，随着经济全球化趋势的进一步加强，跨国上市、跨国投资和跨国融资活动日渐增多，资本正在全球加速流动，这就要求我国会计准则与国际惯例接轨，实现会计准则国际趋同的呼声也日益高涨。为适应经济发展对高质量会计准则的需要，财政部在借鉴国际会计准则并认真考虑中国国情的基础上，于2006年2月正式发布了新的企业会计准则体系。

新企业会计准则体系的发布是我国会计发展史上具有里程碑意义的重大事件，被誉为我国会计的“二次革命”，对促进我国企业会计的发展具有深远意义。第一，新会计准则体系实现了与国际会计准则的充分协调，极大地提高了我国企业会计信息在全球经济中的可比性，为国内企业打入国际市场扫清了信息沟通上的障碍。第二，新会计准则体系结束了我国企业会计规范体系长期以来“准则”和“制度”并存的历史，提高了企业会计规范的系统性和科学性。第三，新会计准则体系为提高企业会计信息的质量提供了制度保证，有助于我国资本市场的健康发展和现代企业制度的进一步完善。第四，新会计准则体系的发布实施，可以将国际上先进的会计理论和方法传授给我国会计人员，对提高我国会计人员职业胜任能力具有积极的推动作用。

新会计准则体系包括基本准则、具体准则和应用指南三个层次。基本准则处于第一层次，是整个会计准则体系的基本原则和指导思想，对具体准则和应用指南起到统驭和指导作用。具体准则处于第二层次，原为38项，目前共有43项，是根据基本准则制定的，用于规范企业各项经济业务的会计处理，具体又包括一般业务准则、特殊行业的特定业务准则以及报告准则三类。应用指南处于第三层次，是依据基本准则和具体准则制定的，用于指导准则运用中所涉及的会计科目、账务处理、会计报表格式等实务问题的操作，包括非金融企业的会计科目和会计报表、金融企业的会计科目和会计报表两个部分。

（三）政府会计改革

为了适应我国社会主义市场经济体制和社会事业发展的需要，财政部分别于 1997 年 5 月和 7 月、1998 年 2 月以财预字〔1997〕286 号、财预字〔1997〕288 号、财预字〔1998〕49 号文件发布了《事业单位会计准则（试行）》《事业单位会计制度》《行政单位会计制度》，自 1998 年 1 月 1 日起开始实施，标志着我国社会主义市场经济体制下的行政事业单位会计法规体系的初步建立，并在会计分类、会计语言、会计要素、会计核算内容、会计记账基础和会计报表等方面积极向国际惯例靠拢。2006 年财政部颁布《政府收支分类改革方案》后，相应地对《事业单位会计制度》和《行政单位会计制度》做了一定的修改与调整。为适应我国公共财政体制的改革、高等教育内外部环境的变化和医疗卫生体制的改革，财政部于 2009 年 8 月颁发了《医院会计制度（征求意见稿）》和《高等学校会计制度（征求意见稿）》，对 1998 年开始施行的《医院会计制度》和《高等学校会计制度（试行）》进行了全面修订。这些都预示着我国新一轮的行政事业单位会计制度全面改革开始实施，也标志着具有中国特色的会计规范体系将趋于完善。

（四）注册会计师执业准则体系的改革

主题视频

我国注册会计师事业的发展

随着社会主义市场经济的进一步发展，注册会计师的业务范围不断扩大，执业难度和风险也在不断提高，原有独立审计准则体系已越来越难以满足注册会计师的执业需要，主要体现在：第一，企业的组织结构和经营业务日趋复杂，在加大会计职业判断和会计估计难度的同时，也增大了企业管理者进行财务舞弊的动机和压力，从而使注册会计师面临的审计风险不断增加，而传统审计风险模型却难以有效地识别、评估和应对这些重要审计风险；第二，注册会计师的业务范围不断扩大，从原有的法定审计业务开始向企业的业务领域拓展，而原先主要规范财务报表审计的准则体系已难以满足注册会计师多元化业务的需求；第三，近年来，国际审计准则做了全面的改进，审计准则质量大大提高，为与国际审计准则接轨，我们需要修订审计准则，以跟上国际审计准则发展的步伐；第四，由于部分审计工作特别是财务报表审计工作与会计工作关系密切，会计准则的大幅变动也必然要求对审计准则做出同步修订。

在这样的背景下，财政部根据我国的具体情况，在借鉴国际审计准则的基础上，于 2006 年 2 月发布了《中国注册会计师执业准则》，取代了原先的《独立审计基本准则》。《中国注册会计师执业准则》由鉴证业务准则、相关服务准则和会计师事务所质量控制准则三部分组成。其中，鉴证业务准则用于规范注册会计师的鉴证业务，由鉴证业务基本准则统驭，具体包括审计准则、审阅准则和其他鉴证业务准则三个方面；相关服务准则用于规范注册会计师代编财务信息、执行商定程序、提供管理咨询等服务；会计师事务所质量控制准则用以规范会计师事务所执行各类业务时应当遵守的质量控制政策和程序。

此次改革极大地提高了执业准则体系的质量。一方面，新的执业准则体系覆盖了包括鉴证业务和其他业务在内的所有业务领域，较之先前仅规范鉴证业务的独立审计准则而言，其体系更加完整，内容更为全面；另一方面，新的执业准则重新修订了审计风险模型，拓展了审计证据的内涵，强调充分了解被审计单位及其环境的重要性，以便充分识别和评估财务报表可能存在的重大错报风险，并据以设计和实施控制测试与实质性程序。

（五）会计信息化

信息技术的发展使得21世纪已成为高度信息化的时代，大力推进我国会计信息化建设不仅是贯彻实施国家信息化战略的需要，也是提高资本市场的透明度、完善社会主义市场经济体制的需要。1998年，美国会计师查尔斯·霍夫曼（Charles Hoffman）等人提出了可扩展商业报告语言（Extensible Business Reporting Language，XBRL），这是一种基于XML的标记语言，用于商业和财务信息的定义与交换。XBRL标准的制定和管理由XBRL国际联合会（XBRL International）负责。XBRL可广泛应用于各类经济活动领域，比如企业管理、审计、企业信用等级评估、证券市场、贸易与纳税、金融与行政等。对于企业会计工作而言，XBRL的应用对于实现会计信息标准化具有非常重要的意义。

2004年，中国证监会信息中心成立了XBRL工作小组，上交所也于当年开始进行XBRL报告试点，2005年将试点公司范围和试点内容进一步扩展。2005年3月，深交所正式发布了《XBRL应用示范》，同时中国证监会也公布了中国定期报告部分XBRL标准征求意见稿，经过修改和完善并上报XBRL国际组织获得批准后，于2005年10月成为中国上市公司年报的正式标准。2006年2月，证监会信息中心、保监会信息中心、中国人民银行征信管理局、中科院研究生院金融科技研究中心和上海证券交易所联合发起成立了“XBRL中国地区组织促进会”，同时在财政部有关领导的指导和支持下，开始“XBRL中国地区组织”的筹备工作。2007年9月，促进会以财政部会计准则委员会的名义向XBRL国际组织提出申请，并在11月得到正式批复。2007年12月3日，在加拿大举办的国际会议上，XBRL国际组织宣布XBRL中国地区组织正式成立。

2008年11月，我国会计信息化委员会暨XBRL中国地区组织成立大会在北京举行。时任财政部副部长王军表示，财政部将会同国务院有关部门，大力推动我国会计信息化建设，努力实现会计信息语言的标准化、规范化，会计信息运用的自动化、集成化，会计信息服务的市场化、社会化和会计行业的智能化、现代化，为贯彻落实科学发展观、提高资本市场的透明度、完善社会主义市场经济体制做出积极贡献。

2010年5月，XBRL国际组织宣布批准XBRL中国地区组织成为正式地区组织成员。作为XBRL国际组织全球联盟的一个地区组织成员，XBRL中国地区组织致力于在中国推广和应用XBRL技术。自加入XBRL国际组织以来，XBRL中国地区组织努力促进XBRL培训和教育，主办XBRL相关会议，推动XBRL的采用，鼓励XBRL技术研究，并协调相关监管部门及参与者之间的合作，推动了XBRL的有效利用。

二 西方当代会计经典事件

（一）第二次工业革命——管理会计的诞生

主题视频

第二次工业革命——管理会计的诞生

第二次科技革命始于19世纪下半叶。它以电力技术为主导、工业电气化为特征，为现代科学体系的形成奠定了雄厚的基础。第二次工业革命中出现了两个新的生产变革：一是“标准化”——制造出标准的、可互换的零件；另一个是设计出“流水线”。这两个变革使得劳动生产率大为提高，这是科学管理的结果，也为科学管理提出了更高的要求。20世纪初，成本会计的发展和以“泰勒制”为代表的科学管理的产生，使管理会计的产生成为必然。当时，成本会计的各种方法已基本形成，并在企业中逐步推广应用，例如分批法、分步法等能较精确地计算出总成本和单位成本。随着科学管理的应用，成本会计与管理科学广为结合，成本会计的方法被应用于科学管理之中，形成了“最为完善的计算和监督制度”，例如标准成本、差异分析和预算控制等，而科学管理应用于成本会计中，则使成本会计朝着成本控制方向发展，以节约成本、降低费用、提高效益，因而形成了成本分类、责任分解等方法。1952年在世界会计师联合会上，正式通过了“管理会计”这个专门术语。从此，管理会计从财务会计中逐渐脱离并创建起来，企业会计就正式分为了财务会计和管理会计两大领域。

（二）水门事件——内部控制框架

主题视频

水门事件——内部控制框架

20世纪70年代，受水门事件和众多公司纷纷破产倒闭的影响，美国各界开始广泛重视企业内部控制理论。然而，对内部控制的理解分歧却由来已久，立法者、监管者和商人的不同利益决定了各自不同的立场。

1977年，美国国会通过了《反国外贿赂法》（FCPA），在反贿赂条款之外，又规定了与会计及内部控制有关的条款。美国注册会计师协会（AICPA）的审计人员责任委员会发布了《报告、结论与建议》。随后，在1980年、1982年、1984年先后颁布了审计准则公告第30号、第43号、第48号。财务经理人员协会（FEI）发布了《美国公司的内部控制：现状》。美国证券交易委员会（SEC）则要求上市公司提交其内部控制的报告书。1985年，由AICPA、美国审计总署、FEI等机构共同赞助成立了全国舞弊性财务报告委员会（The National on Fraudulent Financial Reporting，NFFR，又称Treadway委员会），呼吁重塑财务报告，后又成立了研究内部控制问题的发起组织委员会（Committee of Sponsoring Organizations of the Treadway Commission，COSO）。1992年Treadway委员会经过多年研究，对公司行政总裁、其他高级执行官、董事、立法部门和监管部门的内部控制进行高度概括，发布了《内部控制－整体框架》（Internal Control-Integrated Framework）报告，即通称的COSO报告。经过两年的修订，COSO于1994年提出对外报告的修改篇，扩大了内部控制的范围，增加了与保障资产安全有关的控制，得到了美国审计署的认可。

COSO 报告提出内部控制是为了提高效率，减少资产损失风险，帮助保证财务报告的可靠性和对法律法规的遵从。COSO 报告认为内部控制有以下目标：经营的效率和效果（基本经济目标，包括绩效、利润目标和资源、安全）、财务报告的可靠性（与对外公布的财务报表编制相关，包括中期报告、合并财务报表中选取的数据的可靠性）和符合相应的法律法规。

COSO 报告中蕴含了许多崭新的理念和思想。这些理念和思想，不仅对过去，而且对当下甚至未来的企业管理、财会工作和独立审计都有着重要影响。其内容主要包括以下几个方面：

（1）准确定位内部控制基本目标。COSO 报告指出内部控制本身不是目的，而是实现目标的手段。内部控制目标是帮助企业奔向经营目标、完成使命和减少经营过程中的风险，即为企业的经营和管理工作“保驾护航”。

（2）提出三类目标、五项构成要素概念。COSO 把内部控制细分为经营效率与效果、财务报告可靠和遵纪守法三类子目标，以及控制环境、风险评估、控制活动、信息与沟通和监测活动五项构成要素。这些概念的提出，为评价内部控制系统提供了一套完整的标准，使 COSO 报告在理论和实际应用两个方面都较原来的内部控制学说有了一个质的飞跃。

（3）提出内部控制是“过程”，并由控制环境、风险评估、控制活动、信息与沟通和监测活动五项要素构成。五项控制要素不是内部控制过程中先后顺序上的一道道工序，而是一个多方向交叉的多维的反复过程。COSO 报告突出了内部控制过程中的复杂性和各控制要素之间有机的多维联系与影响。

（4）强调“人”的重要性。COSO 报告指出人和环境是推动企业发展的引擎。内部控制是由人来设计和实施的，企业中的每位员工都受内部控制的影响，并通过自身的工作影响着他人的工作和整个内部控制系统。所以，要求所有员工都应清楚他们在企业、在内部控制系统中的位置和角色，并协调一致，这样才能推进内部控制的有效运转。

（5）认识到董事会在内部控制中的作用。COSO 认为董事会与公司内部控制之间是有联系的，企业中一些行为需要董事会批准或授权。一个客观、能动和富有调查精神的董事会，能够及时发现并修正公司经理班子逾越内部控制的行为。

（6）强调内部控制系统是“内置于”企业经营和管理过程中的一项基础设施，与管理活动的计划、执行和监控职能交织融合在一起，不是后天添加物。同时，内部控制系统应有应对不断变化的客观世界的机制。

COSO 报告是内部控制理论研究的历史性突破，它首次提出内部控制系统概念，将内部控制由原来的平面结构发展为立体框架模式，有的学者称其为内部控制的“五点论”，它代表着当时国际上内部控制研究的最高水平。

主题视频

安然事件

（三）安然事件与安达信的毁灭

1985 年，美国安然公司由两家天然气公司合并而成，在短短 16 年内一路飞腾，2000 年，公司总收入高达 1 000 亿美元，名列《财富》杂志“美国 500 强”中的第七。20 世纪 90 年代，安然公司一直是美国乃至世界上最大的能源交易商。在其最辉煌的年代，安然公司掌控着美国 20% 的电能、天然气交易。安然公司不仅是天然气、电力行业的巨擘，而且是涉足电信、投资、纸业、木材和保险业的大户。2001 年 10 月 16 日，安然公司公布该年度第三季度的财务报告，宣布公司亏损总计达 6.18 亿美元，引起投资者、媒体和管理层的广泛关注，从此拉开了安然事件的序幕。安然公司财务亏损曝光后，遭到了媒体的猛烈抨击，投资者纷纷抛售其股票。2001 年 11 月 30 日，安然公司股价跌至 0.26 美元，市值由峰值时的 800 亿美元跌至 2 亿美元。2001 年 12 月 2 日，安然公司正式向破产法院申请破产保护，破产清单所列资产达 498 亿美元，成为当时美国历史上最大的破产企业。

安达信会计师事务所作为安然公司多年使用的审计机构，在为安然公司提供审计服务的同时，还为其提供了大量非审计服务，非审计服务的收费也高于审计服务收费。正因如此，人们对于安达信会计师事务所未能及时发现安然公司的舞弊行为表示疑问。而 2002 年 1 月 10 日，安达信公开承认销毁了与安然审计有关的档案，这就更加证实了人们的疑问。很快，安然公司丑闻转化为会计丑闻，安达信会计师事务所成为人们谈论的焦点。2002 年 3 月 14 日，美国司法部向休斯敦联邦地区法院对安达信会计师事务所提起“妨碍司法”的犯罪指控。从 6 月 6 日开始，12 名陪审员正式进入封闭审议阶段。6 月 15 日，陪审团得出审议结果：一致认定安达信会计师事务所阻碍政府调查的罪名成立。10 月 16 日，休斯敦联邦地区法院对安达信会计师事务所妨碍司法调查做出判决，罚款 50 万美元，并禁止它在 5 年内从事业务。

虽然罚款的数目并不大，安达信会计师事务所也不是第一次因为审计失败被起诉，但是遭到刑事起诉并禁止业务，这对安达信会计师事务所的打击是致命的。对于会计师事务所而言，丧失了信誉也就丧失了一切，实际上，在法院做出具体判决前，安达信会计师事务所已停止从事上市公司审计业务，同时关闭了世界各地绝大多数办事处。一家具有 89 年辉煌历史的国际会计师事务所就这样毁于一旦。

（四）萨班斯法案出台

美国相继爆出的造假事件，严重挫伤了美国经济恢复的元气，重创了投资者和社会公众的信心，引起美国政府和国会的高度重视。美国社会各界强烈呼吁美国政府拿出强有力的措施，严厉打击公司造假行为。安然事件给美国政治带来了深远的影响，安然事件发生后，从国会众议院、参议院到美国总统，都竭力显示他们对公司丑闻事件的重视程度，并力图向公众表明他们在努力工作，以求解决相关问题。在这一系列因素的促使之下，萨班斯法案（SOX 法案）仓促出台。

按照美国国会网站对 SOX 法案的介绍，该法案最初于 2002 年 2 月 14 日提交给国会众议院金融服务委员会（Committee on Financial Services），到 7 月 25 日国会参众两院最终通过，最后修订完稿的 SOX 法案共分 11 章，第 1、2 章主要涉及对会计职业的监管，包括：建立一个独立的“公众公司会计监管委员会”（Public Company Accounting Oversight Board，PCAOB），对上市公司审计进行监管；通过负责合伙人轮换制度以及咨询与审计服务不兼容等提高审计的独立性等。第 3 至 6 章主要涉及对公司行为的监管，对公司高管人员的行为进行限定以及改善公司治理结构等，以增进公司的报告责任；加强财务报告的披露，要求管理层提供内部控制报告；通过增加拨款和雇员等来提高美国证券交易委员会的执法能力。第 8 至 11 章主要是对公司高管及白领犯罪规定了严格的刑事责任，比如，针对安达信会计师事务所销毁安然公司审计档案事件，专门制定相关法律，规定了销毁审计档案最高可判 10 年监禁，在联邦调查及破产事件中销毁档案最高可判 20 年监禁；为强化公司高管层对财务报告的责任，要求公司高管就财务报告的真实性宣誓，并就提供不实财务报告分别设定了 10 年或 20 年监禁的刑事责任。

此外，SOX 法案第 7 章还要求相关部门在该法案正式生效后的指定日期（一般都在 6 个月至 9 个月）内提交若干份研究报告，包括会计师事务所合并、信贷评级机构、市场违规者、（法律的）执行、投资银行等研究报告，以供相关执行机构参考，并作为未来立法的参照。按照法案的要求，这些报告都已经完成。

美国 2001 年至 2002 年度所爆发的各项公司丑闻事件中，企业管理层无疑应当负有最主要的责任，因而，SOX 法案的主要内容之一就是明确公司管理层责任（如对公司内部控制进行评估等），尤其是股东所承担的受托责任，同时，加大对公司管理层及白领犯罪的刑事处罚力度。

企业会计人员以及外部审计人员在这些事件中的负面作用不容否定，比如，安然公司通过复杂的“特殊目的主体”安排，虚构利润、隐瞒债务，而世界通信公司则是赤裸裸地造假账，因而提高财务报告的可靠性，这成为 SOX 法案的另一个主要内容。法案的要求包括：建立一个独立机构来监管上市公司审计、审计师定期轮换、全面修订会计准则、制定关于审计委员会成员构成的标准、要求管理层及时评估内部控制、及时进行财务报告、对审计时提供咨询服务进行限制等。并且，从全部法案的次序安排来看，这些内容排在前 3 章，而篇幅也超过 2/3。因而，SOX 法案更像一个会计改革法案。该法案前后被冠以多个名称，其中之一就是“公众公司会计改革和投资者保护法案”。

（五）麦克森－罗宾斯案——公认审计准则出台

麦克森－罗宾斯药材公司（Mckesson & Robbins Drug Company）是一家在纽约证券交易所上市的药材批发公司，在长达 10 余年的时间里，一直是由大名鼎鼎的普赖斯·华特豪斯会计师事务所负责对其财务报表进行审计，而且事务所一直在审计报告中对该公司的财务状况和经营成果表达“正确、适当”的审计意见。但在 1938 年，公司的债权人朱利安·汤普森（Julian Thompson）发现其经营中存在异常，经证券交易委员会调查发现，公司主要领导者为匿名罪犯，他们通过串谋舞弊、虚构进货销货业务，侵吞了公司大量的财富，导致 1937 年 12 月 31 日的合并资产负债表中反映的总资产 8 700 万美元中，有 1 907.5 万美元是虚构的（其中存货 1 000 万美元、应收账款 900 万美元、银行存款 7.5 万美元），在 1937 年度的合并利润表中，虚假的营业收入和毛利分别为 1 820 万美元和 180 万美元。

如此大的舞弊内幕被揭开后，一直承担审计业务的普赖斯·华特豪斯会计师事务所应负什么责任呢？ 1939 年 1 月，美国证券交易委员会就该事件在纽约市召开公众意见听证会，鉴定人证明，会计师事务所在审计过程中忠实地遵守了美国会计师协会 1936 年声明中论述的审计程序。换言之，是现存的审计程序中存在着重大缺陷，才导致如此大的舞弊未能被查出。具体表现为，在 1936 年的公告中对存货和应收账款的审计程序做了如下规定：不要求对存货进行实地检查，不要求通过信函对应收账款直接进行询证。

美国证券交易委员会对会计师事务所以1936年公告为辩护依据表示了有保留的同意。他们指出，即使是不适于揭露舞弊的审计计划，对记载着900万美元的虚构应收账款和1 000万美元虚构存货的合并资产负债表，多少应发现一些不正常之处。所以，他们得出结论，不仅现存的审计程序不恰当，美国注册会计师的审计方法甚至不能达到表面上的目的，即未尽到应有的勤勉之责，审计人员应把检查范围扩大到会计账簿以外，对资产负债表反映的资产和负债的实际存在情况进行审查。

在美国证券交易委员会就麦克森－罗宾斯事件召开第一次听证会仅3周后，1939年1月30日，美国会计师协会建立了审计程序特别委员会（Special Committee on Accounting Procedure），其报告书《审计程序的扩展》（Extension of Accounting Procedure）建议，应将实际盘点存货数量和直接向债务人询证被审计单位应收账款情况作为正式的审计技术，如果省略这些检查中的任何一项，应作为例外事项（Exceptions）记入审计报告。该委员会还建议改变标准审计报告、强调报告的一致性以及审计测试应建立在评价被审计单位内部控制系统的基础上。

美国会计师协会理事会在同意这些建议后，将审计程序特别委员会保留下来，作为一个常设委员会继续工作，在设置上和会计程序委员会平行，同时将《审计程序的扩展》按与《会计研究公报》（Accounting Research Bulletins）相同的形式再版，成为后来40多份《审计程序说明》的第1号。

接着，美国证券交易委员会开始着手修订、完善审计规则。1940年2月发表《统一会计要求》（Uniform Set of Accounting Requirement），其中的财务报表规则S-X，详细规定了自1940年5月31日后公司应向证券交易委员会报送的财务报表及其附表的具体格式和内容，从而为下一步确定注册会计师的审计范围奠定了基础。

作为对麦克森－罗宾斯公司调查的最终结果，1941年2月，证券交易委员会发表了《会计系列公告第21辑》（Accounting Series Release No.21），其中对财务报表规则S-X做了如下修订：会计师的审计证明书应表明，是否根据可能适用的公认审计标准进行审计。但这里的公认审计标准从本质上看只起到了恫吓作用。可以说，1941年的公告对于审计准则并没有什么实质性的改进，但显而易见的是，使审计人员的检查标准化的趋势是不可扭转的。同时由于人们在许多方面仍然存在分歧，因而引发了长时间的关于审计准则的论战，直至第二次世界大战结束后，建立审计准则的计划还只是纸上谈兵。

第二次世界大战刚刚结束，制定公认审计准则再次被美国证券交易委员会与会计师职业界提到议事日程上来。审计准则的具体内容由美国会计师协会审计程序特别委员会负责研究。该委员会认为，应从相互毫无关系的审计程序中提炼共同的因素来形成审计准则，同时还认为应从证券交易委员会的有关意见中寻求解释审计准则本质的线索。根据上述观点，审计程序特别委员会于1947年10月发表了专题报告《审计准则说明草案——其公认的意义与范围》（Tentative Statement of Auditing Standards-Their Generally Accepted Significance and Scope）。1948年9月，《审计准则说明草案》在美国会计师协会年会上获得正式通过。

1954年，美国会计师协会审计程序特别委员会对《审计准则说明草案》进行了修订，并增加了一条报告准则，从而完善了公认审计准则的内容，至此，被世界各国注册会计师职业界广为借鉴的10条公认审计准则问世了，美国成为世界上最早制定审计准则的国家。

1939—1972年，审计程序特别委员会共发布了54辑《审计程序说明》(Statement on Auditing Procedure)。1972年11月，审计程序特别委员会改称为审计准则执行委员会(Auditing Standards Executive Committee)，将以前发布的《审计程序说明》进行了重新修订和编纂，形成了《审计准则说明》(Statement on Auditing Standards)第1辑，从此之后，委员会便将《审计准则说明》作为对外发布的文件。

1978年，审计准则执行委员会完成了历史使命，由审计准则委员会(Auditing Standards Committee)取而代之，其作为美国注册会计师协会(AICPA)的一个下属机构，专门负责制定审计准则说明(或译作审计准则公告)，其15个委员主要是来自大中小型会计师事务所的代表。1972—1994年，审计准则执行委员会和审计准则委员会共发表了70多辑《审计准则说明》公告。

2004年3月9日，美国公众公司会计监督委员会(PCAOB)发布了《审计准则第2号——与财务报表审计相关的财务报告内部控制审计》(AS2)。该准则发布的背景是：安然事件的发生引发了美国公众对企业财务信息质量公允性和合法性的高度质疑。随后，美国政府在2002年颁布的《萨班斯－奥克斯利法案》第404条中提出，要求管理层对企业财务报告内部控制和程序的有效性进行评价，与此同时，注册会计师也应对财务报告内部控制有效性进行鉴证并发表审计意见。但由于双重强制性的内部控制审计使被审计单位产生了高昂的审计费用，美国公众公司会计监督委员会在2004年3月发布的AS2中首次提出将财务报表审计与内部控制审计进行整合的观念，但没有得到普遍推广，因此在执行过程中，审计费用仍居高不下。针对节约审计成本、提高审计效率这一问题，PCAOB于2007年6月发布了正式的AS2，其中开创性地提出财务报告内部控制审议应与财务报表审计相结合。

AS2的发布推进了法案的顺利实施，重点是第一次对内部控制审计进行了准确定义，并对如何审计企业内部控制评价报告做出了非常具体详细的规定。

2007年，PCAOB颁布AS5，取代了AS2。AS5在肯定AS2的基础上，进一步使审计人员坚持风险导向审计的理念，把审计资源投放到高风险领域，努力削减没有必要执行的审计程序，以尽可能降低执行成本。AS5首次提出了“整合审计”的概念，并对整合审计进行了详细阐述。

这一时期，西方国家产生了诸多著名的会计学者，如乔治·奥利弗·梅、A.C.利特尔顿、威廉·A.佩顿和弗朗西斯·威廉·皮克斯利等。

乔治·奥利弗·梅(George Dliver May，1875—1961年)，美国著名会计师。梅生于英国，1987年成为一名特许会计师，加入英格兰和威尔士特许会计师协会。后因受雇于普华会计师事务所而移居美国，并成为美国会计师行业的著名领导者，曾任美国会计师协会副主席、会计程序委员会副主席、会计名词委员会主席。梅对美国会计执业水准的提高发挥了不可或缺的作用，是20世纪上半叶最著名的会计理论家之一。他在1934年发表了《公司账户之审计》，第一次提出了上市公司必须遵循的6项会计原则；他与蒙哥马利一起成功地阻止了政府建立公共会计师登记制度，保证了其自由职业地位，促成了著名会计文献《统一会计》的发表；在担任美国会计师协会与证券交易委员会特别协调委员会主席期间，梅与证券交易委员会进行了多年的交流与协调，后以其往来信函为基础，编制公布了《独立公共会计师对财务报表的检查》这一著名会计文献。他为美国现代财务报表审计的形成和发展做出了卓越贡献。

A.C. 利特尔顿（Analias Charles Littleton，1886—1974 年），美国著名会计学家。他 1912 年大学毕业，1918 年获硕士学位，1931 年获博士学位，并晋升为教授。利特尔顿一生中共发表了 300 多篇论文，出版了《会计理论结构》《公司会计准则导论》《1900 年前会计的演进》等多部会计名著。这些著作和论文使他成为杰出的会计理论家和会计史学家。在《会计理论结构》中，利特尔顿提出了收益的确定是现代会计核心的观点，并在《公司会计准则导论》中与佩顿一起提出了收益能力决定企业价值的观点，这些观点破除了会计界资产计价和资产负债表中心论的传统。利特尔顿通过对会计史的研究，提出了复式簿记形成的“七条件论”，并在与齐默尔曼合著的《会计理论：连续与变化》一书中提出了复式簿记的本质是虚实账户结合的著名观点。利特尔顿曾出任美国会计学会会长和《会计评论》杂志主编，被誉为美国注册公共会计师职业的杰出领导之一。

威廉 · A. 佩顿（Willian Andrew Paton，1889—1991 年），美国著名会计学家。他 1911 年就读于密执安大学，分别于 1915 年、1916 年和 1917 年获得学士、硕士和博士学位。佩顿曾执教于密执安大学和明尼苏达大学，1921 年被提升为教授，1951 年退休，1991 年去世，享年 102 岁。佩顿在其一生中著书 16 部，发表论文 180 余篇，出版的著作中最具影响力的是《会计理论》和与利特尔顿合著的《公司会计准则导论》。在《会计理论》中，佩顿提出了企业主体理论，批评了企业主张理论的局限性，指出会计关注的重心应该是企业，而不是业主。在《公司会计准则导论》中，佩顿提出了企业价值取决于收益能力的观点，将收入费用配比以计算收益置于资产计价之上。佩顿曾任美国大学教师会计协会（美国会计学会前身）领导职务、美国会计学会会长和《会计评论》杂志主编，并且是包括会计程序委员会在内的许多技术委员会的成员。

弗朗西斯 · 威廉 · 皮克斯利（Francis Willian Pixle，1852—1933 年），英国著名会计师。1878 年，他加入一个地区性会计师协会。1880 年英格兰和威尔士特许会计师协会成立后，他成为该协会的最早成员之一，1903—1904 年，他曾担任该协会的会长。皮克斯利成功地创办了一家会计师事务所，至 20 世纪 80 年代，该事务所仍以“克拉克 · 皮克斯利”为名执业。皮克斯利对会计职业的贡献不仅在于对公共会计活动的开拓和对职业界的指导，而且在于他对会计教育和理论研究所做的卓越工作。1881 年，他编写了《审计师——义务与责任》一书。这是世界会计史上第一部专门论述审计的文献。该书的作用是奠基性的，为后来英式审计教科书开创了良好开端。

本章小结

本章主要介绍了国内外古代、近代以及现代会计的经典事件，力图将古今中外的会计历史全面地展现出来，帮助同学们了解会计的产生和发展过程。

课后拓展

1. 利用本课程学习资料库资料，引导学生制作国内外会计史图谱。

2. 利用网络和查阅图书馆资料，引导学生探究我国古代其他会计记录方法。

3. 利用本课程学习资料库资料，引导学生开展关于我国会计准则国际化趋同的大讨论。

4. 利用网络和查阅图书馆资料，引导学生了解成本会计产生的背景。

阅读链接

[1] 王建忠，柳士明．会计发展史．5版．大连：东北财经大学出版社，2021.

[2] 郭道扬．中国会计史稿：上册．北京：中国财政经济出版社，1982；郭道扬．中国会计史稿：下册．北京：中国财政经济出版社，1988.

[3] 郭道扬．会计发展史纲．北京：中央广播电视大学出版社，1984.

[4] 李晓慧．会计百年通识教材．北京：中国财政经济出版社，2013.

[5] 许家林，王昌锐，龚翔．西方会计名著导读（上、下）．上海：立信会计出版社，2014.

[6] 白寿彝．中国通史纲要．上海：上海人民出版社，1980.

[7] 文硕．西方会计史：上．北京：中国商业出版社，1987.

[8] 于玉林．会计大百科词典．上海：上海财经大学出版社，2009.

[9] 郭道扬．谈谈会计史上的五次大革命．武汉财会，1984（5）.

[10] 郭道扬．试论“帕乔利时代”．会计研究，1994（3）.

[11] 郭道扬．复式簿记起源历史环境新论．会计研究，2007（12）.

[12] 葛家澍，黄世忠．安然事件的反思——对安然公司会计审计问题的剖析．会计研究，2002（2）.

[13] 葛家澍．中国会计学会成立以来我国的会计理论研究．会计研究，2000（4）.

第九章 会计经典著作

学习目标

【知识目标】

1. 知道我国的会计经典著作。
2. 知道西方的会计经典著作。

【能力目标】

1. 能够说出我国官厅会计著作中所用的财务分析方法。
2.《无形资产论》是我国一部有世界影响的会计著作，能够陈述其主要观点。
3. 能够说出《数学大全》的主要观点。
4. 阅读《1900 年前会计的演进》一书，能够说出历史发展观点在会计研究中的重要作用。

【素养目标】

1. 从《连环帐谱》一书的写作与出版经历的角度，理解会计人需要具备的创新精神、学习精神和执着精神。
2. 阅读《审计理论结构》，理解审计工作必备的独立、客观、公正精神。

文化传承

读书，能够丰富自我、提升自我、启智取道。一本好书，无论新旧、厚薄、所论何事，里面都浓缩了人类宝贵的精神财富。在会计领域，像《数学大全》《连环帐谱》《1900 年前会计的演进》等，都被公认为经久不衰、历久弥新的常青之作。这些常青之作，每次读都能读出新知识、新启发。每一次重读经典都好像是初读，而每一次初读又好像是重温。

背景资料

随着知识经济时代的到来、我国会计国际化进程的加快，知识更新周期日益趋短。优秀的会计人才不仅要全面提高自身素质，努力钻研业务，不断丰富自己的理论知识和实践经验，更要具有创新与发展的能力，成为终身学习的实践者。

要成为优秀人才关键的一点在于：他（她）必须是具有才智的人。人们常说，道生于安静，德生于谦和，慈生于博爱，善生于感恩，福生于快乐，乐生于健康。那么，才智又生于何处呢？才智生于多闻。“多闻能知法，多闻能远恶，多闻舍无义，多闻得涅槃。”要做到“多闻”，很重要的一点就是要多读书、常读书、读好书、用好书。

“经”与“典”在古汉语中是两个词。对于“经”字，最早与“径”“泾”等同。我国第一部大字典、东汉许慎的《说文解字》称：“经，织从丝也。”明代张自烈的《正字通》对此阐释说：“经，凡织纵曰经，横曰纬。经长竟而纬可接续，必先经而后纬也。”由此可见，无论织物与“纬”相对之“经”，还是河流与“渭”相对之“泾”，抑或道路与“曲”相对之“径”，“经”的原初之意都是与“纵”相关联的。若引申到时间，“经”便被赋予了在历史之中贯通绵延之意。后来，“经”之义由“纵”延伸至“常”，由经验延伸至超验。东汉刘熙的《释名·释典艺》称：“经，径也，常典也，如径路无所不通，可常用也。”东汉的《白虎通义》释“经”为“常”，认为儒家经典含有超越时间的“常道”。南朝刘勰的《文心雕龙·宗经》亦称：“经也者，恒久之至道，不刊之鸿教也。”意思是说，“经”是永恒的道理，是不可更改的基本规律。“典”是个会意字，我国最早的一部解释词义的书——西汉的《尔雅·释诂》说：“典，常也。”从甲骨文字形看，上面是“册”字，下面是“大”字，合在一起就是大本大册的书，意指重要的文献、卷籍。因此，“经”与“典”合用，具有“常道”“法则”的意思，可引申为“典范”“典籍”。“经典”这个概念后来被逐渐引申到文化、艺术等领域，又和典范的概念相匹配，成为一种创作范式和标准。再往后，这个概念又被引申到自然科学等领域，泛指权威性的科学巨著。概言之，那些在人类思想文化史上异峰突起、博大精深、影响深远、常读常新的传世之作或科学巨著，通常统称为“经典”。

第一节 国内会计经典著作

一 官厅会计与官厅会计著作

（一）官厅会计

官厅会计是我国古代国家会计，是古代奴隶制与封建制国家由中央财政和各级地方政权组织进行的以国家的财产物资和经济活动为对象的会计工作。官厅会计之称，在我国是有其历史渊源的。《周礼·天官冢宰·大宰》中有“官计”之称：“以八法治官府……八曰官计，以弊邦治。”此后，汉、唐、宋均称官厅会计为“国计”。官厅会计随着国家的出现而产生，随着经济的发展而完善，经历了漫长的历史时期，逐步形成了独立完整的官厅会计体系。

20 世纪 20—30 年代，伴随着中国引进和推广西方会计的进程，根据“governmental accounting”或“municipal accounting”汉译称谓，改以“政府会计”取代了“官厅会计”。政府会计的概念有狭义和广义之分。狭义的政府会计是指世界上资本主义国家和 20 世纪初期由我国中央政权和各级地方政权组织进行的以国家的财产物资和经济活动为对象的会计工作。依据政府不同机关经管对象和执行业务的差异，可将政府会计划分为不同的类别，如职司岁入业务的政府机关的会计，即税收会计；职司岁出业务的政府机关的会计，即经费会计；职司现金收支业务的政府机关的会计，即收支会计；职司会计主管机关的会计，即综合会计。广义的政府会计还包括适用于非营利性质的公益事业单位会计和社会团体会计。

中华人民共和国成立后，“政府会计”的称谓已成为历史范畴，其意义被现代“预算会计”的概念所取代。预算会计是社会主义国家中央和各级地方政府以及事业行政单位的会计。

与官厅会计或政府会计相联系，会计史研究还应考察皇室会计、国库会计等客观历史事实。皇室会计又称王室会计，是指历史上某些国家由皇室或王室组织进行的以皇室或王室的财产物资和经济活动为对象的会计工作。组织和进行皇室会计工作的目的是保护皇室财产的安全和完整，皇室会计的职责是对皇室财政经济进行专门的管理与核算。皇室会计一般附着于国家财政之中，即皇室会计与官厅会计合二为一，由一套财计机构所设置的职官负责管理与核算国家和皇室的全部财政经济活动，体现了执政的统治阶级“朕即国家”“普天之下，莫非王土”的“家天下”的鲜明时代特征。但一些国家在某一历史时期内也实行国家财政和皇室财政的分别管理、分别核算制度，皇室会计因此便从官厅会计中分离出来，形成独立的皇室会计。国库会计是指历史上由国家中央和地方政权的钱币和物资保管、出纳机关组织进行的以国库的财产物资和经济活动为对象的会计工作。国库会计是国家管理国库经济的重要工具。

（二）官厅会计著作

1.《元和国计簿》

《元和国计簿》（如图 9-1 所示）由唐朝宰相李吉甫撰著，是我国历史上第一部财计著作，也是我国第一部系统的经济统计年鉴。它的问世，成为我国古代会计分析方法发展进步的重要标志，是官厅会计核算成熟、完善的必然结果。

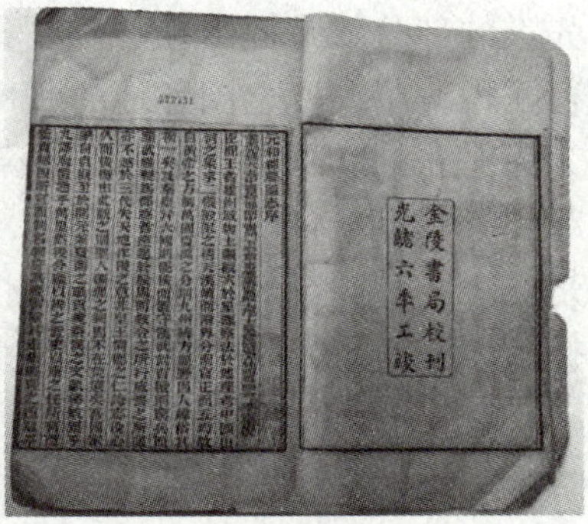

图 9-1 《元和国记簿》书影

《元和国计簿》内容分为三个部分：第一部分根据有关的统计资料，介绍国家财政收入的预算状况，说明赋税的来源渠道；第二部分按照具体的项目记载国家财政收入的实际数额，反映国家财政收入的实际状况，并把实际收入与预算收入进行对比分析，挖掘存在的问题；第三部分以历史资料同现实资料进行对比分析，揭示财政收支中的问题所在及其产生的原因。《元和国计簿》中介绍的会计分析方法，如数学对比分析、相对数与绝对值比较等促进了唐朝会计制度的快速发展，使其达到了当时国际先进水平，有许多分析方法一直沿用至今。

《元和国计簿》说明我国会计核算与经济分析的水平已经达到了一个新的境界和高度，成为我国古代会计与审计专业化发展过程中的一个重要历史丰碑。《元和国计簿》的意义在于：（1）使唐朝较早地有了全国性的财务、财政和人口的统计，是秦汉上计制度（因管理需要而上报人口、司法和经济社会情况的上计制度非常重要）继续发展的结果。（2）使用科学财务分析，是对会计数据的一种纵向应用，有助于管理科学化的发展。（3）其中隐含了宏观经济学的一些原理。

2.《万历会计录》

《万历会计录》（如图 9-2 所示）由明朝户部尚书王国光撰写，它是我国明、清两代非常重要的财政典籍之一，更是我国会计文化宝库中的一件珍宝。《万历会计录》的出版为明、清两代田赋制度的实施奠定了基础，在中国赋役制度改革发展进程中具有划时代的意义。

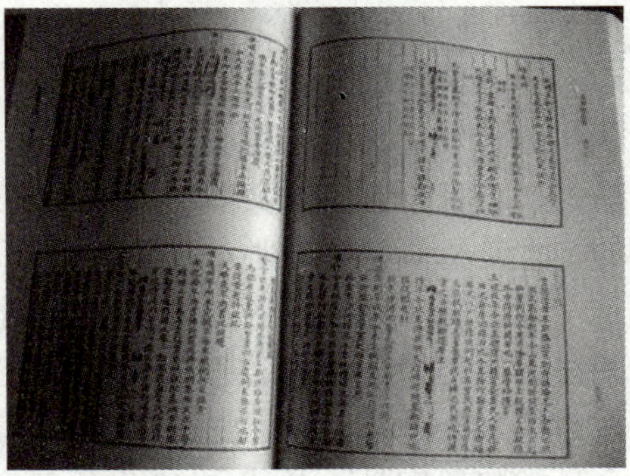

图 9-2 《万历会计录》书影

王国光（1512—1594 年），字汝观，号疎庵，泽州阳城（今山西晋城市阳城县上庄村）人，明代著名的政治家和财税家。嘉靖二十三年（1544 年），王国光高中进士，到朝中为官，做到吏部尚书一职，为官历经世宗、穆宗、神宗三朝皇帝，从事政治活动达 40 余年，对明朝财政改革做出了重大贡献。

《万历会计录》全书共分为 4 套，总计 43 卷，即：第 1 卷，以四柱格式列示由洪武至万历年间朝政各报告项目的总额；第 2～26 卷，按照布政司管辖地域分类反映各项田赋收入数据资料；第 27～29 卷，重点反映国家屯兵重镇的年饷开支数额；第 30～43 卷，反映国家各项收入与支出的数量。

《万历会计录》是我国古代官厅会计发展史上非常著名的一部财政创新著作。它最先进的部分就是提出在财政核算过程中要将货币作为计量单位，统一了计量尺度，并进行赋税改革，使全国各地的赋税收支有了稳定的参照系数，不给贪官污吏可乘之机，也为当时张居正成功推行“一条鞭”法、改革赋税制度提供了重要依据，对“万历中兴”起到了不可低估的作用。同时，《万历会计录》是根据全国呈报的财政报告编制而成的，是 16 世纪 70 至 80 年代国家财政的真实记录，记载了大量的税收、财政收入和支出数据，为我们研究明代财政提供了极其宝贵的、不可替代的真实资料。

3.《光绪会计录》

《光绪会计录》由清代刑部主事李希圣撰著，于清代光绪二十一年（1895 年）成书，次年交上海实务报馆出版发行。

《光绪会计录》对中西收支项目进行了对比考察，提出了效仿西法、力求改革的主张。为了方便中西收支项目的对比分析，该书采用了西式簿记决算报表的格式，根据光绪十九年（1893 年）的国家财政收支数额资料，首先列示全国收支总额，然后按管辖地域列示地方各项目具体数额，并以白银作为统一计量单位，对当时社会经济的实际状况进行统计分析，揭示了国家和地方财政收支中存在的问题，并提出了解决的思路与设想。

《光绪会计录》是继《万历会计录》后在中国被完整保留至今的又一部具有较大影响的官厅财计著作，它在进行会计分析时采用将中国传统做法与西方先进方法相结合的方式，对促进近代中国会计分析方法的改良发挥了积极的作用。

二 政府会计著作

《中国政府会计论》（如图 9-3 所示）由雍家源编著，于 1933 年在商务印书馆出版。该书在官厅会计理论领域具有很大影响，对于中国现代会计发展史的研究具有重要价值，在 1933 年被由蔡元培、胡适、马寅初、王云五、翁文灏、顾颉刚、郑振铎、竺可桢等诸多名家组成的“大学丛书委员”列入“大学丛书”出版发行。

主题视频

民国时期的超然主计制度

雍家源（1898—1975 年），江苏省南京市人，早年赴美留学，其间在美国芝加哥忠实信托银行任实习员，获硕士学位。回国后任审计院协审，在大学任教并从事会计师工作。曾任复旦大学教授和会计系系主任、上海财经学院教授、上海社会科学院研究员，是我国 20 世纪最有影响力的政府会计学家、会计实务专家、会计教育家，是我国现代政府会计制度的设计者，以及现代政府会计制度改革的主要推动者。雍家源在会计理论研究领域擅长会计基本理论与政府会计的研究，主要著作有《新式会计与国民经济建设》《政府会计》《中国政府会计论》《单位预算会计》等。

图 9-3 《中国政府会计论》书影

《中国政府会计论》是雍家源在政府会计理论研究领域最具影响力的代表作。雍家源在“自序”中写道：“泰西各国书籍上之理论，既未尽合吾国之国情，而国内专书无多……用于讲学诒事，都无是处。”故决心编写此书。该书共 4 篇 16 章，全面论述了会计学基本原理及政府会计制度。第一篇是绪论，论述了当时政府会计的意义、适用范围、特点，以及会计机构的建立、会计人员的任免；第二篇是财务行政秩序论，讲述了从概算到决算、审核等财务管理业务程序；第三篇是簿记组织系统论，讲解各类机关的簿记账表体系并提出批评及建议；第四篇为附论，简要评析政府会计机构的建立、发展和结束等。

《中国政府会计论》不仅详细叙述了政府会计的理论、原则、程序、方法与政策法规，而且针对当时会计制度中存在的问题，进行了深入细致的剖析，提出了十分中肯的批评，同时分析了会计法规的优劣，揭示了会计实务的弊端，并对国民政府进行会计改革提出了具有十分重要意义的建议和意见。《中国政府会计论》的出版及其在会计教学中的运用，给我国民国时期的政府会计吹来了一缕春风，带来了前所未有的新体系和新观点。

三　民间会计著作

民间会计是指历史上由民间手工业、商业、金融业及其他行业组织进行的以各行业的财产物资和经济活动为对象的会计工作。民间会计为适应家庭、私有制的出现和民间工商经济的发展而产生，伴随着民间工商经济的发展而完善，经历了漫长的历史时期，不断发展，逐步形成了独立完整的民间会计体系。民间会计范围广泛，主要形式有由私人或合伙开设经营的手工作坊、商肆、钱庄、票号、当铺和庄园、寺院、教堂以及其他非官方设置的机构所适用的会计，从而形成了对象和方法不一的汇兑会计、票号会计、钱庄会计、典当会计、庄园会计、寺院会计等专业或行业性会计。其中，汇兑会计是指以经营汇兑业务为主的金融机构组织进行的会计工作；票号会计是指主要经营汇兑业务的金融机构组织进行的会计工作；钱庄会计是指主要经营存款、放款和汇兑业务的金融机构组织进行的会计工作；典当会计是指主要经营收取衣物等动产为抵押物、发放高利贷业务的当铺机构组织进行的会计工作；庄园会计是指奴隶主、封建地主所有的庄园组织进行的会计工作；寺院会计是指由社会宗教团体所设庙宇或修道院组织进行的会计工作。

（一）《连环帐谱》

《连环帐谱》（如图 9-4 所示）由清朝著名会计学家蔡锡勇所著，刊行于光绪三十一年（1905 年）。该书是中国出版的第一部研究借贷复式簿记的专著，是改良中式簿记的先声，在我国近代会计发展史上占有重要地位。

图 9-4 《连环帐谱》书影

《连环帐谱》参照意大利借贷复式簿记原理，吸收中国传统收付账法的精华，列举实例设计了一套账谱，并对复式记账原理、账簿组织、记账程序、总结单等都做了全面系统的阐述。《连环帐谱》分上下两册，蔡锡勇通过一个凡例总说明和三个设例，包括账簿设置、记账符号、过账操作、记账时间以及报表编制等各方面的具体账目解说，详细介绍了连环账法。该书最进步的地方就是引用了西方的“借贷平衡试算表”，该试算表作为附件置于总账簿后面，被称为“总结单”。在设计“总结单”时，蔡锡勇始终考虑洋为中用的问题，对西式簿记先进部分，尽可能加以吸收；而对中式簿记传统中的优点，又尽可能保留，以适应国人的习惯，因此该单也沿用了中式传统做法，采用上下列示法，上部分列示当期该之数，下部分列示当期存之数，合计栏是清算的结果，即上方的“共该”与下方的“共存”相比较，如果二者相等，则说明本期账目处理没有错误；反之，则说明本期账目处理存在差错。由此可见，“总结单”充分体现了西式复式记账法中“有借必有贷，借贷必相等”的思想。

《连环帐谱》的出版曾对我国原有会计思想的改良和对国外会计的引进产生过深刻影响，成为中国引入借贷复式簿记的理论先声。但由于历史条件的限制，以及该书虽然举例较多但是解释并不充分，所以在当时并没有引起足够的重视和实践的肯定。30 多年后的 1941 年，潘序伦先生这样描述和评论《连环帐谱》：“是书出版后，不特于工商界中毫无响应，且其书亦竟不传。在此三十余年之中，国人曾读此书者，能有几人？此一代大儒累年心血之作，竟成覆瓿当薪之物，学者遭遇此不幸，宁有甚于此者耶？”

（二）《银行簿记学》

《银行簿记学》（如图 9-5 所示）是我国留学日本的学者谢霖与孟森合作编纂并在东京出版的一部部门会计著作。该书结合银行业务，正式以“借”和“贷”的名义将帕乔利的复式记账法介绍给我国会计学人，是继《连环帐谱》之后，由我国学者撰写的介绍西方借贷复式记账法的第二部会计著作。《银行簿记学》的理论基础以日本学者森川镒太郎所著的《银行簿记学》为蓝本，账簿格式借鉴早稻田大学所使用的新式账簿格式，在编译语言时又参考了米田喜所著的《簿记学讲义》。

《银行簿记学》共五大部分、八章内容。第一部分是银行业务分析，详细介绍了银行业务的性质、特征；第二部分介绍了账户与记账方法和银行簿记的性质，包括银行簿记中负债、资产和损益类账户的设置以及账务处理方法；第三部分包括第四章“传票”、第五章“账簿之组织：主簿和补助簿”和第六章“往来账目报告书”，即论述了凭证、账簿和报表；第四部分介绍了利息计算法；第五部分根据银行业务举例，构建案例库。

图 9-5 《银行簿记学》书影

1993 年，杨时展教授将该书与蔡锡勇先生所著《连环帐谱》(1905 年)、杨汝梅（众先）先生所著《无形资产论》(1936 年）一并选入其主编的《中华会计思想宝库（第 1 辑)》，由中国财政经济出版社重印。2001 年，该书又作为 20 世纪 12 部中国会计名著，被收录于《中国会计的世纪决算（世纪凭证——著作)》。2009 年，立信会计出版社将其列入“会计经典丛书”再次印刷发行。可见其学术价值及在会计学者心目中的重要地位。其主要贡献具体表现为以下几方面：

(1)《银行簿记学》是我国第一部民间会计专业簿记著作。虽然《银行簿记学》是继蔡锡勇著《连环帐谱》之后我国近代第二部会计著作，但是两者相比，《连环帐谱》可称为一部普通官厅簿记学著作，《银行簿记学》则是一部专门针对银行业的专业簿记学著作。所以，它在民间会计和专业会计领域，尤其在专业簿记学领域实为我国第一。

(2)《银行簿记学》引进了具有日本银行簿记特色，融中、西式簿记为一体的“现金式借贷分录法”。这种经过改良的现金式借贷分录法，虽然与西式复式记账法有一定距离，但它同《连环帐谱》中用“有该（收）必有存（付)，该（收）存（付）必相等”来解释西式簿记“有借必有贷，借贷必相等”的记账规则相比，既适合我国语言习惯，又向西式复式记账法前进了一大步，为后来兴起的中式簿记改良与改革提供了范例。

(3)《银行簿记学》为中国会计引入了许多新的概念与方法。除首次将西式记账凭证、账簿和会计报表的格式及编制方法，以及借贷记账符号、借方和贷方的明确含义和账项处理方法传入我国之外，还详细地介绍了会计科目的设置与具体运用，以及主次分明的新式银行账簿组织等复式簿记概念与方法。

(4)《银行簿记学》是指导我国会计改良的重要著作。该书是谢霖与孟森结合中国簿记特征，融入在日本学习簿记的心得，选择所学簿记理论和方法的精华而著，克服了《连环帐谱》“设例详备而释理不足”之缺陷，更容易被国人所接受，也更有利于西方簿记成为中国化、大众化的普通商业语言，从而为作者后来在大清银行等企业推行“现金式借贷分录法”、初试会计改良提供了理论指导。因此，该书实为指导我国会计改良之重要著作。

该书的出版问世，使沉寂几千年的中国会计之海荡起层层涟漪，为 20 世纪 30 年代中国掀起的中式簿记改良与改革运动奠定了思想和理论基础。《银行簿记学》的历史地位与学术价值，正如杨时展教授所言："它和《连环帐谱》一起，带动了中国会计学术的发展……作为商品经济的灵魂的会计，其著作终于也在老大封建的中国'实现了零的突破'，登上中国的历史舞台了……如果说，帕乔利的书使帕乔利成为目前世界公认的会计学的鼻祖，则蔡、谢两位的书当然也使他们成为我国会计学术的鼻祖。"

（三）《改良中式簿记概说》

主题视频

徐永祚

《改良中式簿记概说》由徐永祚于1933年编著并出版。该书详细阐述了改良中式簿记理论，秉承"中学为体，西学为用"的思想，提出了把借贷记账法的优点融合到中式收付簿记之中，在传统中式簿记的基础上吸收西式簿记原理从而进行中式簿记改良，以完成近代中国从传统会计向新式会计的变革的主张。《改良中式簿记概说》是我国第一部系统的收付簿记专著，它的推广应用对我国会计发展产生了深远的影响。

《改良中式簿记概说》一共五章内容，包括第一章总论、第二章账户分类、第三章账簿组织、第四章账簿表单格式及登记法、第五章记账规则等。徐永祚在该书总论中指出，中国的簿记之术"起源何代，创自何人，渺不可考。其见于官司文书者，仅四柱清册而已。四柱者，旧管，新收，开除，实在，是也。此系官厅簿记之法式，但民间亦沿用之，以形成今日之中国簿记法……惜中国向无专书以为讲求，仅凭口头传授，以至迄今尚无一定系统与组织之可言。其在商家尤以派别之多，法则之乱，为人诟病。自西洋簿记法传入中国后，不免相形见绌"。他在详细阐述当时中式簿记状况的基础上，挖掘出中式簿记存在的"账户无一定之分类、账簿无一定之组织、账簿无一定之格式、账法无一定之规律"等缺点，并提出了一系列改良中式簿记的措施：

（1）严格规定记账制度。与西式簿记相比，中式簿记的记账制度存在较大缺陷，没有统一、规范的记账规则，财计人员主观性较强，可以自由进行账务处理，造成记账程序混乱、账目不清。因此徐永祚主张在记账的各个环节都制定出严格、详细的制度，确保程序的有条不紊，最大限度地杜绝主观性。

（2）强调两者之间的共通性。如中式簿记的上收下付和西式簿记的左借右贷，两者的本质和作用是一致的，仅仅是存在中西文字书写的不同。因此，中式簿记虽然以中文记载，但仍应按上收下付的账簿格式填写。

（3）保留中式簿记合理部分。中式簿记的转账业务处理，如同西式复式簿记的分录。中式收付簿记法，以现金为主；西式借贷记账法，以科目为主。二者记账符号的不同是中西创造记账法者的见解不同所致，无优劣之分。由于长期的惯性，中式的收付比西式的借贷更通俗易懂，故徐永祚在"改良中式簿记"中仍照旧沿用。

（4）挖掘中式簿记的精华。如改良中式簿记仍沿用四柱结算法，这是因为四柱结算法能够反映一定时期收支的比较、经过和结果，这比西式簿记仅能反映一定期间借贷结果的试算平衡法效果要好得多。

（5）在严格规定记账制度的基础上，设定有一定弹性的自由处理方法。如中式簿记大都以全写数字记账，在数字间注明十、百、千、万等位名，和西式簿记以阿拉伯数字记账相比，不免费时又多占账簿空间，随着会计业务量的增大，中式这种记账方法势必加剧会计管理工作的负担，但是中式簿记这种记账方法却不易涂改。因此，记账者可以根据自身业务需要，自主决定是否以全写数字记账，不加限制。

（6）积极吸收西式簿记的优点。如中式账簿栏目简单，不编页码，不注明过账页，不仅查核不便，且账页丢失无从查考。在这方面，中式簿记应仿照西式簿记做法，将各账簿订立格式，编定页码，注明过账页。

《改良中式簿记概说》在中国会计发展史上留下了浓墨重彩的一笔，解决了二十世纪二三十年代广大工商企业传统会计和西式会计方法都不适应现实需要的燃眉之急，推动了中国会计事业向合理化、科学化前进了一大步，也为我们今天采用国际通行的会计准则奠定了现实基础。

（四）《无形资产论》

《商誉及其他无形资产》是我国著名会计学者杨汝梅所著，于 1926 年在美国出版。1936 年，施仁夫将其翻译成中文，并更名为《无形资产论》。该书是我国学者撰写的达到世界水平的第一部会计著作，其理论水平令会计学人叹为观止，在美国会计界被奉为关于无形资产的唯一专著。

杨汝梅（1899—1985 年），河北磁县人，是我国最早列入世界名人录的会计学家、财政专家。1920 年毕业于北京交通大学，第二年前往美国密歇根大学留学，是学校派往美国的第一批留学生之一，1926 年获博士学位。回国后到北京交通大学任教，历任暨南大学商学院、香港中文大学商学院院长。杨汝梅是推动中国会计走向世界的第一人，他的会计理论造诣精湛，为我国会计事业做出了巨大贡献。

《无形资产论》可分为三个部分，共九章。第一部分即第一章总论，概括阐述了无形资产的基本理论，包括无形资产的定义和特质。第二部分共四章，详细介绍了商誉的性质，论述了企业收益、其他无形资产以及额外收益与商誉的关系。第三部分系统、全面地分析了无形资产的会计处理，包括：第六章非购入无形资产的处理策略；第七章各种非购入无形资产，如商誉、商标及商号、专利权与版权及商业秘诀、营业特许权的分析；第八章购入无形资产的性质及其处理策略；第九章合伙及公司改组时无形资产的处理。

《无形资产论》这部巨著对无形资产理论与会计处理做了许多精辟而独到的论述，不仅界定了无形资产的基本含义、阐述了无形资产的产生与特质，还提出了商誉理论，其学术价值得到中国乃至世界著名会计学者的高度好评，对于健全我国工商企业的管理与促进会计科学的发展也起到了积极的作用。

（五）《中华人民共和国会计与审计》

《中华人民共和国会计与审计》由娄尔行等主编，1987 年 8 月在美国得克萨斯大学达拉斯分校出版，这是我国第一部系统地阐述中国会计、审计的历史、现状和瞻望的英文学术专著，得到了国内外会计学界的好评。此书的出版，结束了我国会计、审计的理论和思想只有输入、没有输出的时代，开创了我国会计、审计走向世界的先例。

该书以独特的笔触、高明的分析、巧妙的结构对中国会计和审计的许多方面做了详细论述，向国际会计学界传输了关于中国政府和企业部门在会计、审计实践中的组织机构与制度的信息。全书分三大部分，共计十三章，既有理论，又有实务；既有历史，又有现状；既有介绍，又有评论，资料十分丰富。导言部分概括地介绍了我国的政治、经济体制特点，论述了社会主义政治、社会、经济制度对会计和审计方法论产生的影响。第一部分共八章，深入剖析了当时中国的会计和审计实务与制度，以及会计、审计教育体制。其中，对建立在马克思主义经济理论基础上的我国财务会计、成本会计的理论和实务做了较详尽的分析与论述，对我国近年来会计和审计学术研究的主要成果做了系统总结。另外，还深入讨论了适用于中外合资经营企业的法规和税法、具有社会主义特色的管理会计和预算会计。第二部分简要地论述了我国源远流长的会计和审计历史，清晰地描述了中国会计和审计的专有特色，并深入介绍了在经济体制改革情况下中国的会计和审计如何适应经济的发展。第三部分是对中国会计和审计发展的瞻望和评论。首先以经济体制改革对会计和审计的影响为切入点，对我国会计和会计教育改革的方向和内容，以及审计发展趋势做了深入探讨。随后由美国得克萨斯大学达拉斯分校国际会计研究中心主任阿道夫·恩索文教授对我国会计和审计做出了精辟的评论，其认为中国会计、审计的发展具有相当大的潜力，随着经济体制的改革和对外开放政策的进一步贯彻执行，中国的会计和审计必将进入世界先进行列。

《中华人民共和国会计与审计》综合性、开创性地介绍了中国会计和审计，揭示了会计和审计如何有助于监督和协调像中国这样的大国的经济管理，为国际读者了解中国会计、审计的现状和发展提供了机会，也为进一步研究会计和审计提供了必不可少的基础。

第二节　国外会计经典著作

一　《数学大全》

1494 年 11 月 10 日，意大利科学家和教育家卢卡·帕乔利的巨著《数学大全》(又称为《算术、几何、比及比例概要》) 正式出版。该书是最早论述 15 世纪复式簿记发展的总结性文献，有力地推动了西式簿记的传播和发展。《数学大全》使会计摆脱了实务的束缚，开始了理论研究，开辟了会计发展的新纪元，掀开了会计史卷的新篇章，标志着现代会计史的正式开始。

《数学大全》第三卷第九部第十一篇《计算和记录的详论》(又通称为《簿记论》)，是介绍复式簿记的，该篇系统、完整地阐述了簿记的重要性、账簿设置、借贷复式记账方法、结账和决算、试算表等复式记账方法，是有史以来第一部论述复式簿记原理与实务的经典名著，集中反映了到 15 世纪末期为止威尼斯的先进簿记方法。该篇共计 36

章，其主要内容如表 9-1 所示。

表 9-1 《簿记论》的主要内容

章节	主要内容
第 1 章	商人成功的三个条件
第 2～16 章	账簿系统：日记账、分录账和总账
第 17 章	银行存款和提款的记录方法
第 18 章	经纪人购进商品时的会计处理方法
第 19 章	使用汇票支付的会计处理方法
第 20 章	物物交换的会计记录方法，实物应以时价入账
第 21 章	短期投机贸易的原理和记账方法
第 22 章	费用分配的记录方法
第 23 章	分店会计
第 24 章	汇票的支付和谈判方法
第 25 章	收入与支出账户的设置
第 26 章	商人或代理人在外出旅行时采用的会计方法
第 27～36 章	结算与决算的过程

在这 36 章论述中，帕乔利首先介绍了借贷复式记账法，论述了以日记账、分录账和总账这 3 种账簿为基础的会计制度，构建了簿记信息系统的基础，使优化簿记信息的取得成为可能；然后从理论上明确了分录账在确定“借主”与“贷主”记账地位中的重要性，并把以往人格化的“借主”与“贷主”抽象成复式记账法的记账标号，使其成为会计理论建设中的一个重要突破。其次从明确经济事项性质和处理应账项规律两方面论述了“有借必有贷，借贷必相等”的账务处理规则，并从形式上明确了“两侧型账户”在借贷账一致中的重要作用。最后建立了借贷复式簿记的第一方程式——“一人所有之财产 = 其人所有权之总值”，从本质上揭示了资产与资本、负债三要素在企业经济活动中的内在关系，并具体介绍了借贷平衡试算方法，明确了建立平衡关系对于钩稽账目之重要性，从而奠定了复式簿记理论体系的基础。

帕乔利对于簿记学建设的贡献还在于他建立了世界上最早的簿记准则，推动了当时公司会计及跨国公司会计的发展。此外，帕乔利还解决了簿记原理中的基本理论问题，如簿记的地位与作用、账户的设置与账户体系、定期结算与转账关系的确定，以及现金管理之重要性及方法等，这些都成为复式簿记理论建设之精华。

总而言之，帕乔利的这部《数学大全》是会计发展史上划时代的名著，其所形成的复式簿记基本框架与思想，历经几百年的考验而不衰，其对会计发展的影响之深广，几乎没有任何一部著作能与之相比。这一文献，既对已经长期在实践中应用的复式记账法做了理论上的升华，又为后来者继续丰富、发展会计理论与方法奠定了基础。所以，我们可以毫不夸张地说，这是一部对会计发展具有里程碑式意义的经典文献。

二 《数学惯例法》

1605—1608 年，西蒙·斯蒂文（Simon Stevin）编写了《数学惯例法》，这是一本有关数学、力学、地理学、航海术、会计学、音乐、军事和天文学的百科全书，该书不仅奠定了斯蒂文在会计史上的地位，而且为荷兰簿记的发展开创了新纪元。

斯蒂文（1548—1620 年），荷兰著名数学家、工程师。他早年曾在一所私立簿记学校学习过簿记知识并在安特卫普的一家商行中担任簿记员和现金出纳员。后来，他在欧洲辗转游历，在尼德兰的莱顿大学教授数学期间，他担任了奥兰治·摩里斯王子的家庭教师，二人结下了深厚的友谊。奥兰治王子成为荷兰共和国的主席后，在其邀请下，斯蒂文踏上仕途，为振兴荷兰经济做出了重大贡献。

斯蒂文与以往的任何簿记学者最大的不同之处在于：他全力在荷兰境内推广意大利式簿记法，并企望用这种新式簿记法去管理王室财政，以巩固王室财政的基础，促进荷兰经济的发展。与帕乔利一样，斯蒂文也是一位以博学多才闻名于世的大师，他不仅在会计领域做出了卓越贡献，还发明过运河的水闸，撰写过建筑学的专著，而且对数学和其他科学也有重大的贡献。

《数学惯例法》共由五部分组成：宇宙进化论即世界描写，几何学应用，重量测定技术，透视法和论集。而论集又包括六个部分：算术摘要，王子簿记，声乐理论，房展建设，战争艺术，各种记录。

“王子簿记”除“序言”以外由两部分组成。第一部分介绍商业簿记，被称作“意大利式商人簿记”；第二部分介绍如何将复式簿记运用于公共会计，被称作“意大利式王子簿记”。斯蒂文之所以写“王子簿记”这部分内容，是由于奥兰治王子感到国家财政和军队的财务管理存在很多问题，他希望斯蒂文能够将比较先进的意大利复式簿记引入国家财政和军队的财计活动中，加强财务管理，于是斯蒂文就将其与王子之间的问答进行总结，最终形成文稿，即“王子簿记”。

由于斯蒂文在簿记领域的杰出贡献，后人经常把他与帕乔利并称，实际上，对这种赞誉斯蒂文的确当之无愧，他不仅对荷兰的会计事业做出了卓越贡献，而且对欧洲其他国家（如英国）的会计发展都有着重大的影响。同时，斯蒂文的《数学惯例法》是继《数学大全》之后近代会计史上第二座里程碑。它上承源远流长的传统会计方法，下开后世会计发展的新序幕，为继起的会计发展打开了无数法门。

三 《1900年前会计的演进》

《1900 年前会计的演进》（如图 9-6 所示）是阿纳尼亚斯·查尔斯·利特尔顿（Ananias Charles Littleton）于 1933 年在其博士论文基础上不断充实和修改而成的，该书充分体现了他特别擅长运用历史发展的观点来研究会计问题的特点。正如郭道扬教授在 1999 年所撰《二十世纪会计史研究和会计史学的创立》一文中所说，该书“研究格局具有开创性，在研究内容处理方面体现了继承和发展”。也正因如此，该书的编辑认为：“这部精深的著作必将在会计专业经典文献之林中占据不朽的地位。”

图 9-6 《1900 年前会计的演进》书影

利特尔顿教授是闻名世界的美国当代会计学家之一。他先后担任过美国会计学会会长、美国会计程序委员会成员等职务。他一生对会计研究的深化、现代会计理论的发展、会计实务的完善与注册会计师职业的进步等方面均做出了杰出贡献，为此俄亥俄州立大学会计名人堂于 1956 年将其遴选为会计名人。利特尔顿教授是一位极富洞察力且博学多才的会计学家，一生著述颇丰，《基础会计绪论》《1900 年前会计的演进》《公司会计准则绪论》《会计理论结构》《会计理论：连续性与变化》等都是在世界各国会计学界广为流传并产生了重大影响的会计文献。

利特尔顿将 1900 年以前会计思想的发展分为两个阶段，并在《1900 年前会计的演进》这部著作中将其分别作为两个部分进行阐述。第一阶段大约发端于 1300 年，在这一阶段，由于商人们迫切需要了解“人欠和欠人”的情况，促进了复式簿记方法的产生与不断完善，对这一重要的历史过程在该书的第一部分分十章进行了系统的阐述。该书的第二部分则提供了大量的关于账户、分类账、账簿等的史料，展现了第二阶段会计技术和程序的演变，论证了正是工业发展和公司制企业的出现，导致了企业需要信息来控制组织的内部活动，因此“簿记”（Bookkeeping）在 19 世纪开始向“会计”（Accounting）转变。就如利特尔顿教授在前言中所说，这部书不仅是簿记或会计的发展史，而且再现了作为表示和计量工具的簿记艰难的设计和完善的进化过程，并勾勒了由简单的记录或簿记扩展为会计的环境要素变化。该书的总体贡献体现在四个方面：一是系统阐述了复式簿记的发展史，并揭示了其历史运行规律；二是立足于对历史环境的分析，阐明了由簿记阶段向会计发展阶段转变的根本原因；三是研究了审计发展史，并揭示了其历史运行规律；四是阐明了成本会计的起源与初步发展的原因。

会计是“永不停止的历史”，利特尔顿在这部著作中以严密的逻辑思维、丰富的史料、精准生动的语言开创了会计史研究的新格局，催生了一大批会计史名著名篇。1987 年，著名会计学家杨时展教授在为文硕先生所著《西方会计史（上）》撰写的前言中曾高度评价利特尔顿的这部《1900 年前会计的演进》，认为正是它的出版，才使得会计史研究“在世界范围内引起关注”，从而“推动了会计史研究的发展”。譬如，保罗·加纳正是受到该书的启发，写作并出版了《1925 年前成本会计的发展》一书，此书同样引起了世人的关注。因此，阅读这部系统研究会计史的开山之作，不仅能够开阔我们的研究视野，更能促进我国会计史以及会计思想演进问题研究的发展。

四　《1925年前成本会计的发展》

《1925 年前成本会计的发展》（如图 9-7 所示）是 S. 保罗 · 加纳（S. Paul Garner，1910—1996 年）的博士论文，也是他的代表性作品。该书以大量、翔实的资料及中肯贴切的分析，系统全面地论述了1925年之前成本会计的产生与发展，是成本会计领域一部具有指导性意义的经典论著，面世以来一直受到多方面关注，为作者赢得了很高的国际声誉。美国会计史学家学会在将其作为会计史经典系列的开篇再版发行时称其为“会计史研究方面一部真正的经典之作”，迄今为止，它依然是会计学林中唯一一部系统研究成本会计发展历史的专门著作，有着不可取代的学术地位。

图 9-7 《1925年前成本会计的发展》书影

S. 保罗·加纳是一位极具绅士风范的美国学者，他在促进学术发展及会计的国际交流方面做出了杰出贡献。他早年在杜克大学求学，受汉密尔顿（J.Hamilton）博士的影响，对企业史产生了浓厚兴趣。1932年、1934年在杜克大学分获经济学学士、硕士学位。1937年秋，他进入得克萨斯大学攻读博士学位，在乔治·希利斯·纽洛夫（George Hillis Newlove）教授指导下完成博士论文《1925年前成本会计的发展》（1940年）。他曾任美国教育部、国防部顾问，是唯一一位既担任过美国会计学会会长（1951年），又担任过美国商学院联合会会长（1964—1965年）的著名学者。此外，加纳还是1984年成立的国际会计教育与研究联合会的首任会长，曾用多种语言发表学术论文40余篇，以及论著多部，其学术观点产生了很大的国际影响。

《1925年前成本会计的发展》一书在系统研究早期工业簿记实践中复式簿记原理的运用及1700—1885年成本会计缓慢演进的基础上，对1885年后成本会计各主要议题的发展演进做了深入细致的分析研究，介绍了成本理论和实务的产生与发展，既考虑了历史的时间纬度，也考虑了成本会计的内涵范围。加纳撰写本书的主要目的，首先在于改变对成本会计史由来已久的忽视。为此，他将研究重点放在与确定产品实际成本有关的成本会计实务和理论的起源与发展方面。虽然这一定位严重限制了本书的研究范围（如未能详细研究估计成本、标准成本、成本控制等内容），但这有助于加纳集中研究传统的（历史）成本会计。为了全面系统地揭示成本会计产生和发展的总体脉络与基本规律，加纳一开始就对研究范围做了严格限定，然后对成本会计实务各部分内容的产生和发展进行了详细的分析研究。基于上述时间范围和国别范围以及传统（历史）成本会计主题的界定，加纳教授把全书分为十二章共四大部分进行成本会计史发展路径的总体观察与分析。第一部分（第一章）重点介绍中世纪的工业簿记发展，说明成本问题的早期发展情况。第二部分（第二章）通过对1700—1885年主要著述的分析研究，说明1885年以前英美两国的成本会计缓慢发展。第三部分（第三至第十一章）是全书的主体部分，主要集中研究各种不同成本会计理论与实务的产生和发展。第四部分（第十二章）则概括了加纳的主要研究结论，分别是：

（1）1885年以前，尽管人们对成本理论和实践亦曾有过一定兴趣，但却没有哪位权威人士将它看作一个值得专心研究的问题。

（2）1900年前，英国成本会计师对成本会计的基本观念和程序做出了不可磨灭的贡献；在此之后，美国理论家和实践者超过了他们的英国同行。

（3）主要成本制度的运用远较完全工厂成本安排为早。

（4）1900 年前，作为成本第三大项的工厂间接费用一直为人们所忽视，但自此之后，人们对它的关注远胜于前两个项目（直接材料和直接人工）。

（5）在大量条件和判断的约束之下，从所得到的证据看，似乎工业活动比较“低迷的年份”，往往会是在引入新的成本会计技术和程序方面硕果颇丰的时期。

（6）在美国早期成本会计发展中，工程师而不是成本会计师或一般会计师更关注成本计算问题。

（7）较早时期有关成本问题的讨论中，美国人对工厂存货计价理论和方法的关注远不如英国人。

（8）进入 20 世纪之前，成本记录与财务记录一体化的步伐一直非常缓慢，直到 20 世纪 20 年代，有关细节问题尚未得到完全解决。

（9）成本会计理论和方法的发展是工业环境变化的结果，日渐复杂的生产工艺流程促进了成本会计理论和方法的快速发展。

加纳上述结论概括了成本会计发展的基本规律，进一步印证了“会计是反映性的”，其中一些结论值得成本会计人员进行深刻的思考。

五　《会计理论结构》

《会计理论结构》是阿纳尼亚斯·查尔斯·利特尔顿教授在多年讲授会计理论课程的基础上于 1953 年完成的一本专著，也是国际上非常著名的一本重要科技文献。

《会计理论结构》一书比较深入地阐述了会计的本质、会计理论的含义与作用，以及会计原则和规则及其应用等许多重要的会计理论问题，其中的很多观点对今天的会计理论研究与探索都具有重要的启迪和借鉴作用。作者比较有意识地将全书分成两大部分，第一篇为“会计的本质”，设方位、重心、分类的系统、期间再分类、信息的报告、独立的审查、模型的要素七章；第二篇为“理论的性质”，设理论的工具、行动和规则、原则的制订、归纳法形成的原则和理论的应用五章。“会计的本质”篇是全书的重点，它从会计的时空框架、会计的目的、会计的分类系统及信息的报告与审查等方面深刻阐述了会计的本质，最后从组织学的角度构建了会计结构模型，构筑了较为完整的会计理论结构体系，论证了会计学科体系的严密性。而在“理论的性质”篇中，则着重阐述了会计理论的性质和会计理论对会计实务的指导作用，作者将重点置于会计理论中基本概念（如会计行为、目的、理由、规则、指南、惯例和原则等）的含义解释及内在关系的分析之上，全面地阐述了自己的学术见解。

综观全书，利特尔顿教授对会计基本理论问题的阐述采取了层层递进的方法，做到了深入浅出、推理严密、逻辑性强，把会计基本理论观念有机地联系在一起，用近似哲理的表述方式为我们提供了一副会计理论体系的完整框架，有助于我们更好地认识会计理论的结构及其发展变化。正因如此，利特尔顿教授在全书结束时指出，对于全书而言，在讨论会计性质和会计理论结构时，读者不必了解会计程序的详细情况就可以理解这些主要见解，也可以很快地认识到会计提供服务的能力甚至会计工作自身的局限性。《会计理论结构》最早于 1953 年作为美国会计学会的第 5 号研究报告正式发表，1958 年再版，随后每隔 3 年即重印发行一次并持续多年，还被译成多种文字传入世界各国。

六 《审计理论结构》

《审计理论结构》（如图 9-8 所示）一书是罗伯特 · K. 莫茨（Robert Kuhn Mautz）与他的学生侯赛因 · A. 夏拉夫运用深邃的哲学思想进行理论研究的成果，是世界上第一部将审计理论作为一门独立的学科加以论述的重要著作。

图 9-8 《审计理论结构》书影

莫茨是美国著名的审计学家和教育家。他曾任美国会计学会会长、审计程序委员会成员、成本会计准则委员会成员和财务会计准则咨询委员会委员等职，1981 年他还被任命为公共监督委员会的第一个会计人员。从 1966 年起，莫茨还连任美国审计总署顾问达 11 年。莫茨的研究领域广泛，学术成就卓越，共发表了一百多篇论文，并出版了十多部专著。其代表作包括：《审计理论结构》（1961 年）、《高级会计师的职责》（1953 年）、《审计基础（第二版）》（1964 年）、《基本会计假设和原则说明》（1964 年）、《管理控制系统的标准》（1981 年）和《计算机信息系统的高级管理控制》（1983 年）。其中，与夏拉夫合作的、于 1961 年公开出版的《审计理论结构》最为著名，受到世界审计领域的关注，成为他的全部著作中流传最广的一部，弥补了审计理论学科的空白。《审计理论结构》的成功，不仅使莫茨和夏拉夫一跃而居于美国著名审计学家的行列，而且蜚声海外，成为世界审计理论的权威人物。莫茨还于 1978 年入选美国会计名人堂。

一直到 20 世纪 50 年代，与论述会计理论的丰富资料相比，在审计文献中，都很难找到论述审计理论的文章或专著。所以，很多人一直认为，审计职业主要依靠审计实务来保持其地位，并没有一套科学的审计理论体系来支持审计实务。但是，审计人员开始遇到向着不同类型扩展的企业和各种各样的经济业务，这种情况开始要求审计有一个统一的审计基础理论。为了建立一个统一的审计基础理论，莫茨和夏拉夫合作，开始了审计理论的探索。他们坚信审计也有自己的理论，不仅存在着对开展实务有直接帮助的基本假设和知识体系，而且通过了解审计理论体系，可以引导审计人员合理地解决他们所面临的错综复杂的现实问题。在以后的几年里，他们的研究活动几乎都是围绕着建立审计理论这一中心课题进行的。在审计理论的研究途径上，作者运用哲学中的一些概念和方法，对各种审计现象进行了哲理式的思索、提炼和升华。他们认为，应同时从理解、展望、洞察和想象四个角度对审计进行全方位的探索。他们观察出审计具有集合科学的性质，所以，莫茨和夏拉夫试图在不同学科之间架起桥梁，将数学、行为科学、逻辑学、沟通学、伦理学的一些研究方法渗透到审计中来，在一个更宽厚的基础上，丰富和发展审计理论这门崭新的科学。

1961年，《审计理论结构》完稿，全书共十章。本书在理论上有不少独特之处，从“审计理论的探求”“审计方法论”“审计假设”“审计理论中的概念”“审计证据”“应有的审计关注”“公允表达”“审计独立性”“审计道德行为”“审计的展望”十章的主题中就可以体现出来。本书的第一章批判了过去许多人把审计看成一系列的实务、程序、方法和技术，因而不重视审计理论研究的做法。作者提出了对审计理论的探求，论证了进行审计理论研究的重要意义和主要途径及方法，从而为建立系统的审计理论奠定了基础。在第二章中讲述了审计与其他学科一样，有一套包括态度和程序的方法论问题。第三章专门论述了审计假设，并提出了八条审计假设。在第四章提出了审计概念，认为审计的概念反映了审计学的本质，正是这些概念形成了审计的理论结构。在之后的四章，重点论证了审计理论的五个概念，就是第五到九章阐明的“审计证据”“应有的审计关注”“公允表达”“审计独立性”“审计的道德行为”。在第十章，勾画了审计结构框架图。

《审计理论结构》一书从哲学高度来对审计的基本理论进行分析和论证，其内容涉及面广，寓意较深，思想内容深邃，不免有若干晦涩之处。但该书是审计学原理的精华，它在审计理论的论述上系统、深入、全面，而且是针对若干现实的审计业务问题，将实践经验上升到理论，开拓了审计理论研究的先河，对世界审计理论与方法的发展都有卓越的贡献，不愧为当代的审计经典著作，被许多审计学者誉为审计理论的第一个里程碑。

七 《财务呈报：会计革命》

1981年，威廉·H. 比弗（William Henry Beaver）所著的《财务呈报：会计革命》（如图9-9所示）出版，本书针对财务呈报方式提出了一系列现实建议和前瞻性理论，突出了揭示非财务数据、前瞻性数据和公允价值数据可以看成是财务呈报自然拓展的主题，该书由革命、信息、确定性、不确定性、证据、市场效率和规范七章所构成，其论证严密、观点新颖和大量运用实证研究成果，清晰、精辟地介绍了20世纪60年代前后会计理论界和实务界对会计目标认识的重大转变，被誉为“当代最有影响的会计学著作之一”。

威廉·H. 比弗是美国当代著名的会计学家和杰出的教育家。早在20世纪60年代，比弗就开始涉足会计计量方法与财务预警信息的研究，特别是他关于安全价格的研究开创了经验会计研究的先河，并对后来会计理论研究方法的发展及变革产生了极为重要的影响。比弗先后在《会计研究杂志》等重要会计期刊上发表了60余篇专业论文，并出版了一本有着重要影响的专著——《财务呈报：会计革命》。由于在会计专业领域的丰硕成果与贡献，他曾

图9-9 《财务呈报：会计革命》书影

多次荣获美国会计界的重要学术奖项。在美国会计学术界，比弗是迄今为止唯一获得过美国会计学会五个荣誉奖项的学者。1996年，比弗还因开创“会计学中资本市场研究之先河”的突出成就而入选美国“会计名人堂”（Accounting Hall of Fame）。在社会活动方面，比弗曾于1987—1988年担任美国会计学会会长，于1977—1978年任财务会计准则委员会（FASB）主席等职。

《财务呈报：会计革命》是比弗的代表作，该书共包括七章内容。在本书的第一章，比弗着重描述了会计革命的内涵，为读者理解财务呈报的革命提供一个基础。比弗认为，在信息观下，财务报告应当有利于投资者决定如何在当前消费和投资之间分配财富，以及如何在各种证券当中安排投资所需的资金数额，盈余数字应能够提供一个比当前的现金流量更好的未来现金流量和股利支付能力信息，从而对会计起到一定的作用。在第二章，比弗进一步探讨了财务报表向投资者、信贷人和其他人士提供有用信息的意义。比弗指出财务信息系统的经济后果可能会以不同的方式影响利益关系人。由于财务呈报有许多潜在的经济后果，因此财务呈报制度之间的选择可以在本质上被看成是涉及利益关系人之间平衡的一个社会选择问题。比弗认为，依据这种观点，会计准则制定便成为政治程序的结果。由于决策的不确定性，各种利益关系人都可能会受到具体财务会计准则或公司披露要求的不同影响，同时，它也可能以不同方式受到信息的影响，所以对于何为“最佳会计方法”就不会有共识。因此比弗特别强调，财务呈报制度的选择虽然是一种社会选择，但仍然需要规范财务呈报提供信息的形式。比弗认为，在财务呈报的信息观下，财务报表中没有其他任何数字能够像会计盈余那样更吸引投资者的注意。会计盈余和证券价格之间的关系是证券分析中最为重要的关系，大量的经验研究也都是针对会计盈余数字和证券价格的关系而展开的。所以该书的第三章和第四章分别探讨了确定性和不确定性条件下的会计盈余数字与企业价值及普通股价值之间的关系。从信息观的角度看，会计盈余可被看成是信息系统的一个信号。因此在财务或会计学领域的经验研究中，证券价格与会计盈余之间的关系受到研究人员的重视。在本书第五章，比弗对12个令人感兴趣的关于会计盈余与股票价格之间关系的经验研究进行了回顾。第六章重点讨论了市场效率问题。在该书的第七章，比弗着重探讨了为什么要规范、如何规范、由谁规范（SEC或FASB）等一些财务呈报问题。

《财务呈报：会计革命》的特色体现在以下几个方面：

（1）作者将会计价值观从计量观到信息观的转变评价为一场深刻的会计革命。计量观产生于完美和完全市场，核心思想是以会计收益准确反映经济收益。信息观则放宽了对完美和完全市场的假设，将会计呈报的功能仅定位在提供能够改变投资者未来预期的增量信息上。

（2）深入阐述了财务呈报有待深入研究的两个基础问题：一是处于现行财务会计结构中心位置的应计制会计的功用问题，二是作为财务呈报环境主要构成的财务呈报规范的功用问题。

（3）《财务呈报：会计革命》旨在在会计的历史与未来之间架起一座桥梁。书中系统梳理并总结了20世纪50年代以来的会计实证研究成果，对深入理解财务呈报与证券市场之间的关系具有“概念框架”式的指导意义。

值得注意的是，本书是站在美国人的角度写作的，作者并没有尝试从国际视角来研究相关问题，因此本书对于美国以外的所有与财务呈报的计量和披露相关的经验研究结论被忽略了；另外本书主要侧重于研究投资决策、金融市场和证券价格行为，对财务会计理论的研究较弱，没有讨论会计规范、会计实务以及盈余数字的经济后果，同时将财务呈报的使用者几乎完全集中在投资者身上，忽视了其他一些主要利益关系者。而且本书虽然把应计会计的功用作为重点来探讨，但仅对这个问题的某些概念进行了诠释，仅为解释不确定性和不完善市场背景下的会计盈余提供一个框架，分析不够深入。但本书在激发读者的学术研究，帮助他们找寻相关的研究主题方面有独特的学术价值。本书作为“当代最有影响的会计学著作之一”，入选了由著名会计学家、美国会计学会前会长、芝加哥大学教授凯瑟琳·希柏（Katherine Schipper）主编的“会计名著系列”（Prentice Hall Contemporary Topics in Accounting Series）。

八　《管理会计兴衰史：相关性的遗失》

1987 年，美国波特兰州立大学的 H. 托马斯·约翰逊（H. Thomas Johnson）教授和美国哈佛大学商学院的罗伯特·塞缪尔·卡普兰（Robert Samuel Kaplan）教授合著出版了《管理会计兴衰史：相关性的遗失》（如图 9-10 所示），当时轰动了整个西方会计学界，在管理会计的发展史上具有十分重要的意义。

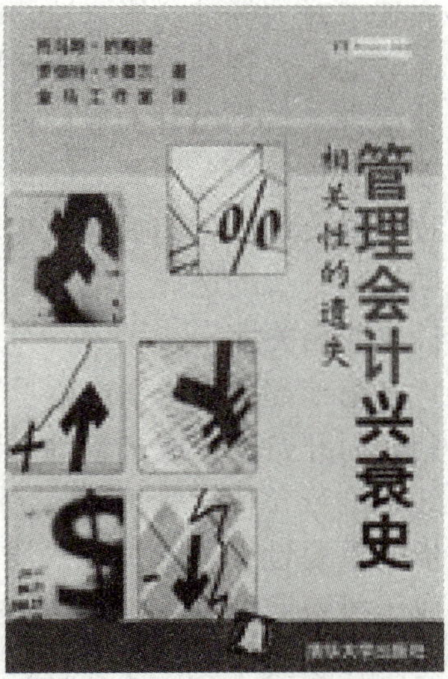

图 9-10 《管理会计兴衰史：相关性遗失》书影

约翰逊于 1988 年来到波特兰州立大学任教，他是第一位在质量管理方面被资助的教授，这项资助一直持续到 2001 年。他是国际著名的经济史、管理会计和质量管理领域的权威，曾先后出版了 7 本专著和发表了 100 多篇论文及评论。

卡普兰是世界著名的管理会计大师，也是平衡计分卡的创始人，是美国平衡计分卡协会主席。卡普兰是一位多产作家，他单独或与别人合作的著作超过 12 本，在学术和专业杂志上发表的文章超过 120 篇，他的研究集中于作业成本管理、平衡计分卡、业绩管理和战略执行等方面。由于他对管理会计理论与实务的发展做出了杰出贡献，因此于 2006 年入选美国“会计名人堂”。

管理会计对企业的长期计划是非常关键的。然而，面对如今快速变化的技术环境、激烈的国内和全球性竞争，以及迅速提高的信息处理能力，现有的管理会计系统已经有些过时，难以满足企业的需求。整个管理会计的发展在 20 世纪 80 年代陷入停滞，甚至有人怀疑管理会计是否有存在的必要。正是在这一背景下，约翰逊与卡普兰合作出版了《管理会计兴衰史：相关性的遗失》一书，将双方独特的观点加以结合，描述了美国经济中管理会计的变革。全书共十一章，可分为四个部分。第一部分即第一章导论；第二部分包括第二至第五章四章，讨论管理会计的产生与发展；第三部分包括第六至第八章三章，讨论管理会计的衰落，并指出其原因是相关性的遗失；第四部分包括第九至第十一章三章。该书主要是在第三部分分析管理会计所面临的问题，在相关性消失的情况下，提出了未来的发展方向。

在第一部分导论开篇第一句中，约翰逊与卡普兰这样写道："今天的管理会计信息是被企业的财务报告系统的循环程序牵着鼻子走，这是落后并歪曲了企业管理者的计划和控制决策的相关性。"会计分为财务会计与管理会计两个分支，其中财务会计主要是向外部信息使用者，如股东、债权人、债务人、潜在的投资者、税务部门等提供相关会计信息的；而管理会计主要是面向内部，向企业管理者提供经营决策的相关信息。信息的使用者不同，那么提供的信息自然也不同。长期以来，管理会计受财务会计程序的影响，对内对外分不清，那么提供的信息自然是相关性不足，这样就带来了三个严重的后果：第一，管理会计报告很少帮助企业管理人员降低产品成本和提高生产效率。因为这些报告的相关性不足，企业管理人员还要花费时间精力去研究，自然无益于生产效率的提高。第二，管理会计也没有提供准确的企业产品成本资料。原因是管理会计发展到20世纪80年代机器工业生产时代，主要的成本分摊方法仍然以早期手工生产时期的直接人工工时为标准。毕竟这个时候直接人工在产品成本中所占的份额应该是很小的一部分了。第三，管理人员的水平影响着体现短期经营成果水平的企业月损益表。一方面，对外报告一般是以月为单位，对内报告应该根据生产经营需要及时提供相关信息，这个时期可能是一天、一周、一旬等，而不应该局限于财务会计的报告周期——月，否则就导致管理会计信息相关性减少；另一方面，管理人员可能为了某种目的，通过一些会计事项处理方法的选择，编制出看上去经营状况良好的报表，"显示出乐观的利润"，而降低信息的相关性。

第二部分则详细论述了管理会计的产生与发展。19世纪初，英国纺织企业为了追求利润而开始进行成本管理。到19世纪末20世纪初，泰勒为了检查劳动工人和原材料的效率推行"科学管理"，带来了标准成本管理，同时人们还注意到了产品的盈利能力分析的重要性（边际贡献的雏形），再到20世纪20年代左右，杜邦公司在生产经营中形成了投资回报率（ROI）分析体系，同时产生了早期的责任会计，同时期的通用汽车公司则在实践中诞生了弹性预算与利润中心考核体系。总而言之，通过第二部分的介绍，我们可以感觉到管理会计是在实践中为适应管理的需要而产生的，并在生产实践中逐步完善。

第三部分讨论了管理会计衰落，也即其相关性消失的原因。大概在1900年以后，成本会计取代了成本管理。但是，成本会计并不是为了成本管理而描述成本，而是为了财务报告而对存货进行计量，不再考虑内部管理决策和控制的要求（这一原因导致了相关性的消失）。这一状态之所以能够存在，有三个原因：第一，直到20世纪60年代，美国在国际市场上还没有竞争对手，美国的产品无论价格高一些还是低一些总能卖出去；第二，当时美国虽然有一些公司主动要求审计师审计财务报告，但当时的审计师普遍不重视产品成本；第三，正因为对成本重视度不足，所以出于搜集信息的成本原因，人们也不花费过多的精力来计算成本。种种原因导致成本被歪曲，此处他重串了导论中提到的管理会计相关性消失的三个严重后果。同时，这一时期的学术界做出了不少贡献，管理会计得到一些新的发展，如出现了成本习性分析、机会成本、贴现现金流量、剩余收益等新的内容，而且开始了管理会计与运筹学、信息经济学的结合。但所有这些，都无法改变管理会计相关性消失的事实，管理会计的发展需要变革。

第四部分提出了在全球竞争的新环境下，管理会计面临着新的机遇，管理会计体系也得到了新鲜血液，如全面质量管理（TQC）、及时生产系统（JIT）、现代化工具计算机等。最重要的是，作者在书中提出了未来的业绩计量系统，即今天的作业成本法（ABC）这一观点，为管理会计的发展指出了光明的前景。

作为20世纪最畅销和最有影响的管理方面的图书，该书获得了众多学术界与实务界专家的高度评价。美国国家会计协会专业服务部门常务理事认为："所有希望在今后几年保住自己职位的管理会计人员都应该阅读这本书，将作者传达的信息铭记在心。读过或听过这本书内容的人们将参与未来的发展中，而没有接触它的人们将面临被取代的危机。"通用汽车公司助理审计员对该书的评价是："一本具有挑战性和创新性的书，涉及研究者们多年来一直忽视的领域。"

九　《财务与会计研究：方法与方法论》

2002年，鲍普·瑞安（Bob Ryan）、罗伯特·W．斯卡彭斯（Robert W. Scapens）和迈克尔·西奥博尔德（Michael Theobald）合著出版了《财务与会计研究：方法与方法论》（如图9-11所示），该书以其独特的视角、新颖的观点，受到国际学术界的普遍好评。斯卡彭斯是英国著名的会计学家、特许会计师，曼彻斯特大学教授，其研究领域主要集中于管理会计，主要研究领域涉及管理会计变化的过程及新系统的实施障碍、管理会计实务变化的性质及对商业组织的影响、绩效计量系统及其在全球性组织中的应用、案例研究方法的作用以及制度经济学和构建理论对管理会计的贡献。2004年，斯卡彭斯因在管理会计方面的突出成就而获得英国会计学会颁发的杰出学术奖。

图9-11　《财务与会计研究：方法与方法论》书影

西奥博尔德是伯明翰大学教授，是《银行和金融》杂志、《国际金融季刊》杂志、《商业财务和会计》杂志、《英国会计评论和衍生工具会计》杂志等刊物的编辑委员会成员。西奥博尔德的研究领域集中于衍生工具、风险管理、定价过程与国际对冲基金。

三位学者对方法论研究的最初尝试始于20世纪70年代中叶在曼彻斯特大学为研究生开设的方法论课程，80年代以后，他们继续发展当时形成的思想，对这一思想进行系统整理，形成了《财务与会计研究：方法与方法论》。本书内容包括层层递进、相互联系的三篇：财务与会计的研究传统、研究方法和评论分析技术。

第一篇首先从哲学观点的争论出发，展示了会计与财务研究方法及方法论的哲学基础，然后描述了财务、管理会计和财务会计的传统研究。基于金融资产的定价、期权定价、金融市场中资产价格对信息的消化是财务学研究中的三个重要领域；会计信息应该满足使用者的决策需要、不确定性和信息成本以及管理会计实证理论是管理会计研究中的重要领域。同时还分析了这些领域的研究传统和科学哲学观点的相互关系，实际上是对财务与会计具体研究方法的探讨。

第二篇是对财务与会计具体研究方法的探讨。三位学者介绍了研究过程中的经验研究、实证研究解读以及案例研究、实验研究等方法，并以博士研究生的研究为例，对学位论文的选题直到研究成果的公布进行了详细的介绍。

第三篇是对研究过程具体方法的介绍。首先阐述了如何进行有效的、前后一贯的且具有独创性的文献回顾，然后介绍自然语言推理的技巧，最后讨论了形式逻辑分析方法的作用和范围。

会计和财务是任何经济系统都要研究的重要课题。在研究中，方法离不开方法论，两者缺一都将导致无效率的研究。因此，研究需要超越对课题合理理解的系统培训。方法论向来是受到激烈争论的主题，并且被难以改变的个人信息系统所围绕。基于各种原因，人们在研究中会采用不同的方法和方法论研究财务与会计问题。《财务与会计研究：方法与方法论》是对财务与会计研究中所使用的方法及方法论的一种全面而系统的研究，对财务与会计研究方法及方法论具有较大的指导意义，是财务与会计研究方法与方法论方面的经典著作。

十 《财务会计理论》

2006 年，威廉姆·R. 斯科特（William R.Scott）所著的《财务会计理论》出版，该书被誉为“会计学的最高境界”，它在结合西方会计理论界实证研究成果的基础上，取材现实中的跨国企业报告、著名公司运作案例、各种传媒的报道，阐述财务会计如何发挥作用、提高会计信息的效率，呈现了会计理论研究及实证方法的独特魅力。

斯科特是加拿大滑铁卢大学著名的会计学教授，曾在多所大学执教并曾担任加拿大会计学会主办的著名会计刊物《当代会计研究》的编辑，也曾在芝加哥大学会计研究所主办的《会计研究杂志》等重要会计杂志上发表许多研究论文，特别是其在现代会计理论方面的造诣在学术界有重大的影响。

虽然斯科特自认为主要研究领域是审计理论，但是他所撰写的《财务会计理论》一书却比其他的专著在国际上影响更为广泛。全书力图以信息经济学的框架来解释财务会计在现实世界中所碰到的基本矛盾，即作为一种信息系统的财务会计难以既协调股东与管理当局之间的关系，又保证满足投资者的信息需求，其目的在于在考虑外部使用者和企业管理当局多方利益的情况下，让读者认识当前的财务会计及其报告的环境。该书共分四部分。第一部分包括第一、二两章，第一章概括和阐述了全书整体框架：由理想状态下“以现行价值为基础的会计”延伸到现实中，分为逆向选择（内部信息）和道德风险（管理者的努力程度）两个方面。第二章描述了理想状态下的会计问题。所谓的理想状态，是指经济以完美和完全的市场机制为特征，也就是不存在信息不对称或其他影响市场公平、有效运作的障碍，也即“最优状态”。但是在现实状况下，“理想状态”并不存在，而该书又是以信息经济学为基础的，所以书中主要研究的是在现实状态下，商业交易中有一些人可能比其他人具有信息优势时的情况。当发生这种情况的时候，一般就认为该经济机制中存在着信息不对称性。本书就讨论了两类主要的信息不对称性，即逆向选择和道德风险。

逆向选择的产生是因为一些公司管理人员和其他内部人员比外部投资者掌握了更多的有关公司当前状况及未来前景的信息。管理者和其他内部人员可以通过各种途径，以牺牲外部投资者的利益为代价来谋取他们的信息优势利益。该部分提到的理性投资者决策是指投资者以实现财富的期望效用或个人满意程度最大化为目标进行决策。当大量的理性投资者在一个有序运作的证券市场上做出相互影响的决策时，这一市场就会变得有效，会计在有效市场的环境中采取的措施是充分披露，即提供大量的信息以帮助投资者对企业未来状况做出自己的预测。对逆向选择问题的讨论构成了本书的第二个组成部分。

道德风险的产生是因为交易参与者或潜在交易者中的一方或多方在整个交易的履行过程中能够观察到他们的行动，而其他参与方却不行。讨论完这两个原因后，就涉及了准则制定的问题，我们可以更清楚地看到财务会计理论基本问题的本质。资产和负债的公允价值比历史成本更加符合投资者的利益。因为公允价值提供了预测公司未来业绩最好的指示器。但是，管理人员可能认为，调整资产和负债公允价值所导致的损益不能反映他们的经营业绩。这样准则制定者很快就会陷入协调投资者与管理人员之间利益冲突的境地中。对道德风险的讨论构成了本书的第三部分。

投资者同时面临逆向选择和道德风险，然而，控制这两种情况所需要的信息是不同的，这样准则制定者很快就充当了投资者与管理者之间利益冲突的协调者，本书第四部分主要讨论了准则的制定问题。

《财务会计理论》一书用一个统一的框架将一系列庞大的理论研究组织起来，以解释财务会计在现实世界中所碰到的基本矛盾。在这一框架内，《财务会计理论》总结了西方会计理论界20世纪60年代以来的实证研究成果，书中所讨论的一系列学术文献为读者勾勒了西方实证会计研究的大致脉络，不仅回答了“将近50年的实证研究意义何在？”这样的疑问，而且为有志于进行这方面学术研究的读者提供了一个接触实证会计理论研究方法的机会，向读者展示了会计理论研究及实证会计的独特魅力。对于以会计学为专业及准备投身于财务会计研究的读者而言，这种“导游图”式的著作所能提供的帮助是尽快取得成功的关键。对于那些希望从财务会计的视角来充分领略经济学魅力的读者，《财务会计理论》在展现现代经济学中涌现的纷繁复杂的数理模型的同时，还提供了一个逻辑一致、现实鲜活的运用实例。此外，本书通过正文和每章后的大量习题为我们展示了美国的社会经济环境，透过取材于现实的跨国企业财务报告、著名公司运作案例、各种传媒的报道，读者可以从立体的视角来把握全书的整体结构。它们不仅提供了有关美国证券市场的运作情况，还对金融、财务领域的专业人士起到了宝贵的借鉴作用，即不论是从事会计实务工作的人，还是进行会计理论研究的人，均能够从环境的角度来对中国和国外的情况做比较，从而得到意想不到的收获。

十一 《社会与环境会计》

2010 年，由罗伯特·休·格瑞（Robert Hugh Gray）、简·贝斌顿（Jan Bebbington）和苏·格瑞（Sue Gray）主编的《社会与环境会计》出版，该书综合了近十年来国际学术领域有关社会与环境会计研究的重要文献，因而可以说是该领域内研究的集大成之作。

格瑞是环境与社会责任会计领域著名的会计学家，也是一名特许会计师，现担任苏格兰圣安德鲁斯大学社会与环境会计研究中心主任、研究生中心主任、会计学教授，并兼任澳大利亚墨尔本皇家理工大学研究员、英国特许会计师公会社会和环境问题委员会成员。格瑞曾于 1991 至 2007 年担任《社会和环境会计》杂志编辑，他还担任了多达 14 种会计期刊的编辑部委员会委员，这些期刊包括《会计组织和社会》《会计、审计与职责杂志》《环境会计和管理的发展》《英国会计评论》等。因其对会计行业的突出贡献，2004 年格瑞被选为英国会计协会会计名人堂 14 位创始会员之一，并在 2009 年英女王生日宴会上被授予大英帝国勋章。格瑞的研究成果极其丰硕，他不仅编著了多本著作，并发表有 250 余篇论文，且大多是围绕着环境与社会责任会计这一主题。其中影响较大的主要是他主著的《环境会计与管理》和《社会与环境会计》两书。

《社会与环境会计》将自 20 世纪 70 年代以来诸多学者对环境与社会责任会计的研究成果进行了精心汇编，内容综合了学术研究和实际工作两方面的前沿研究文献，具有较强的理论性和实践应用指导性。所选文章大多是在该领域内产生过较大影响的，在研究方法上均具有明显差异性和较强创新性，书中诸多学者的研究结论和学术观点，既可为人们了解环境与社会责任会计起源和发展奠定坚实的基础，也可对未来深入研究发挥重要指导作用。在该书的内容编排上，作者将其划分为基础理论、研究进展、争论和冲突，以及实践、创新和未来可能的突破四个部分。

第一部分包括五章，主要是概括前期学者所做的理论研究，包括早期的社会会计研究的理论成果以及在外部环境和报告披露方面所做的研究。第二部分则在前述基础上，介绍了领域内的研究进展情况，分五章来进行论述，内容涵盖了调查法、内容分析法、实证研究等不同研究方法的运用，以及利益相关者理论、合法性理论、媒体议程设置等相关理论在实践中的应用等。第三部分是争论和冲突部分，作者将注意力集中于那些有较大争议的研究文献，这部分包括四章，介绍了会计学者围绕社会会计认知所进行的激烈交锋以及从生态和女权视角讨论的会计与环境问题等。第四部分是实践、创新和未来可能的突破，编者通过对文献的梳理，全面地揭示了社会与环境会计未来发展的方向，同样包括四章内容，针对社会与环境会计实践中出现的一些新证据再反馈于理论研究，如碳交易、利益相关者对话和互联网等。

可以说《社会与环境会计》几乎囊括了所有社会与环境会计研究问题，既有体系构建等比较宏观的探讨，又有专注于某个问题的研究，其层次体系分明，结构合理。因此，该书对于那些有志于在社会与环境会计领域从事研究和实践者来说，是一本很有价值的参考文献。

本章小结

本章主要介绍了国内外经典会计著作，帮助同学们了解人类会计史上博大精深、影响深远的会计思想和会计理论。

课后拓展

1. 利用本课程学习资料库资料，引导学生阅读《数学大全》。

2. 通过网络和查阅图书馆资料，引导学生再收集一些国内外会计经典著作。

3. 利用本课程学习资料库资料，引导学生开展关于我国会计经典著作在国际会计发展中的影响和作用的讨论。

阅读链接

[1] 白寿彝. 中国通史纲要. 上海：上海人民出版社，1980.

[2] 文硕. 西方会计史：上. 北京：中国商业出版社，1987.

[3] 许家林，王昌瑞，龚翔. 西方会计名著导读（上、下）. 上海：立信会计出版社，2014.

[4] 李晓慧. 会计百年通识教材. 北京：中国财政经济出版社，2013.

[5] 于玉林. 会计大百科词典. 上海：上海财经大学出版社，2009.

[6] 厄尔·R. 威尔逊，苏珊·C. 卡特鲁斯，里昂·E. 海. 政府与非营利组织会计. 荆新，等译. 北京：中国人民大学出版社，2004.

[7] 王庆成. 梅花香自苦寒来：雍家源先生传略. 新会计，2010（8）.

[8] 杨汝梅. 无形资产论. 施仁夫，译. 上海：立信会计出版社，2009.

[9] 沈洪涛. 公司社会责任和环境会计的目标与理论基础：国外研究综述. 会计研究，2010（3）.

[10] 葛家澍，杜兴强. 财务会计理论：演进、继承与可能的研究问题. 会计研究，2009（12）.

[11] 罗伯特·K. 莫茨，侯赛因·A. 夏拉夫. 审计理论结构. 文硕，等译. 北京：中国商业出版社，1990.

[12] 李连军. 实证会计研究的方法与方法论：哲学基础与研究范式. 会计研究，2006（8）.

[13] 阿纳尼亚斯·查尔斯·利特尔顿. 会计理论结构. 林志军，等译. 北京：中国商业出版社，1989.

第十章 会计文化品牌——立信会计

学习目标

【知识目标】

1. 理解立信会计的特色。
2. 掌握立信会计文化的内涵与功能。

【能力目标】

1. 分析立信会计品牌形成与发展的原因。
2. 解读立信会计文化核心理念。

【素养目标】

1. 结合潘序伦和顾准的生平事迹分析他们的高尚品格和崇高精神。
2. 通过对立信榜样人物的了解，体会和感悟会计职业道德素养。

文化传承

《论语·颜渊》中有：“自古皆有死，民无信不立。”这句话的意思是说，人没有信用就没有立身之地，不能在社会上立足，说明了诚信的重要性。

背景资料

立信会计事业是“三位一体”的，包括立信会计师事务所、立信会计学校、立信会计图书用品社。立信会计事业创立于20世纪20年代，以诚实守信为本，以专业博识立身，以精诚敬业闻名，创造了辉煌灿烂的立信文化。抚今追昔，每一位会计人都要“毋忘立信，当必有成”。

第一节　立信会计　信字当先

一　潘序伦先生创立“立信会计”

（一）潘序伦先生创建立信的过程和基本情况

1. 民无信不立——立信会计师事务所

1924 年，潘序伦先生从美国学成回国，回到上海就担任了上海商科大学教务主任兼会计主任等职。1927 年 1 月，潘序伦在上海爱多亚路（现延安东路）38 号，以改革我国旧式会计，建立新式会计为己任，创办了“潘序伦会计师事务所”。他们专门为工商企业办理稽核、查账、清算、鉴证、会计制度设计、撰写会计报告、代办纳税等会计业务。图 10-1 所示为潘序伦会计师查账证明书。他从实践中深刻地感受到开展会计师业务，首先要取信于社会，因此取《论语》中“民无信不立”之句，将“潘序伦会计师事务所”改名为“立信会计师事务所”。

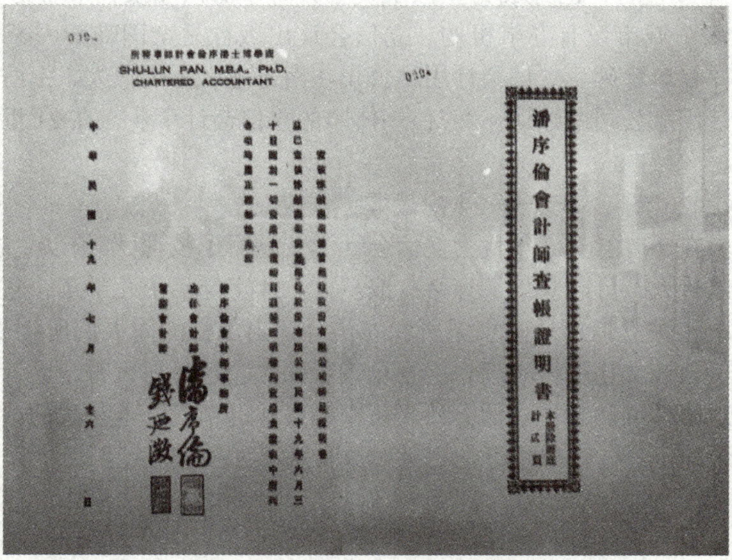
SHU-LUN PAN, M.B.A., Ph.D.
CHARTERED ACCOUNTANT

潘序倫會計師查帳證明書

图 10-1　潘序伦会计师查账证明书

2. 言信行果——立信会计学校

1927 年，潘序伦在事务所内举办了簿记训练班，因学生人数大增，为适应社会需要，1928 年，他又在上海河南路吉祥里 18 号创办了“立信会计补习学校”。学校教学形式有日校、夜校、函校、晨校、周日校等。1937 年，他又创办了“立信会计专科学校”

和“立信高级会计职业学校”。学校成立了由国民政府主计长陈其采、中国银行总经理宋汉章、交通银行董事长钱新之、商务印书馆总经理王云五、中国职业教育社总干事江恒源等人组成的校董事会。潘序伦任校长并编译出版会计丛书。1940 年后，因上海抗战形势恶化，潘序伦又赴重庆开办立信会计学校。

3. 信至名达——立信会计图书用品社

1941 年 6 月，潘序伦先生与邹韬奋的生活书店合作创建了“立信会计图书用品社”。直到抗战胜利后，他才把“立信会计图书用品社”迁回上海。

在这期间，立信会计在全国多地办学，由蔡经济先生在广西桂林和柳州以及广州等地创建了立信会计学校；由王逢辛先生在重庆举办了立信会计学校；在北方地区，天津和北京的立信会计学校都是由管锦康先生按潘序伦的要求创办的。新中国成立后，潘序伦把各地立信会计学校都交给了政府，上海立信会计高等专科学校也并入上海财经学院。

4. 诚信者，天下之结也——品牌恢复

改革开放后，潘序伦先生主动放弃国家分配给他的三居室住房，竭力呼吁恢复“立信会计学校”，得到了上海市政府支持。他还倡导恢复了会计师事务所，他自己又担任了全国会计学会顾问。在各地立信校友们的共同努力下，又在无锡、宜兴、南京、天津、北京、重庆、成都、广州、昆明、桂林、南宁、衡阳、柳州、宁波等地恢复了立信会计学校。新世纪，各地立信会计学校都在原有基础上有了更大的发展和进步。而立信会计师事务所经过整合，已经成为全国中资会计师事务所中资产和业务量最大的会计师事务所，在多个城市设有办事机构。立信会计出版社是全国唯一一家会计类专门出版社，在出版界有口皆碑。立信会计用品公司在南方地区影响很大，上海各企业单位基本都用立信会计用品公司的账册。“三位一体”的立信会计事业，在 21 世纪依然与时俱进，不断发展。

5. 不信不立，不诚不行——24 字箴言

潘序伦先生在 20 世纪 30 年代为立信会计学校题写了校训：“信以立志、信以守身，信以处事、信以待人，毋忘立信、当必有成。”这 24 字经历了几十年，它不但是立信会计学校的校训，也被立信会计师事务所和立信会计出版社的同人们所接受并加以践行，逐步演变成立信会计文化的核心理念。在今天看来，它还是那么符合会计职业的素养要求和会计职业道德标准。它是立信会计文化中最根本的精髓，也是我们最应理解和掌握的会计职业理念。

（二）立信会计的特色

1. 三位一体，互为依托

潘序伦先生把学校、会计师事务所、立信出版社和会计用品社结合起来，共同发展。他用事务所的收入帮助学校发展，用事务所人力资源帮助学校办好教学，许多会计师白天从事会计事务，晚上又成为会计专业教师。他将事务所拓展为学校会计实务的训练基地。他还依靠出版社为学校提供会计专业教材和部分办学经费。反过来，学校的毕业生又成为事务所和出版社发展的人力资源库。学校的毕业生走向社会后又为事务所和

出版社的发展提供了新的需求。几十年的发展，形成了立信会计内部的良性循环。立信会计学校毕业生因为实际工作能力强，所以很受用人单位欢迎，同时立信会计学校又负责为学生推荐工作，做到了学生毕业就业有保障。在今天看来，潘序伦“三位一体”的办学模式，有很多可以借鉴的地方。

2. 效率为重，诚信为先

立信会计师事务所办事效率高。潘序伦先生的口头禅就是“Efficiency”（效率），他特别强调工作效率，所以员工工作都很勤奋、努力。同时事务所内遵循会计账务公开、业务民主的原则。每年的事务所收入与支出都到年底公示，以示公正清廉，也鼓励了大家的工作热情。另外，事务所善于抓住机遇积极开拓。立信会计师事务所内部重才不徇情，所有工作人员都是经过招聘试用后才正式录用。平时事务所内反对旧礼习俗，潘序伦规定员工春节不必到他家拜年，也不能送礼。如有人要给他送礼，他就会去检查这个人的工作，防止发生舞弊。这些措施和做法，培养了事务所工作人员办事公正清廉、讲诚信的作风。所以，几十年立信会计师事务所员工都能做到工作高效率，办理各项会计相关事务非常认真、仔细，客户口碑很好，促进了立信会计师事务所在当时的快速发展。截止到中华人民共和国成立前，全国会计师事务所业务量以立信会计师事务所为第一。

3. 不拘一格，多样办学

为了满足社会上各类人士学习会计专业知识的需要，立信从 1928 年开始办补校，随后又办了夜校。1930 年开始办函校，1935 年开始办晨校，1936 年开始办星期日校，1937 年开始办速成科（学制一年）。这些举措为求学者提供了方便和多种选择，同时也极大地扩大了立信在社会上的影响力。立信会计学校鼎盛时期，仅上海一地就有 11 所分校，随后在北京、广州、桂林、衡阳、重庆、南京、天津、兰州等地也陆续建立了分校。从 1928 年到 1952 年，立信会计学校累计举办了 50 届，仅上海一地的在校生最多时就达到 19 000 人。立信会计学校共培养学生 72 000 多人，学生分布全国各地。在那个年代，一个单一专业的学校能培养这么多的学生，确实是一件很了不起的事情。

4. 信字当先，学验并重

立信会计教学突出“学验并重”理念和强化会计职业素养教育。

潘序伦先生在学校提倡“刻苦耐劳办学校，然后可能有成就”“理论实务相结合，然后可望有专才”。立信会计采用的教材是自己编撰的一套“立信会计丛书”。这套教材内容包括簿记、会计、审计等核心课程。潘序伦在教材编写上坚持三原则：一是教材内容必须切合实际需要；二是文字尽可能通俗易懂；三是编写的教材分初、中、高三个层次，并附有习题。这三项原则使立信会计学校的教学做到了理论联系实际。为了使学生毕业后能胜任会计工作，学校规定每学期授课 20 周，上课必点名，缺课三分之一以上者不能参加考试，迟到 3 次为旷课 1 次。考试规定 70 分才算及格。课后特别重视学生练习，实行助教改卷制度。学校经常组织学生到工商企业和政府机关参观实习，派学生参加查账和到会计咨询所工作。为了让学生练好基本功，学校还开设了珠算、习字、商业算术等课程。

为了强化学生职业素养，潘序伦先生制定校训："信以立志、信以守身，信以处事、信以待人，毋忘立信、当必有成。"潘序伦还提出："学识、经验、才能三者，终究不若道德之重要""因社会环境千化，利诱威胁，无所不极；会计苟无强固的道德观念，在在可以代人舞弊，在在可以自己舞弊"。所以立信会计学校作为私立学校，对学生在经济上可以放宽要求，甚至还提供奖学金；但是学生只要考试作弊，就要开除学籍。因为潘序伦认为考试会作弊的学生，将来在会计工作岗位上，就可能会因利诱威胁而舞弊。当时立信会计学校的毕业生在社会上很受欢迎，一毕业就能找到工作，走上会计岗位马上就能从事实际工作。这不能不说是潘序伦多年教育之成绩。

5. 名师大儒，荟萃执教

当年的立信会计师事务所凝聚了一批职业素养很好的会计师，支持了立信会计事业的长期发展。潘序伦先生主持的事务所凝聚的这些会计师们，如顾准、李鸿寿、陈文麟、黄逸峰、张蕙生、钱素君、娄尔行、管锦康、蔡经济、李文杰等都是当时我国会计界的名师。他们也都在立信会计学校兼课。立信会计学校还大量聘请社会名流到校讲课，这些社会名人有：李公朴（民盟领袖）、黄炎培（教育家、民盟领袖）、马寅初（经济学家、北大校长）、黎照寰（交大校长）、潘仰尧（经济学家）、徐永祚（会计学家）、奚玉书（会计学家）、章乃器（经济学家）、胡絜青（老舍夫人、国画家）、薛暮桥（哲学家）、艾思奇（哲学家）、钱俊瑞（经济学家）。每当立信的老校友们回忆起来，对这些大师们的教学依然记忆犹新。而立信会计师事务所长期以来社会声誉一直很好，更是基于这些大师们的不懈努力。此外，立信会计学校的毕业生经这些大师的教育培养，成才很快，到20世纪80年代，全国许多大型企业和国家部委领导机构的财务部门负责人都有立信学习背景。

6. 多地发展，影响广泛

立信会计学校和立信会计师事务所在全国多地布点发展，有较广泛的社会影响力。

中华人民共和国成立前，立信会计师事务所和立信会计学校先后在上海、重庆、桂林、广州、天津、北京、南京、香港等地有布点，还对东南亚地区的华侨们开展过函授教育。改革开放后，立信在上海恢复了事务所和学校，随后在无锡、宜兴、南京、天津、北京、重庆、成都、广州、昆明、桂林、南宁、衡阳、柳州、宁波等多地发展，更加壮大了立信会计在全国的影响力。

7. 立信文化，内涵独特

立信会计对职业教育的要求是"使无业者有业、使有业者乐业"，"学验并重"是它的职业教育口号。立信会计有极为精确的会计人员定义："会计人员是经营管理的参谋长。"立信会计有对会计职业特性非常形象的描述："会计须有精细清楚之头脑、诚实不欺之人格、耐苦耐劳之精神。"立信会计还有会计职业鲜明的道德标准：公、信、廉、密、勤、敏。立信会计更有在国内外都很有美誉度的"诚信"品格。立信会计更为可贵的是，在近百年的历程中培养了一大批在会计界很有成就的人才。所以，立信会计作为一个会计界的品牌，具有非常独特的文化内涵。

二 立信会计文化的内涵与功能

（一）立信会计文化倡导的六种精神

1. 爱国精神

潘序伦先生 1921 年出国，1924 年学成回国，他立志要用自己的会计知识和才能为中国经济发展和民族振兴出力。抗日战争一爆发，潘序伦和立信同人们就积极投入抗日救亡运动。抗日战争时期，他坚决不与日伪政权合作，还把学校搬迁到重庆，将事务所更名为明信会计师事务所。后来潘序伦还因此被日伪特务机关通缉，为避祸而远走香港。在重庆时，为了慰问抗战将士，立信师生们把钱款积蓄、生活用品悉数捐出，有的同学把自己仅有的过冬棉衣也捐了出来。新中国成立后，潘序伦又把学校无偿交给了国家；"文化大革命"后潘序伦放弃三居室的住房，而只要求恢复"立信会计学校"。这一切无不体现了他的爱国情怀。以实业救国是许多会计先辈的志向。中华人民共和国成立前，立信校内还成立校友会，组织学生参加反内战斗争，体现了前辈们的爱国情怀。立信校友中有周宝训、吕飞巡、黄秉乾三位革命烈士，他们为了新中国的建立献出了自己的生命。

新中国成立后，立信校园里更是出现了一大批立信老前辈，为了国家建设无私奉献，主动奔赴祖国各地投入新中国建设，成为爱国知识分子的表率。

顾准前辈为了我国经济发展，在 20 世纪 50 年代就开始探索在社会主义条件下发挥市场经济作用的问题，更是一种对祖国无限热爱的表现。最后，他因病快不能讲话前，把吴敬琏先生叫到床前，做了一次畅谈。他预测中国一定有经济腾飞之时，他要吴敬琏不要放弃对经济学的研究，努力准备，到时为国家做出应有贡献。今天，吴敬琏先生作为我国改革开放以来最著名的经济学家之一，为国家改革开放的经济发展做出了极大贡献。

2. 敬业精神

立信会计事业从 1927 年创建至今，也有近百个春秋了，一辈又一辈立信人在工作中都有一个共同的特点，那就是敬业爱岗。当年潘序伦规定会计师事务所每天八点上班，下午五点下班。而他自己总是八点前到达，常常晚上到点时还因有些事务没有处理完而加班，但是立信从来没有加班费。

立信人这种敬业精神在会计界是出了名的。会计师事务所的大师们白天在事务所里忙，晚上和休息日还要给立信会计学校的学生们上课，而且只有很少的课酬，但是大家几十年如一日地工作，从来没有任何怨言，一心只想为社会多培养一些会计人才，能促进我国工商业的发展，他们的根本动力就是对会计事业的热爱和执着。前辈的敬业精神将永远激励新立信人，把这种优良品质继承下来并发扬光大。

3. 诚信精神

一代又一代的立信人，不论是在学校里还是在事务所或在出版社的工作中，都能秉承潘序伦制定的校训精神，坚持诚信原则。立信会计学校规定学生在校考试作弊，一律开除。几十年如一日坚持下来，学生在校期间就养成讲诚信的品格，走上会计职业岗位后坚守绝不做假账的承诺。讲诚信成为立信会计人的根本理念和品质，在社会上赢得了极大的声誉。

讲诚信就是不能故意作假，所以诚信是一种道德层面的要求。而老一辈立信人不但自己不作假，还把诚信提升到科学精神层面，在一切工作中追求真、实、准。如当年在“九·一八”事变后，对东北义勇军孤军抗日获得捐款数额进行审计工作时，潘序伦先生顶着巨大的社会舆论压力，坚持实事求是的精神准确公布了实际募捐数额和各项支出数额，平息了无端的指责和谣言。

潘序伦先生审计中国银行发行“法币”事件时，发现“法币”发行没有按规定用黄金、白银或外汇作为准备金，而是用银行的本票抵补，不符合相应规定。他不怕国民党高官的威胁，拒绝在相关文书上签字，并毅然辞去了中国银行检查员职务。这些都是典型的诚信精神。

另外，20 世纪 30 年代我国会计界对改良中式会计的学术讨论的态度，也是老一辈立信人诚信精神的体现。潘序伦等与主张改良的徐永祚先生是朋友并且关系很好，但这并没有影响他们的学术主张，他们这种严谨求真的做法，值得我们后辈学习。更难能可贵的是，顾准老前辈在那个动荡的年代里为了探索真理，发表在《经济研究》杂志 1957 年第三期的《试论社会主义制度下的商品生产和价值规律》一文，被誉为在社会主义条件下提出市场经济问题的第一人，更是体现了立信人求真务实的科学精神。

改革开放后，娄尔行教授等一批立信的老会计专家率先提出了“会计就是一种经济管理的方法和手段，它本身没有阶级性”的重要学术观点。这种不怕社会压力，甘冒风险的求实事例，都充分反映了立信人实事求是的科学精神，这些也都成为立信文化的重要内涵。

4. *创新精神*

潘序伦先生当年办学，我国还没有会计专业比较系统的教材，为了解决这个问题，潘序伦组织会计师事务所的会计师们根据工作实践经验总结和个人工作收获体会，自编了全套会计系列教材。这体现了他们大胆革新的精神。

立信会计学校在办学形式上也是大胆尝试，不但有日校班、夜校班，更是创新举办了函授班、晨校班、周日班等这些其他学校没有的办学形式。立信会计学校还在办学中提出严格要求，根据会计职业的实际需要，大胆提出每门课程以 70 分为及格标准就是一种创举。

创办“三位一体”的立信会计事业更是一种创举。潘序伦率先提出“学校成本会计”和“人才会计”，他主张教育和人才培养也应计算成本和提高资金使用效率的科学观点即使在当今社会也仍具有很强的借鉴意义。潘序伦率先引进和翻译大量西方会计著作，促进我国会计水平提高的做法，在当时很有创新性。

一直到改革开放后，一批立信的老会计专家率先提出恢复会计师事务所也体现了一种大胆革新精神。纵观立信会计事业几十年的发展历史，立信人总是站在历史潮头前面，大胆进取，敢为天下先，这就是大胆革新精神的最好诠释。

立信会计出版社多年来出版了许多优秀的会计专业图书，在国内得到了一致好评。几十年来，立信会计用品社一直努力为社会提供各种各样的会计用品，它们价格适中，使用方便，深受广大企事业单位的欢迎和好评。

5. 勤俭精神

当年立信会计事业中的事务所、学校、出版社，从所有制上来说，都是私有性质。长期经费不充裕是不争的现实。但潘序伦在处理立信事务时一直秉承着"节约每一个铜板，尽可能发挥资本最大效益"的精神，让每一笔投入发挥最大的价值。

潘序伦先生平时生活俭朴，斗室中一床、一几、一柜、一桌四椅，别无其他摆设。他房里图书成堆，却没有书架。立信学生曾送给潘序伦一套制服，平时他也舍不得穿。他每天的伙食费亲自钩稽，不许超支。当年立信学校学生人数增加到几千人时，总校的专职教务人员只有二三人，校工只有二人。学校和事务所所用的水电费、文具费、修理费用都精打细算，不许一点浪费。学校费用经常靠学杂费收入支付，有时还能略有盈余，并用于学校扩充之用。当时校长、教务主任等都是义务兼职（都在事务所工作），学校不支付兼薪。

到 1953 年各地立信学校移交人民政府时，除了上交几十座建筑物和大量用具、图书外，上海立信还上交了现金四万多元，重庆高级职校上交了五千元现金。在立信会计数十年的办学过程中，立信校友们向学校捐赠图书数万册，可见当年立信人艰苦奋斗和勤俭节约的精神风貌。改革开放以来，各地立信复校，也都继承了这种艰苦奋斗和勤俭节约的精神。

6. 奉献精神

立信会计师事务所的会计师们白天在事务所工作，晚上利用个人休息时间到立信兼课，但是他们只收取很少的课酬。当时物价上涨很快，大家经济压力都很大，但为了振兴中国会计事业，他们无私奉献，竭力争取为国家多培养出一些会计专业人才。顾准为了探索社会主义条件下实行市场经济的规律，把自己无私地奉献给了祖国和事业。立信会计学校在办学过程中多次遇到经济困难，潘序伦多次自己带头捐款。潘序伦的言行还感染了许多立信人为学校捐款和捐图书。

新中国成立后，为了支持政府和国家对学校的管理，也为了立信会计学校的长远发展，潘序伦和立信前辈自愿把学校上交给了国家，也是立信人无私奉献精神的体现。"文化大革命"后，当党和国家把潘序伦几万元钱存款退还给他本人时，潘序伦把一半交给了上海会计学会作为发展基金；另外的余款都给了上海立信高等专科学校作为立信会计事业基金会的奖学金，自己一点都没有留存。直到 21 世纪，会计大师杨纪琬先生和财政学泰斗许毅先生把自己一生的积蓄拿出来，作为奖励基金，鼓励青年人成长和进步，也都是因为受到了潘序伦先生的影响。

一代代立信人的努力，铸就了上述六种立信精神，它是我们永远不能缺失的精神财富。

（二）立信会计文化内涵的四个显著特点

1. 传承传统文化

立信会计文化是继承中华民族优秀文化传统，结合现实、古为今用，使之发扬光大的一个范例。潘序伦从小熟读四书五经，所以他有较深厚的中华民族优秀传统文化的底蕴。他把事务所、学校、出版社起名为“立信”二字，就是取自《论语》的“民无信不立”。同时，潘序伦在题校训时，要求大家在立志、守身、处事、待人等方面树立信用，也是在弘扬中华民族优秀传统文化。经过几十年，我们今天来看立信会计文化的核心理念，它也很有针对性，完全体现了中国文化的特色，所以它是结合现实、古为今用的范例。因此我们说，立信会计文化有继承中华民族优秀传统文化的显著特色。

2. 强化职业道德

立信会计文化将学会做人与履行会计职业道德完全融为一体，具有明显的会计职业特色。潘序伦自从事会计职业以来，一直很重视研究会计职业的特色。他所提出的立信会计文化的核心理念，全面、深刻地表述了会计职业的内涵，与当代财政部制定的会计职业道德规范一脉相承。所以我们说，立信会计文化的核心理念有明显的强化职业道德的特色。

3. 立德树人典范

立信会计文化以学会做人来育人，既全面提升师生员工的基本素质，又符合品德修养和育人成才的规律，取得了很好的教育效果。立信会计师事务所经营几十年，影响和培养了一大批会计专门人才，且没有一人被查出有贪污受贿劣迹，这就充分说明了它的教育效果。21 世纪，立信会计事业能与时俱进，发展壮大，更是因为受到立信会计文化的影响和作用。

4. 与时俱进楷模

立信会计文化传承较久、作用较大、影响较深远，其具体内涵又能及时创新，使“立信”成为至今享誉全球的老字号会计品牌。

立信会计从诞生至今已有近百年历史了，它逐步发展传承为一种会计职业文化，而且今后还会不断延续下去。这几十年来，立信会计学校在全国培养了数十万学子，在立信人的共同努力下，立信会计享誉海内外。

我国会计发展历史悠久，在当今这个经济快速发展的时代，我们会计界应该为中国会计事业在全世界争取一席之地而努力。

（三）立信会计文化的四个功效

1. 提升基本素质

立信会计文化全面提升了广大立信师生员工的基本素质。做人原本是一个很通俗的说法，但它却充分体现了一个人的思想道德、世界观、人生观、价值观以及信念、情感、意志等各种非智力因素。其核心就是人的品格和心理素质。

立志，影响人们的世界观、人生观、价值观，影响如何正确处理德才关系、个人与集体和国家的关系等。守身，影响品德自修、行为自律，影响辨别真善美与假恶丑的能力，影响能不能经受挫折。处事、待人，影响能否正确处理全局与局部、原则性与灵活性的关系，影响同情心、宽容、忍让、心态自控等心理品质，影响能否树立敬业精神、合作精神，还影响学习能力、表达能力、交际能力、创新能力的提高。

总之，立志、守身涵盖了信念、理念、心理素质和人品；处事、待人，涵盖了协调人与人、人与社会的关系。它们综合在一起也就全面提升了人的基本素质。

2. 知行合一

立信会计文化倡导知行合一，以知导行，知行一致。“信”，承载着人的情感、意志、信念，是内在的品质；立志、守身、处事、待人是行为。“信”被人知，知其是什么、为什么，而成为信念后，不是空挂在嘴上，而是要落实在行动中。以“信”指导和规范自己的行为，作为做人的道德要求和标准。立信会计文化的核心理念，不论在总体上还是各个词组，都以“信”字为魂，以信为其精髓，从而使信念与行为结合，达到了知行合一的目的。

3. 内修外炼

立信会计文化倡导内修外炼，育人效果明显。“立志、守身”为内修，其中“立志”为首、为帅、为根，“守身”是其保证。“处事、待人”为外炼。先求内修再求外炼，必能水到渠成，提升境界。如果一个人内心虚伪龌龊、不求内修，只讲“外功”，或大搞人际公关，竭力美化个人形象，并制造不实业绩，就势必弄巧成拙，最后必招致自毁。所以我们只有做到在“信以立志、信以守身”的同时“信以处事、信以待人”，才有可靠的保障和支撑，这是不可逾越的育人成才的根本规律。

4. 由因及果

立信会计文化揭示了“立信”与事业成功的因果关系，强化了广大立信师生员工践行立信会计文化核心理念的决心和信心。古希腊哲学家亚里士多德说过：“人的行为总是一再重复。因此卓越不是单一举动，而是习惯。”美国企业管理学家史蒂芬·柯维在《高效能人们的七个习惯》一书中写道：“人的品德基本上是由习惯组成的。”所以，当一个人在“立志、守身、处事、待人”四个方面都能做到诚信时，他的行为就不是一时一事的冲动或偶尔为之，而是成为自己的一种好习惯。人有了正确的观念，就会有端正的行为，并形成行为习惯，这就必然会带来成功。这就是“毋忘立信，当必有成”的基本道理，也完全符合观点、行为、习惯、命运之间一系列因果关系的科学规律。

（四）立信会计文化的四个作用

1. 引导方向，催人奋进

立信会计文化起到了引导方向、催人奋进的旗帜作用。立信会计文化，是潘序伦对会计工作的重要性、会计职业特性和会计职业道德等三者深刻认识的产物和结晶。基于这种会计职业观，潘序伦深刻认识到会计职业必须培养守信重诺的人才。而培养这样的会计人才，就必须在立志、守身、处事、待人等四方面以信为本，让学生学会怎样做人。

潘序伦作为立信会计学校的校长和会计师事务所的主任，从校训设计到实施，始终是兢兢业业、一丝不苟的。潘序伦自己就是高举立信会计文化大旗的旗手。这面催人奋进的旗帜，为社会育人和团结立信同人起到了指引方向的作用。在潘序伦的带领下，全校师生员工和事务所的同人凝心聚力，几十年如一日为立信、为国家会计事业努力奋斗着。

2. 统一意志，结成团队

立信会计文化起到了统一意志、结成团队的凝聚作用。立信会计文化不仅要求学生在校期间这样做，而且要求学生毕业后也能这样做。从上海的总校到各地的分校，一批一批在校的学生，一批一批各地的毕业生，他们心向着立信，自觉地维护立信的声誉，立信人的团结就像一张无形的网，牢牢地交织在一起，不断地凝聚起一大批志同道合的会计界人士，在社会上形成了一种良好的氛围，造就了很好的口碑。

3. 潜移默化，熏陶渐染

立信会计文化起到了潜移默化、熏陶渐染的育人作用。立信会计文化激励学生从青年时代就立大志，重视修身养性和不断提高品德修养水平，并长期坚持、不断深化。这种影响和作用更多的是通过老一辈会计人的言传和身教，通过立信文化氛围的潜移默化和熏陶渐染来实现的。这种环境的形成是立信人自己努力创造的结果，也是一代又一代立信人始终如一坚持的结果，更是思想品德教育"泡菜效应"的生动案例。

4. 诚信品格，健全人格

立信会计文化起到了塑造诚信品格、铸就健全人格的基础作用。潘序伦出于自己对会计职业的深刻理解，在会计人才培养过程中高度重视品德修养教育和会计职业道德培养，把德育放在各项教育之首，同时在平时通过自己的身教影响学生，时时处处关心学生和员工。他细水长流、润物无声地塑造着学生和员工的诚信品格，帮助他们在会计界赢得了长远的发展，所以立信会计文化也是数万立信学子成才立业的基础。

总之，立信会计文化是立信人用自己的心力和对会计职业的忠诚情感培育出来的，它是立信的无形资产，已经历了几十年风雨历程的实践检验，它除了已经为国家培养了几十万会计人才外，还形成了一种很有现实意义和价值的文化效应，我们必须予以保护和继承，让它在21世纪发扬光大、更加辉煌。

三 "立信会计"品牌形成与发展的原因

(一)"立信会计"品牌形成的原因

1. 文化底蕴深厚

潘序伦先生有着深厚的传统文化底蕴。他提出的24字立信会计文化核心理念，充分体现了其深厚的中国传统文化底蕴，有着明显的中国传统文化特色。这完全是因为潘序伦从小接受中国传统文化教育，熟读四书五经，他的思想和行为受此影响，并从中汲取了丰富的人生养分。

2. 职业思想成熟

潘序伦先生精通会计业务，深谙会计人员操守的重要性，在办学中，他牢牢把握德才兼备、全面发展的方向。因为潘序伦先生的会计职业观非常鲜明，所以他在24字立信会计文化核心理念中，牢牢地把握住了一个"信"字，这也完全体现了他对会计职业特性的把控。他要求立信人在"立志、守身、处事、待人"中建立信誉，从中我们可以感受到潘序伦职业思想的成熟和自信。

3. 言行一致垂范

潘序伦先生在"立志、守身、处事、待人"这些方面言行一致、率先垂范。潘序伦先生不但倡导24字立信会计文化核心理念，而且他在自己的日常生活、工作、学习中也是这么做的。这一点对立信会计文化核心理念的形成和发展也是最重要和最根本的。他身体力行，成为立信人的榜样，也带动了立信人去践行，这才成就了立信会计文化的辉煌。

4. 多种方式熏染

潘序伦先生在校内采取了多种建设立信文化的有效措施。潘序伦先生对24字立信会计文化核心理念不仅自己身体力行，而且要求周围的教师们、事务所的员工们都这样做，还要“互勉互察”。采用了以校长带动教职员工、以教师带动学生、以老生带动新生这种“滚雪球”的方式广泛渗透，同时要求立信人自律。他还利用学校和事务所创办的《立信月刊》《立信会计季刊》《校友通讯》等刊物大力宣传，扩大影响力。在学校内建立严格的规章制度来约束学生（如考试作弊者开除、考试要70分才及格等），对学生实施品格训练和导师制。此外，他还利用举办名人学术讲座，开展学生会计实务和演讲比赛，创作校歌，举办剧社、歌咏队等社团的形式寓教于乐。同时，他还重视学校环境布置。总之，潘序伦通过自己身体力行和努力营造良好的文化氛围，使立信会计文化核心理念深入人心，并落实在每一个人的行动中。

5. 持之以恒践行

潘序伦先生通过脚踏实地、持之以恒地工作，营造了良好的文化氛围，赢得了社会的认可。潘序伦先生倡导立信会计文化，不是靠一时鼓噪来壮大立信声威，而是通过细水长流、脚踏实地的工作来推进。他努力使立信会计文化建设形成以内壮外、以外强内的良性互动。对外，他用会计师事务所和立信图书用品社来提供优质服务，扩大立信影响；对内，他设立了立信职业咨询所和立信校友会，前者为广大青年提供就业信息和开展就业指导，后者以“敦睦友谊，切磋学术”为宗旨。学校开展各种活动团结同学，使学生在校内享受到一流的教学服务和就业帮助，还使学生在毕业后继续互相关照、互相帮助，继续践行立信会计文化的核心理念。正是立信对社会的一流服务和立信毕业生在社会上的优异表现，使立信会计事业得到了社会的高度认可和青睐。

（二）“立信会计”品牌持续发展的原因

1. 立信校友声誉

潘序伦先生培养出一大批立信学子，形成了立信会计事业不断发展壮大的态势。新中国成立后，立信会计学校由政府接收，潘序伦先生也退休了，立信会计学校和会计师事务所一度陷入停顿。直到改革开放后，立信复校，事务所又重新组建，在短短几年里，全国各地的立信很快发展，靠的是什么呢？从各地立信学校恢复的经过来看，是因为各地立信校友们在社会上有较高的影响，立信会计学校在当地拥有良好的社会声誉。在立信学子们的共同努力下，立信会计事业在新的时代有了新的发展，而且从数量到质量都有了很大的提高。立信会计师事务所已经成为我国中资事务所中资产和业务量最大的中介机构之一。立信出版社被认为是会计界最有声誉的出版机构之一。上海立信会计学校，有本科、高职、中专等多个层次，在校生总量超过万人。

2. 立信学子传承

立信学子在践行立信会计文化过程中有了很大收获，坚定了“当必有成”的信念。这些会计事业新发展的根本原因，是全国各地的立信学子们经过自身数年职业生涯的磨炼，深刻地认识到，潘序伦在20世纪30年代提出的立信会计文化核心理念在新世纪依然有很强的生命力、很好的现实针对性。就如当年潘序伦所说：“毋忘立信，当必有成。”所以他们自觉地高举起立信大旗，在新世纪、新环境、新要求下，创造了立信会计事业新的辉煌。

3. 财政支持帮助

改革开放以后，我国会计事业迎来春天，培养会计人才的工作得到各级地方政府和财政部门的高度重视。由于得到财政部和上海市委市政府等领导的关心和支持，上海立信会计学校很快在1980年复校。随后无锡、重庆、天津、成都、北京等地的立信会计学校也纷纷重建，在各级财政部门和教育部门的大力支持下，各地立信都有了很大发展。改革开放以来，我国经济长期高速发展，社会对会计师事务所的需求更是与日俱增，我国会计师事务所自改革开放以来也是飞速发展。立信会计师事务所已经在全国多数大城市设立了办事机构。立信出版社一直坚持着自己的专业特色，已成为全国出版界的知名出版社。新一代立信人的努力奋斗，带来了立信学校、立信事务所、立信出版社的发展和壮大。

第二节　立信会计创始人之一——潘序伦先生

一　传统文化对潘序伦先生的影响

主题视频

潘序伦

潘序伦先生出生在江苏省宜兴县丁蜀镇。12岁以前，他接受的是私塾教育。在学堂里，他读了不少古书。家里也一直要求他好好读书，争取像他曾爷爷一样中个“举人”。

八股取士被废除之后，改为考经义、策论和文艺三科。经义乃以四书五经为题，策论则可议论朝政得失，为了准备考试，潘序伦熟读了这些书籍，也参加过考秀才的县试。所以潘序伦的国文底蕴很是深厚，尤其是古文造诣很深，他在思考事务所的名称时，自然而然地想起了《论语》中“民无信不立”的论述，所以他为自己的会计事业取名为“立信”。潘序伦在给学生题字时常写道“孔圣有言”，这就足见其对孔圣的崇敬和信仰。

1908年，潘序伦进入上海浦东中学学习，认识了他终身为师的黄炎培老先生。在黄炎培的教育下，潘序伦学习成绩优秀，其作文常作为范文被刊登在校刊上。潘序伦先生的中国传统文化底蕴，对他的一生影响很大。

二 大器晚成——艰苦求学路

（一）早年三次就业失败

潘序伦先生从浦东中学转入常州府中学堂就读。中学毕业以后，他考进了南京政法大学。南京政法大学停办以后，他又考入南京海军军官学校学习无线电专业。毕业以后，被派到海军某舰上去任准尉无线电收发报员，由于工作枯燥乏味，他主动请辞。接着他进行第二次、第三次就业，分别任南京造币厂翻译员和宜兴蜀山乡村小学教师职务（后又转入镇江中学任教）。由于遭遇变故，两次就业均告失败。

（二）寥寥数语惊醒梦中人

1919 年除夕，潘序伦听说西邻的小时同学、现在当地任小学教师的周某回家来了，就过去同他聊天。周君对他说，他任小学教员已多年，觉得自己没有学识，前途没有希望，听说近来到法国去“勤工俭学”的人很多，他也想拼凑一些旅费到法国去留学。这寥寥数语，似雷轰电击般地打动了潘序伦的心。

潘序伦先生就去上海找在浦东中学任校长的黄炎培，请他给自己一个入学的指导。黄炎培听了他的想法以后说：“你的志愿很好，假如想出洋留学，可先到大同学院去补习英文和数学。”后来黄炎培为他写了一封到圣约翰大学补习的介绍信，圣约翰大学将他招收为特别生（旁听生）。

（三）重新开始学业

在圣约翰大学里，潘序伦更加勤奋地学习，从早到晚埋头于书本。经过努力，他终于升为圣约翰大学四年级的正式生。第一学期考试，他便是全班成绩最优二人中的一个。毕业考试，他的各科成绩均为全班之冠，并在全校英文作文比赛中，得了唯一的一块金质奖章，被授予文学学士学位。

潘序伦在圣约翰大学求学的过程中，有两点较深刻的体会：“一是要在逆境中善于忍耐。如果我不咬紧牙关，忍受住同学对我的种种刺激，而贸然辍学返乡的话，将有可能终生堕落下去，沉淫于泥淖之中而不能自拔。二是要有勤学苦读的毅力。如果我不能夜以继日地勤学苦读，我就不会获得圣约翰大学文学学士的学位，更不可能获得留学美国的机会。总之，成功道路多艰难，奋力前趋能过关。”

（四）开始走上会计经济专业道路

1921 年夏，潘序伦从上海圣约翰大学毕业。不久，他从上海《申报》和《新闻报》上看到南洋兄弟烟草公司招考留学生，录取后，每月可供给膳宿费 80 美元，往返路费、服装费全部由公司负担，但报考要有国内著名大学保送。他赶紧向圣约翰大学校方申请，学校同意保送。考试结果出来后，他在上海考区圣约翰大学保送的 4 名考生中名列榜首，被录取后，不久即去美国的哈佛大学学习。

潘序伦在哈佛大学学习期间，就决心要在毕业后到纽约的哥伦比亚大学政治经济学院进一步攻读博士学位。因此，他在哈佛这两年的课业非常繁重，不仅要学好必修、选修各科，还要准备政治经济学博士考试的各项课程。在这种情况下，他只好夜以继日地勤学苦读，星期日和假期也不休息，放弃了一切娱乐活动。两年期间，他从未看过一场电影，也从未到餐馆吃过一顿饭，从清晨到深夜，都是在自己租赁的宿舍内或学校图书馆里度过的。

潘序伦在哈佛大学苦读了两年后，取得了企业管理硕士学位（MBA）。随后他又到哥伦比亚大学政治经济学院进一步攻读博士课程。他每天把学校的图书馆作为自己的自修室，从开馆起直到晚上闭馆，他总是带上几块硬面包充饥，整天在图书馆学习。经过苦读，潘序伦最终获得了哥伦比亚大学政治经济学博士学位。

三　潘序伦先生的会计事业观——立信

早在 1928 年，潘序伦先生就提出了“信以立志、信以守身，信以处事、信以待人，毋忘立信、当必有成”的“立信”准则，把它作为办理各项会计事业的训条，要求立信会计同人共勉，并毅然把事务所和学校更名为“立信会计师事务所”和“立信会计补习学校”。

在回忆录中，潘序伦先生有一段发人深省的肺腑之言：“我认为会计师的信誉很要紧，可以说是会计师业务的生命力，所以我把我的事务所改名为‘立信’，就是要取得社会的信誉。但是，资本家委托会计师办事，总希望对他们有利。这样，有个别会计师就造假账或出具不真实的证明书以迎合某些委托人的要求，而取得会计师业务。但是，这种业务我所是绝对不接受的，我宁可放弃这种委托，这样，当时看起来似乎是吃亏了，但日子一久，就会给社会人士产生一种印象，认为‘立信’是信得过的，是可靠的，反而会引来大批的业务。”

潘序伦先生还说过：当一个人真正相信诚实是一种美德时，做了诚实的事，就会觉得内心愉快和满足；凡是做了虚伪的事，就会感到极大的痛苦和不安。

潘序伦先生在给立信会计学校毕业生的纪念册题词中写道：“若孔圣有言：去食去衣，无信不立，则因以立信为建国之首务矣。若退而言会计，则立信为尤要。信苟不立，虽良法美意，必基石稳固而后可以尽其功能。此虽常言，实为先圣之所昭示，昭并日月，愿与请同学拳拳服膺而信守也。”

四　潘序伦先生的会计职业观

潘序伦先生的会计职业观，既是他自己献身会计事业的强大动力，也是他激发学生职业动机和职业兴趣，引导学生树立职业信仰的源泉，更是他注重人才培养规格和质量的出发点，具体体现在他对会计职业重要性的认识和对会计职业特点的把握以及他对会计人才素养要求的明确表述之中。

（一）潘序伦先生对会计职业重要性的论述

古代中国因受儒家文化影响而重农轻商，轻经济管理，也鄙薄会计工作，有“一把算盘一支笔，算来算去没出息”的说法。但是潘序伦认为，会计是一门经济管理科学，提高中国会计工作水平，能促进民族工商业发展，实现中华民族振兴的理想。所以他从美国留学回国后，一方面开办会计师事务所从事会计业务，同时还著书立说，翻译西方会计专著，从事会计水平提高工作；另一方面又站在会计改革的潮头，以极大的决心和毅力投入会计教育普及和会计改革的基础性工作中。他把这一切都提升到攸关“实业救国”的高度来认识和切实推进。这就足见会计工作在潘序伦心目中的重要性和潘序伦深厚的会计情结。

抗日战争时期，潘序伦先生在重庆办学。他提出“会计界人员是全面抗战工作中的盐……盐在食品中间，不仅给予人生必要的原料，且调和了食品的滋味，更重要的是对于食品和身体发生了防腐作用。……我们会计工作在经济工作中讲起来，是和食品中的盐一样重要”。他呼吁会计人员：“尽能激起天良，严守岗位，对各机关的账目，绝对抱着不做假账，不隐蔽舞弊的态度。”这充分说明潘序伦先生希望会计人员能通过会计工作对经济起到防腐剂的作用。

20 世纪 50 年代，有人说，会计这一行不吃香了。潘序伦说“任何工厂、企业、机关、事业缺了会计，资金就不能畅通，效益就无法衡量，经营必然紊乱”。他告诫同学们：“会计是一门很重要的实用科学，一定要学好它，今后会大有用处。谁要是歧视它，舍弃它，就会遭到历史的报应。”他的这些提法，说明了会计工作对经济的作用和价值。

1982 年，潘序伦先生提出了“会计人员是经营管理的参谋长”的著名论断。1984 年，他又提出：“财会工作在提高经济效益中，担负着控制经济活动，提供经济信息，核算经济效益，预测经济前景，参与经营决策等极其重要的任务。”这些对会计工作重要性的论述，充分阐释了潘序伦先生的会计职业观，也是现代会计功能和价值的精辟论述。

（二）潘序伦先生对会计职业特点的论述

当年赴美留学时，许多人选择了金融专业，但是潘序伦先生认为：“会计专业是一门应用很广泛的学科，将来我国对会计人才的需要一定会逐年增加。”这说明他对会计职业的社会需求性认识很到位。

1940 年，他在《敬告国内有志于会计职业的青年》一文中严肃地指出：“会计职业责任重大……因会计人员之工作，直接与金钱财产发生关系。一有错误或过失，每致其所管理之金钱财产，发生损害。轻之应负赔偿之责，其数或达巨万。重之应负刑罚之责，而受侵占背信之名。故担任会计职务者，对事务之处理，常应小心翼翼，如临深渊，如履薄冰，不可稍有疏忽焉。”潘序伦先生常说，作为会计人员，得 99 分也不算合格，只有 100 分才算合格，原因在于财务会计账目容不得半点差错。可见他对会计职业者工作责任的重要性认识深刻。

他认为会计工作者不但要有理论知识还要有实践经验。在该文中他还提出：“且会计一职已有与医术同，不能仅持书本上的知识，而尤赖于实际上之经验。”他还说：“一个从来没有这些实际经验的人，空空洞洞地来研究会计学，也一定得不到什么东西，即使学会了一些，也只是一种很空虚的感觉而已。”所以他主张“非按照逻辑的程序，有系统地研究会计的理论与实务不可”。这也是他在立信会计学校培养会计人员的教学特色。此外，他在对会计职业工作标准要求方面提出：“簿记学及格的标准不是六十分七十分，简直是要一百分。”这反映了他对会计职业工作标准的深刻认识，也是他在立信会计学校教学中把学生成绩及格标准提高的原因。

（三）潘序伦先生对会计职业素养要求的论述

潘序伦先生还把对会计职业的认识落实在对会计人员素养的要求中。1941 年他就提出：“会计是社会科学、应用科学，所以它的实务不独随社会法律时时变迁，即理论也不是一成不变的，应抱‘日日新又新’的态度。”也就是说，他早在 20 世纪 40 年代就对会计人员提出要不断学习的要求，这与 50 年代周恩来总理提出的“要活到老，学到老”的号召以及 21 世纪中央提出要建设学习型社会的号召是一致的。

1946 年，潘序伦先生对会计人员素养有一段精辟论述，他说：“凡会计人员之素养，除训练各种学术外，对于其品格的陶镕亦不可忽视。盖会计人员自有其独特的性质，必须在学校时有充分准备于训练，譬如：（1）精细清楚之头脑；（2）诚实不欺之人格；（3）耐苦耐劳之精神。故本校之训育除增厚学生国家观念及民族意识之训练，及辅助教务完成学生之成就外，又基于上三个目标，乃有下列各项实施。”精细清楚之头脑体现在他对学生和员工要求严格，他还说，“记账、算账、报账都要做到百分之百正确”“不能有错误或过失”。诚实不欺之人格体现在会计人员不做假账、不徇私舞弊的工作态度中。耐苦耐劳之精神体现在会计人员为了完成工作经常会加班加点，所以他还说会计人员要“守信、负责、耐劳”。为此，潘序伦曾从理论上将会计人员的素养要求总结为公、信、廉、密、勤、敏六字。

1983 年，潘序伦先生在阐述会计人员职业素养要求时提出了会计人员在品德、责任、业务技术三方面的明确要求：“品德方面：遵纪守法，以身作则；坚持原则，廉洁奉公；忠诚老实，毋忘立信。责任方面：按政策办事，按计划办事，按原则办事，按制度办事。业务技术方面：记账、算账、报账都做到百分之百正确。”这些论述，与财政部后来提出的 32 字会计人员职业道德规范“爱岗敬业，诚实守信，廉洁自律，客观公正，坚持准则，提高技能，参与管理，强化服务”非常一致。

总之，潘序伦先生作为一名老立信会计人，一生重视会计人员的素养提高，他对于会计素养的论述非常全面和精准，他的职业目光让人由衷地敬佩。

五 潘序伦先生对会计职业道德的论述

潘序伦先生在 1933 年所著《中国会计史之职务》一文中曾说：“会计师之职业道德，亦可以积极消极两方面着想。所谓消极之道德者，即会计师行为之限制，不得于此限制之外，执行其职务，所以保存会计师之身份与人格，而防止其右不当之行为者也。诸如不得兼任他职，对本人亲属有利害关系时所应办之会计事项，不得以会计师名义行使职务；不得于合法报酬及实际费以外为额外之需，或与委托人订立成功报酬之契约；

不得收买职业上所管理之动产或不动产等。所谓积极之道德，即会计师应有公正之品格、诚笃之心地、廉洁之操守、勤奋之精神，以恢复其信用，而发挥其效能者也。”这说明潘序伦在20世纪30年代就倡导会计人员工作要有回避制度，要加强素养修养，以利发挥会计师的职业功效。

潘序伦先生认为：“苟欲在会计界，求乐业进业之道，不可不先在德性、学识、经验三个方面加以充分而适当的修养。”德性、学识、经验三者中以何为重呢？他认为：“大学识、经验及才能，在会计师固无一项可缺，然根本上终究不若道德之重要。因社会环境千变万化，利诱威胁，无所不极，会计师苟无强固之道德观念，则在执行职务之际，在在可以代人舞弊，在在可以为己舞弊。然会计师为之职业，实为工商企业保障信用而设，苟有不道德行为，而自丧其信用，则此项职业即失其根本存在之理由，殊背国家社会期望之厚愿，可不慎哉。”今天来看他这段论述，依然是那么中肯和深刻，与我们现在提倡的“诚信是会计人员的生存底线”是何其相似和一致。

所以，近百年来，立信会计文化一直要求会计人员以职业道德为先，在培养会计人才的同时，一直以会计职业道德教育为重。

六　潘序伦先生对会计教育的论述

（一）严格要求，精心培育

潘序伦先生素来主张严谨办学，重视教育质量，注意教学方法和效果。他亲自主持校务，一切坚持“认真”二字，对师生都是高标准、严要求。对教师要求认真备课，认真批改作业；对学生要求认真听讲，认真做作业，认真做练习题。考核也是很严格的，考试成绩以70分为及格，还经常举办簿记、珠算、会计等学习竞赛。考试作弊者要开除学籍；一学期缺课三分之一以上者，不得参加期终考试；迟到早退三次者，以旷课一次计算；等等。他也十分重视学生的品德教育和体格锻炼，早晨都要带领师生一起做早操，并经常对他们进行会计职业道德和纪律教育，以培养他们良好的学风和工作作风。

（二）自编自教，切合实用

立信会计学校教师大部分是从事务所的会计师和历届优秀毕业生中挑选的。他们从实际出发，自编讲义，经过两三个学期的试讲，不断进行补充修订，经事务所编辑科审定后，才能成为正式教科书，由图书社出版发行。读者普遍反映“立信会计丛书”比较切合实用。

（三）边学边做，讲究实效

潘序伦先生认为，要掌握会计这门科学，就如同医师一样，必须亲自动手实践，才能真正学到手。因此，学校非常重视实习，每节课都备有习题，并配备一位辅导助教，认真批改学生作业和解答疑难问题。对夜校学生，主要是帮助他们解决实际工作中的困难和问题；对日校学生，要求他们苦练珠算、书法和应用文等基本功，并利用会计师事务所与工商企业接触较多的有利条件，经常组织学生到工矿企业和商店参观实习。因此，立信会计学校的毕业生一到工作岗位便能马上从事实际工作。

（四）精打细算，勤俭办校

潘序伦先生历来提倡节约，讲究精打细算、勤俭办校。无论是在上海、重庆还是在桂林、天津，开始时都是夜间租用中小学校的空闲教室上课；或利用机关、团体、企业的房屋，和他们协作办校。每校除有两三位管教务工作的专职人员外，每班 50 名左右的学生，只有一名教师和一名助教负责管理。总务勤杂工作，大都是和协作单位的职工兼办的。那时，夜校教职员和学生人数的比例大体是 1∶20，就是日校，也不过是 1∶10。房租、水电和办公用品都是处处节约，精打细算，因而学校经费每期都有结余。

（五）尊师爱生，团结友爱

潘序伦先生办学校的目的是培养下一代会计人才。所以，他总是从爱护学生的观点出发，对学生生活尽可能给予照顾，就业时尽力予以推荐。有的学生在校时虽感到管理太严，但到了工作岗位后，才体会到“严师出高徒”的好处。许多夜校的老同学，一直对“立信”有很深的感情，这和学校尊师爱生、团结友爱的校风是分不开的；特别是立信同学会做了大量团结友爱的工作，发挥了很好的作用。

立信会计学校因为有一套严谨的教育制度，有一支理论结合实际的师资队伍，有一套完整系统的自编教材，有一批热爱母校的历届同学支持，所以立信会计学校迅速发展壮大，为培养我国财会专业人才，促进我国会计事业的发展做出了贡献。

七　潘序伦先生对会计图书编写的论述

潘序伦先生对会计图书编写的要求有：

（1）书的内容必须切合实际需要，有关理论和实务的论述，都要从实际出发，以满足社会需要为原则，对引进的国外先进学术，不能照搬照抄，而要结合我国的国情，在现行法规和工商惯例的基础上，适当采用。教科书分为初级、中级和高级三种，分别编撰。每章节后都附有思考题和习题，供学生复习参考。书稿写成后，先作为讲义在学校试讲，经二、三学期试讲后，根据师生们的讨论意见，反复进行修改，然后由事务所编辑科审定编排，成为正式教科书，再出版发行。

（2）文字尽可能通俗易懂，举例做到不厌其详，使读者能够无师自通。例如，《高级商业簿记教科书》由潘序伦亲自主编，经多人审稿校阅，精心推敲，务求通俗易懂。各章顺序由浅入深，由简到繁，循序渐进，并经实地试教，几经修订，并设有教学进度分配表。每隔若干章，就设一章复习，要求学生反复练习，务求熟练掌握所学内容。结业前，还要布置一整套模拟式实务实习题，让学生去做，以求参加工作后能很快胜任岗位。因此，该书当时为各商业企业、会计学校广泛采用，修订过四五次，再版几十次，畅销国内外。

（3）如果为翻译图书，译文力求统一，含义力求确切。用词力求言简意赅，适合我国习惯用语。

八 潘序伦先生对用财之道的论述

（一）知恩图报——设立思源奖学金

潘序伦先生认为：多财总是一件好事，但一个人多了财富，首先应当考虑用财之道，应当把多余之财用于有益于人民大众的事业上。他一生的聚财、用财之道，就是遵循这一主旨的。

1924年秋潘序伦先生从美国留学回国后，担任了国立东南大学附设上海商科大学教务主任兼会计系主任，同时兼任暨南大学商学院院长职务，还出版了《簿记与会计》和《公司理财》两本英文教科书，因此不到两年，就有了两万五千元的银行存款。有了这笔钱，他首先考虑到留学时，南洋兄弟烟草公司简照南先生曾先后资助过他约为当时银币一万元。于是他就以“饮水思源”之义，乐捐一万元为简先生设立“思源助学基金”，专为帮助学习成绩优良而生计贫寒的学生完成其学业之用。

那时潘序伦先生有一位在美国哥伦比亚大学的同学王志莘，他赴美留学也是受到新加坡一位华侨资助的。他听说要为简先生设立“思源助学基金”，便也要为他的资助人出资三千元，加在潘先生的捐数之内，共襄这项“盛事”。但他家境贫寒，当时无款可付，潘先生就为他垫付了三千元，这样助学金的总额成为一万三千元。这一行动引起了当时负有盛名的几位教育界老前辈的赞许。这是潘序伦取之于社会、用之于社会的一个开端。

（二）饮水思源——合建“思源亭”

南洋兄弟烟草公司简照南先生选派分赴英、美两国留学的学生，总计约有50余人。潘序伦先生在几年后，又约同全体同学在简照南先生上海市北京西路的寓所“觉园”（现上海市第六人民医院的院址）内，合建了一座“思源亭”，并请著名教育家黄炎培撰写碑文，建立碑碣，以垂永久。

（三）取之于学生，用之于学生

立信会计补习学校设立后，报名入学的学生人数很多，在上海市各区设立的总校和分校，一时竟有11所之多。这些学校的开支是非常节约的。学校所收学生的学费，除去教职员工的工资、房租、水电费等费用外，每学期均有结余。潘序伦就用这些结余款项为学校购置了几所校址，“取之于学生，用之于学生”。

（四）取之于会计，用之于会计

1937年，潘序伦先生和那时的立信会计师事务所同人筹办私立立信会计专科学校，他们除了把所编“立信会计丛书”的版权（每年可收版税约四万余银圆）全部捐赠给立信会计专科学校外，他自己也把历年在立信会计师事务所职业收入中积累的银圆6万元，捐给会计专科学校作为建校基金。这就是潘序伦先生与立信同人“取之于会计，用之于会计”的一项实例。

1945年，抗日战争胜利后，潘序伦先生从重庆回沪，同时把原由上海迁往重庆的会计专科学校迁回上海。当时上海徐家汇立信会计专科学校校舍还在筹建之中，一时无校址可用，因此，潘序伦先生就把他原建在上海长乐路（那时名为蒲石路）的五开间三层楼的一所住宅捐赠给专校作为临时校舍。后来，这所校舍就成了夜校部的永久校舍。他还利用该校舍的日间空闲，创建了立信高级会计职业学校，相当于现在的会计中等专业学校。在建造徐家汇新校舍时他自己又捐出一万美元，建造了一座体育馆。

（五）取之于社会，用之于社会

在上海、重庆和广州等地，各类私立立信会计学校陆续移交给当地人民政府接办时，除了几十座校舍和大量图书、设备外，上海专科学校还存有现款人民币四万五千余元，重庆高职学校也有现款五千元，都全部移交清楚，涓滴归公。

1979年经党的十一届三中全会拨乱反正，潘序伦先生在“文化大革命”中被抄家的财物，政府全部作价人民币八万余元发还给他。那时，正当上海市会计学会成立，他就把发还的半数四万元，捐赠给该会作为基金。

1980年，上海市人民政府批准复办立信会计专科学校，潘序伦先生又从剩余的四万五千元银行存款中捐赠三万五千元给学校，作为优秀学生的奖学金。后来上海专科学校第一届毕业生杨国树先生捐赠了人民币四万五千元，又有上海立信纸品厂捐助一万元和前重庆立信校董查济民先生慨捐一万元，这样，共凑足人民币十万元之数，以潘序伦的名义在学校设立了奖学金。

取之于社会，用之于社会；取之于会计，用之于会计。这就是潘序伦先生一生聚财、用财的目的和归宿。

综上所述，潘序论先生有博大深厚的传统文化底蕴，有奋发图强的艰苦奋斗精神，有饮水思源的高贵伟大人格，有“取之于社会，用之于社会”拳拳奉献精神。他竭尽全力，艰苦创业，锲而不舍，以“立信”为宗旨，三位一体办学，在我国会计工作、会计教育和会计理论研究的发展史中，都留下了不可磨灭的一章。

第三节　立信会计创始人之二——顾准

顾准被称为当代思想家、经济学家、会计学家，是研究社会主义市场经济第一人。顾准是潘序伦先生的学生，也是立信会计事业的创始人之一。

一　由学徒开始会计生涯

主题视频

顾准

1927 年夏天，顾准离开职校到上海立信会计师事务所当练习生（学徒），时年顾准只有 12 周岁。潘序伦先生让他白天在事务所工作，晚上和业余时间到立信会计补习学校学习会计知识（不收学费）。事务所除了提供膳宿外，每月还给顾准几元工资。由于顾准聪颖好学，勤奋努力一年多后，他就有了很大的提高，担任了潘序伦的会计簿记等课程的助教，负责批改学生作业。

二　展现会计才华

此后，顾准编写了《高级商业簿记习题详解》，并参与了我国第一本《政府会计》教材的撰写。1931 年，顾准 16 岁，开始在立信讲课。1934 年，顾准 19 岁，由其编写的《银行会计》由商务印书馆出版，并列入了《立信会计丛书》。

后来顾准利用到银行查账工作的经验积累，还撰写了《中国银行会计制度》一书。1931 年，顾准发起成立了“立信同学会”并代为起草了同学会的章程。1934 年 2 月，顾准在立信校内发起成立了一个进步组织——进社（寓意要求进步向上）。

三　加入中国共产党

1935 年，顾准秘密加入了中国共产党。1935 年 10 月，他第一次流亡去北平。1935 年冬北平爆发“一二·九”运动后，全国掀起了抗日救国高潮。1936 年 2 月，顾准自北平回到上海，先后担任过上海职业界救国会党团书记，职员支部书记，江苏省职委宣传部部长、书记、江苏省委副书记。

1937 年 11 月，顾准担任了中共江苏省“职员运动委员会”书记，他把各行各业的群众团结到党的周围。1939 年，顾准担任了中共江苏省“文化界运动委员会”副书记，当时书记是孙冶方（我国著名的经济学家）。他们组织文化界人士开展了许多抗日救亡活动。

四　离开立信，革命活动

1940 年 8 月，顾准向潘先生提出辞职，前往抗日根据地，担任中共江南路东特委宣传部部长，主要在苏州、常州、太仓等地从事抗日活动。1942 年 3 月，顾准担任淮海区行政公署财经处处长，期间他组建淮海区行政公署的粮食系统、税务系统、开办银行为抗日根据地筹措钱粮。1943 年 3 月，顾准到延安中央党校学习，一直到 1945 年 8 月。

五　会计专家，重要作用

顾准同志除了自己学习外，还在延安大学经济系讲授《会计原理》。他在延安的教学还得到了陈云同志的好评。抗战胜利后，顾准回到江苏省淮安，在华中财经办事处工作。1947 年 7 月，顾准到山东，在山东省工商总局担任领导工作。1948 年 2 月，顾准担任了渤海区行署副主任兼财办主任。1948 年 9 月济南战役后，顾准接任了山东省财政厅厅长职务。1949 年 5 月初，顾准在江苏省丹阳被任命为上海市军管会财政处处长。1949 年 5 月 25 日，顾准随解放军回到了上海，担任华东局财经部副部长和上海市财政局和税务局的第一任局长。顾准为上海解放初期的经济稳定和恢复发挥了重要作用。税收专管员制度就是他首创的。

六 立信创始，学子楷模

屈原云："路漫漫其修远兮，吾将上下而求索。"这是顾准几十年探索真理，不计成败，经历崎岖坎坷的心路历程。他是中国当代学者、思想家、经济学家、会计学家，也是会计人永远的榜样。1984 年，91 岁高龄的潘序伦亲自动笔为顾准遗著《会计原理》作序，该书于同年 8 月由上海知识出版社出版。

第四节　立信会计文化核心理念解读

一 解读"信以立志"

（一）为什么要有志？立志对人生的重要意义是什么？

人类的发展史就是人类的文明进步史。人类进化发展的历史说明：人生在世是一个不断认识并且改造世界的过程，在这个过程中，人类既改造了自然也改造了人类社会自身。人类不断创造物质和精神财富，进而改善了自己的物质生活并不断推进人类的精神文明建设。由此看来，人活着是有目的的。

1. 志是人生的目的，是人生观的核心

因人生目的不同，人生观也不同。有人心怀国家民族，立志为社会服务，为人民大众谋利益，做出自己的贡献；也有人单纯地追求个人享乐，而丝毫不顾及他人利益。有人肩负民族希望，历史责任感很强，积极进取；也有人消极厌世，看不到国家前途，也悲观地认为自己前途渺茫，不想有所作为，人生态度极为消沉。这一切都是由人的志向决定的。杂交水稻之父袁隆平一生在农村水田中工作，无怨无悔。他的人生追求就是提高水稻产量，为人类能解决吃饭问题而奋斗。

2. 志是理想、抱负、人生的坐标

爱因斯坦精辟地说过："一个人的价值，应当看他贡献了什么，而不应当看他取得了什么。一个人的真正价值首先决定于他在什么程度上和在什么意义上从自我中解放出来。”高尔基说：“一个人追求的目标越高，他的才能就发展得越快，对社会就越有利。”所以，志也是人生价值的原动力。

3. 志是生命之魂，是成功之根

“有志者事竟成”一语已是人所共知。人们只有先有理想追求和人生目标，才能在自己的一生中取得成就。

（二）怎样立志并实现其志——“信以立志”的提要

1. 立志要符合时代精神和祖国的需要

我们生活在当今社会中，立志要符合社会发展进步的客观规律，要与祖国和人民的需要结合起来，也就是要把自己实现人生价值的志向融入振兴中华的宏伟事业中去。这项伟大的事业为我们每个人都提供了施展自己才华的大舞台，在这个舞台上，我们可以大有作为。我们应该胸怀大局，志存高远，努力去实现自己的抱负和理想，同时因为我们的志向与祖国和人民的需要相一致，也就能得到广大人民群众和国家的支持与帮助，产生个人与集体、国家的良性互动循环。我们在这个过程中就更能体会到快乐和幸福，理想和抱负的实现就更有保证。

2. 立志要符合个人客观现实

立志是个人的梦想，但是绝不是幻想或妄想。所以，立志应该量体裁衣，确定的理想和抱负一定要符合个人客观现实，而后通过长期努力去实现理想，才可能达到预期。

3. 立志要使发展变化中的主观条件与客观需要相结合

社会是在不断发展和变化的，我们对任何事物的认识也是一个逐步深化的过程，所以我们在实现自己理想和抱负的过程中，要寻找最佳的切入点和结合点，从模糊到清晰、再到精确，从创造条件到具体实施，要经过反复探索和调试。潘序伦先生从最初要实业救国，先出国留学，选择专业，到回国办会计师事务所，再办学校、办出版社就是一个这样的过程。其志向就是逐步清晰和具体的。所以，我们在确定自己的理想和抱负时要缜密思考，反复调试修正，不断完善丰富，不可轻率为之。

4. 立志要坚持做人的准则

立志和实现志向是一个较长的过程，在这个过程中，我们不能违背做人的基本准则，要把做人准则贯穿于始终，坚持以德为本，不能放松自己思想修养的要求，更要坚持自己的人生操守。广大的立信前辈就是这样做的。

5. 立志要矢志不渝

人生的旅程是不可能一帆风顺的，总会遇到这样或那样的挫折与困难。能否始终坚守自己的理想和信念，不放弃自己的追求，是我们实现志向必须面对的问题。不见异思迁，不遇难而退，不朝三暮四，才能成功。所以，信以立志就要不畏艰苦，勇于战胜和超越自我。顾准一生经历坎坷，但是坚持为祖国振兴而奋斗的信念从未动摇，他临终前还告诫吴敬琏要坚持研究，待祖国需要时报效祖国，就是基于这样的人生信念。

概括起来，信以立志就是要确定目标、脚踏实地、坚忍不拔、矢志不渝。

二 解读“信以守身”

（一）为什么要守身？守身对会计人员的重要性

1. 社会环境是复杂的，存在各种诱惑和压力，要实现理想就要信以守身

人在社会中生活，其成长发展无不受到社会环境的影响。我们要自觉抵制社会环境中那些不健康的东西。同时我们还要看到，当今社会处在一个转型期，社会文化发展多元化，新事物、新问题层出不穷，金钱诱惑、利益诱惑、名誉诱惑也会侵蚀我们的心志，这就更需要我们充分认识守身的重要性了。

2. 会计职业是一个高危职业，从会计职业道德出发我们必须信以守身

当今，随着会计职业活动越来越频繁，会计工作所面对的内外部职业关系也日趋复杂，会计人员除了要面对单位领导、经营决策者、相关机构，还要面对会计工作服务的各种对象，诸如委托人、股东、企业合伙者、债权人、社会公众等会计信息使用者。这样，会计人员受到环境影响的压力就更大了。外部人员可能会通过腐蚀、拉拢、利诱的手段让会计人员为他们的不良目的服务。因此，要做好会计工作必须提高警惕，防止自己做出违法违纪的事情，不为利欲所动，严防死守，永葆会计职业的操守。

（二）如何守身——“信以守身”的提要

1. 树立职业道德理想，在社会实践中提高自我修养的自觉性和明辨是非的能力

道德修养的特点是靠自身对做人的品格和理想的人生进行积极主动的追求。有了追求，才能不断进行道德品质等方面的自我改造、自我教育、自我剖析、自我完善。有了追求，才能在日常生活中自觉学习道德伦理和道德榜样，在思想上划清善与恶、是与非的界限，把握自己应该坚持什么、反对什么，筑起反腐防变的钢铁长城。

2. 坚持自律自省，严格遵守法律法规和规章制度

自律，就是有目的、有计划地规范、约束、控制自己的思想言行。我们每个人在日常学习和工作中，总会存在这样或那样的缺点和不足：有些是思想意识方面的，有些是品质、气质、性格方面的，还有些是人际关系方面的。每个人身上的缺点、毛病如同痼疾，容易一犯再犯。对此自己应有自知之明，力求克服和改正。当然，自律除了克服自己的缺点外，也可以是自己积极进取的要求，以高标准要求自己，能使自己进步得更快。

自省是自律后续的心理活动，是自律成果的自我分析与评估，继而明确自律的后续要求。人在认识客观世界的同时，也把自己作为人事的客体，把自己放在客观位置上来观察了解，如同分析认识他人一样。正是因为人有了这样的自我意识，才能在改造客观世界的同时，也改造自己的主观世界。自省就是进行自我教育和自我改造活动。自省应伴随着自我批评，当认识到自己确有错误时，就应该勇于自我批评，认真分析产生错误的原因、后果及改正方法。

3. 防微杜渐，贵在“慎独”和从小处入手

古人云：千里之堤，溃于蚁穴。所以我们在思想品德方面，不能认为一些错误的想法只是小节、只是自己一念而已，随意放过。随意放过一个一个小节可能会积成大祸，一个一个小念头不予扼杀，可能会铸成大错。我们决不能“以恶小而为之，以善小而不为”。

“独”是指一个人独自在一处。即使如此，无人监督，无人在场，也要慎重地对待每一件微小的事情，处处按照道德修养的要求，一丝不苟地行事。这就反映了一个人坚定而强烈的道德信念，突出了品德锻炼的高度自觉性。按照“慎独”的精神自律，认真履行守身的承诺，就是切实做到了“信以守身”。

4. 要辩证地看问题，有防而无患

对于会计工作的性质和会计工作环境，我们不仅要有清醒的认识，还要辩证地看问题，坚持“两点论”。我们要看到，通过对公民道德规范的宣传教育，广大人民群众对社会信用的意识日益增强；通过国家对各级财政审计工作的高度重视，审计监督机制也在不断完善，政府对市场经济秩序的整顿也在不断加强；对各级干部的廉政自律教育和相应机制的完善也不断显现出作用。也就是说，我们秉承中央提出的“坚持标本兼治、综合治理、惩防并举、注重预防”和“教育、制度、监督并重”的惩治和预防腐败的方针，使社会环境得到了一定程度的净化，这就要求加强对会计人员的教育，使越来越多的会计人员能按照会计职业道德的要求来处理会计业务。

概括起来，信以守身就是要洁身自爱、注重操守、自强自律、自我完善。

三　解读“信以处事”

（一）信以处事对精彩人生的重要意义

人一生中的大多数时间和精力，都用在处事上了，具体来说，就是用在处理岗位职责中的事情或个人事务上。通过处事，我们释放自己的激情，实现人生的宏志；通过处事，我们修炼和展示自己的才能和智慧；通过处事，我们报效祖国和服务人民，体现人生的价值和对社会所做的贡献。在日复一日、年复一年的处事中，集结着我们的思想情感和操守，承载着我们的责任和追求，也考验着我们对国家和人民的忠诚。

（二）如何处世——“信以处事”的提要

1. 胸怀大局，境界高远，思路清晰

我们在工作岗位上承担的事务，从单位整体来看，总是全单位的一部分；而在地区和全国来看，单位也更是一个局部。局部应该服从和服务于整体，这是一个众所周知的道理，但是能在工作中胸怀大局，充分认识到自己所承担的工作对全局的作用、意义，弄清楚自己工作的出发点和落脚点就不容易了。我们还要弄清楚自己的工作包含哪些内容，并厘清它们之间的关系：是项目与目的的关系，还是同时或先后进行的并列关系，或是交叉关系。这样有利于分清轻重缓急，安排工作顺序，制订工作计划，理顺工作秩序，提高工作效率，使自己保持清晰的工作思路。

思想境界高，工作思路清晰，两者结合起来，就能最大限度地发挥自己的主观能动性。这是“信以处事”的第一要领。如果以这个要领思考问题，想自己如何做好工作，就会形成自己特有的职业思维习惯，肯定对工作大有好处。

2. 处事实事求是，力戒盲目性

处事，从整体上来说是一个改造客观世界的问题。当然在改造客观世界的同时，人们也在改造主观世界。那么，要改造客观世界，就要从客观实际出发，而不是从个人主观臆想出发。这是一种科学的思想路线。所以，我们在处事时一定要实事求是，力戒盲目性。

然而，在处事中能不能坚持实事求是的态度，既是一个思想认识问题，也是一个人品问题。我们首先要排除个人不正确的思想动机，要克服自己头脑中的私心杂念，才能较好地克服个人主观性和防止盲目性。其次要坚持理性思维，切忌感情用事。要认真听取各方面意见，坚持兼听则明，不耻下问，尽可能多地掌握实际情况，从而做出科学合理的判断，然后摆正自己的位置，把握好分寸。否则可能会因擅自越位，破坏正常工作秩序，干扰他人工作，也处理不好自己的事情。最后遇到问题，应严于责己而勿怨天尤人。孔子曰：“君子不患人之不己知，患不知人也”“君子病无能焉，不病人之不己知也”。所以，我们在处理事务时首先要把握好自己，才能做到实事求是，力戒盲目性。

3. 坚持为人民服务的宗旨

我们的社会是一个人人为我、我为人人的社会。我们每个人通过自己的工作岗位，做好本职工作，尽可能地让人民大众满意、整个社会和谐。所以我们处理工作事务时，应该牢固树立为人民服务的思想。一要端正服务态度，二要提高服务质量。同时，两者又是相辅相成的。我们要采取群众乐于接受的方式方法开展工作，遇到问题要耐心宣传解释。我们只有努力钻研和熟悉业务，不断提高工作能力，才能在工作中做到游刃有余。

4. 正确处理国家、集体、个人三者的关系

无论是个人做人准则还是社会公德或职业道德，就其实质而言，都是在不同范围内处理个人利益和整体利益关系的根本原则。我们在处理日常工作事务时，不可避免地会遇到个人利益、集体利益、国家利益三者不一致的情况。个人利益应服从集体利益，反对个人主义；集体利益应服从国家利益，反对本位主义和小团体主义以及狭隘的地方主义。这是我们处理三者关系的基本原则。

5. 刻苦钻研，探索创新，与时俱进

当今社会，经济快速发展，导致新情况、新问题、新要求不断地出现，这就要求我们不断学习，刻苦钻研，探索创新，与时俱进，以适应新时代的新要求。在工作中，我们一定要克服因循守旧思想，正确处理好各项事务，做好本职工作。

概括起来，信以处事就是要胸怀大局、求真务实、坚持原则、牢记宗旨、与时俱进。

四 解读"信以待人"

（一）信以待人是人生和事业成功的基石

1. 信以待人是维护健康有序的社会生活和建设和谐社会的需要

人类是以社会形态生存繁衍的高级动物，这就决定了人类在生存时需要相互沟通、配合、帮助，客观上形成了一种人与人之间相互依赖和相互支撑的关系。社会上的人数量巨大，人们在个性、习惯、价值观、审美观等方面必然存在着个体的差异性；但是人与人之间要相处，就必然要求有道德约束，这样才能构建良好的人际关系，从而有利于人类的生存和繁衍。这是人类以社会形态生存的必要前提。相互信任是建立良好人际关系的必要条件，更是构建和谐社会不可缺少的要素。所以，要维护人们社会生活的有序性与和谐性就一定要倡导信以待人，建立人们相互之间的诚信体系。魏晋时期的哲学家杨泉在著名的《物理论》中提出："以信接人，天下信之；不以信接人，妻子疑之。"北宋哲学家程颐说："人无忠信，不可立于世。"可见信以待人的重要性。

2. 信以待人是培养和提高个人素质的要求

我们人类生活总是离不开在家与亲人相处、外出交友、在工作中与同事共事等活动。在这些活动中，我们都要与周围人交往。所以能与人沟通、合作共事、有良好的交际能力，已经是现代人必备的素质。作为会计人员，需要在工作中与各方面人士打交道，自然也要求具有信以待人的素质。所以，信以待人也是会计人员沟通交际能力的必然要求。特别是当代社会倡导"明礼诚信、团结友爱"的公民道德规范，我们会计人员更应当认真践行才是。

3. 信以待人是事业成功的重要条件

团队合作是现代企业成功的宝贵经验和法宝。从这个意义上说，一个和谐的有战斗力的团队是事业成功的要素，那么，一个人信以待人的品质也是他个人事业成功的要素。个人能够与他人和谐共事，才能形成团队合力，有利于事业成功。因此，要想事业成功，就一定要信以待人，营造良好的人际环境。

4. 信以待人是人生快乐和幸福的方法

如果能做到信以待人，在与亲人的共同生活中相亲相爱，在与朋友的交往中互助互谅，在工作中与同事协作默契，不论是上级、同级还是下级都能和谐共事，那么，在这样的人际环境中，我们就能感到幸福和快乐。反之，自己做人没有信誉，谁都不相信自己，自己也要处处提防他人，那还有什么人生的幸福和快乐可言呢？

（二）如何待人——"信以待人"的提要

1. 尊重他人，平等待人

要使对方感到他自己是在被尊重、被平等相待的，因为每个人都有自尊心、都希望被他人尊重，所以自己夜郎自大、冷眼看人、颐指气使，就会伤害他人自尊心，也就得不到对方认可。要想营造良好的人际环境，就要先做到尊重他人，平等待人。

2. 关心同情，推己及人

人们在与他人的相处中，都希望得到别人的尊重，这是人类正常的心理需求，同时人们还希望得到别人的理解，特别是在自己遇到困难或需要帮助时更是如此。能关心同情，推己及人，就能拉近双方的心理距离，得到对方的信任和认可。在别人落难时能感同身受，才能让对方认为你是他的朋友。要想营造良好的人际环境，就要学会关心、帮助别人。

3. 宽宏大量，虚怀若谷

在与人共事相处的过程中，需要互相谦让、包容，切忌心胸狭隘，遇到一些小事就要斤斤计较，更不能耿耿于怀，互不相让。郑板桥说“难得糊涂”，就是告诉我们，不能什么事都要搞得一清二楚，有时候自己“糊涂”一点，是一种宽宏大度的表现，这样对方也就不会再针锋相对了，双方都谦让，便好相处，更有利于共事。

4. 善于交际，善于沟通

孔子曰：“善与人交，久而敬之”“无友不如己者”。可见，孔子是很主张交友的。我们要结交正直之人、诚实之人、见闻广博于己的人。有了这样的朋友，自己就有了可靠的伙伴。同时，人们要在相互沟通中做到相互理解，在交往中做到坦诚相待、诚恳交心，就是我们平时所说的“将心比心”“人心换人心”。

5. 孝敬父母，睦邻友好

孔子在《论语·为政》中说：“今之孝者，是谓能养。至于犬马，皆能有养。不敬，何以别呼？”意思是说孝子只是说他能供养父母，而不孝敬，那和饲养狗和马有什么区别呢？一个连自己父母都不能孝敬的人，谁还能指望他对别人好呢？考察他人对自己父母的态度，是考察他对别人态度的第一步。

孔子在《论语·里仁》中说：“里仁为美。择不处仁，焉得知？”意思是说乡里有仁厚的风气才算美好，选择住处时不关注仁厚风气，怎能算得上聪明呢？所以，营造睦邻友好的邻里关系也是我们营造良好人际环境的重要方面。

6. 设身处地，换位思考

当自己在人际交往中遇到想不通的问题时，最好能换位思考，设身处地为他人着想。能从多个角度思考问题、审视问题，才能更全面、更深刻地认识问题。学会换位思考是我们人类智慧的一大进步。这样就更有利于双方的理解和沟通。联合国在全世界收集人类思想名言时，把孔子“己所不欲，勿施于人”这句话刻在联合国大厦的基座上。这是全世界公认的中国文化中最有代表性的语言，也是被当今世界都认可的人类相处之道。所以我们在践行“信以待人”的立信会计文化理念时，也要学会换位思考，做到己所不欲，勿施于人。

概括起来，信以待人就是要真诚待人、用爱相处、关心同情、理解宽容。

五 解读“毋忘立信，当必有成”

（一）“毋忘立信”，是否必然“有成”？

为什么“毋忘立信”就能“当必有成”呢？我们认为，这是由立信会计文化所突出体现的道德特征、它的先进性和社会功能以及立信会计文化的育人作用所决定的。

1. 立信会计文化所突出体现的道德特征

道德有四大特征，具体是自律性、历史继承性、社会广泛性、表现形式的特殊性。

（1）立信会计文化的自律性。立信会计文化不是停留在一般的号召层面上，而是特意营造了立信会计文化的氛围，采取了多种措施，反复地提醒、督促学生和立信同人们自律，要求学生和立信同人们切实履行实践，把对立信会计文化的认知外化为自己的行为，在立志、守身、处事待人中体现出来，并且长期、终身地去履行。这就充分地体现了其自律性。

（2）立信会计文化的历史继承性。立信会计文化继承了我国古代优秀文化传统，与儒家思想有深厚的历史渊源。立信会计文化随着社会的发展和时代的变迁，总是在与时俱进，推陈出新，有些已经衍生出了新的内涵。从立信会计文化的继承性看，它有明显的中国风格、中国特色，也为广大民众所喜闻乐见，反映了立信会计文化深厚的社会根基和群众基础。这也是立信会计文化易于传播，为群众所广泛接受的原因。

（3）立信会计文化的社会广泛性。立信会计文化的社会广泛性虽然不能与公民道德相比较，但是因为其普及程度较高，产生的社会效应较大，所以也有一定的社会性。例如，立信会计文化通过立信会计学校和事务所辐射了我国若干城市，这就体现了社会性。同时，立信会计文化不仅适用于在校学习的学生，他们毕业后从事会计工作一样适用，即使有的学生毕业后转行从事其他工作，这些做人的原则也仍然适用。加上潘序伦老先生社会地位高、影响力大，这些理念也被许多同行认可，其文化影响已经超越了一个学校或一个事务所。

（4）立信会计文化表现形式的特殊性。立信会计文化的表现形式之所以有别于其他学校校训或企业口号，是因为它本身是立信会计事业的核心理念，要求明确，好懂好记，非常具有中国文化特点。通篇贯穿一个“信”字，落实在立志、守身、处事、待人四个方面。前两者是存于人的内心的，后两者是表现于外的，前两者决定后两者，但是通过后两者又能窥测到人的内心世界。四个方面的内在逻辑关系清晰，便于传播，这些都是它能取得很好效果的深层原因。

2. 立信会计文化的先进性和社会功能

立信会计文化的基本功能是为社会培育会计人才和团结会计界同人。在中华人民共和国成立前，它对改革旧式会计，促进经济发展，实现“实业救国”理想，为社会培养更多更好的会计人才起到了积极作用，它也适应了当时社会发展的客观需要。新中国成立后，立信会计学校纳入了党和国家的领导和管理，学校所培养的会计人才开始为建设现代化服务，为实现民族振兴服务，完全融入了社会主义文化的洪流中。改革开放后，立信会计事业更是为实现中华民族的振兴而服务。在立信会计事业发展的近百年历史中，立信会计文化所发挥的旗帜作用、凝聚作用、育人作用、基础作用是非常明显的，它是一笔宝贵的文化财富。

（二）践行24字立信文化核心理念的光辉榜样介绍

在立信会计事业发展的近百年历史中，出现了许多践行立信会计文化的光辉榜样。在前面我们已经比较全面地介绍了顾准、娄尔行、许毅、杨纪琬等立信会计前辈。在此再向大家介绍其他几位立信会计前辈，希望大家能从中找到自己的职业榜样，以这些会计大师的人品、学识为标杆，在新世纪创造自己的辉煌。

1. 黎照寰

黎照寰，男，1888年生于广东南海岛，字曜生，1968年9月在上海病故，享年80岁。他是我国著名的爱国教育家和社会活动家，曾任立信会计专科学校教授、代校长兼校务委员会主任、学校董事会董事、董事长。青年时期，他受到西方民主思想的影响，1906年参加了反清运动，失败后他到香山小学任教，得到清华大学的助学金，之后又修学两年。1910年在美国哥伦比亚大学学习期间，参加了同盟会。回国后，他担任了孙中山先生的秘书，从事革命工作。

孙中山先生逝世后，他参加北伐战争，之后在武汉国民政府参加运输和经济部工作。从1929年6月开始，他以铁道部次长的身份兼任上海交通大学副校长，次年任校长，直到1942年8月长达13年之久。从1943年3月开始，他先后在圣约翰大学、沪江大学和立信会计专科学校任教。新中国成立后，他历任中国人民政治协商会议全国委员会第三届和第四届委员、上海市人民代表大会第一到第五届代表、上海市政协第一届至第四届委员会副主席等职。

1923年11月，刘大钧等在北京发起成立“中国经济学社”，以南京为总社，并在全国各地设立分社。马寅初任学社社长时，黎照寰任副社长。学社规定必须有经济著作或对经济事业有贡献，德才兼备又热心社会和公益事业的人才能入社，还限定社员人数。因黎照寰和潘序伦都是名流学者，也是中国经济学界的精英，又都是美国哥伦比亚大学的校友，所以在参与中国经济学社的活动中，他们交往甚为密切。

1932年“一·二八”淞沪抗战爆发，为了支援十九路军，史量才、黄炎培等爱国人士发起成立上海市民地方维持会，宣传动员上海广大市民筹集捐款，供应军需物资，支援前线；开展自卫活动，保卫工商界和有关人士。维持会经常举行座谈会，分析和讨论当前形势，并准备应急措施，参加市地方协会的有工商界、教育界等人士，其中教育界参加的有校长联谊会会长黎照寰、校长联谊会副会长刘湛思和潘序伦、褚辅成等人。

“八·一三”事变后，上海交通大学校区被日本宪兵强行占领，为保护学校和师生们的安全，黎照寰不畏艰辛，坚持在上海“孤岛”上办学，将交通大学暂改名为私立南洋大学。后学校被汪伪政府教育部接管，被强行改为伪国立交通大学。不甘心与敌伪同流合污的黎照寰不得不愤而离开这一辛勤耕耘长达十三年之久的教育园地，表现出了令人钦佩的爱国主义精神。

1943年3月，他离开上海交通大学行政岗位后，曾在立信会计专科学校等校任教，为发展学校、改革教学、培养人才做出了巨大的贡献。

抗战胜利后，立信会计专科学校从重庆返沪。虹桥路校舍建成后，潘序伦校长知道老友黎照寰不愿返回交大，则特聘他为学校总导师兼教授。黎照寰待人忠厚、诚恳、谦虚、和蔼、平易近人。他在繁忙的学校行政工作外，还曾教过“工商管理”、“经济学”和“财政学”三门课。据听讲的学生们反映，他讲的是广东官话，听课的学生刚开始听不懂，但他总是很认真地一字一句进行讲解，使学生听懂他的意思。他讲课内容深入浅出，很受学生们欢迎。

1948 年 6 月，国民党政府教育部还想聘黎照寰为上海交通大学校长，因他对国民党政府不满，便以年老体弱为由，婉言辞谢。

1948 年 12 月 5 日，经立信校董会决定，聘请黎照寰为校董，并组成了由他为主任委员的校务委员会。在潘序伦请长假外出期间，由黎照寰全权处理校务。他担任校务主任委员后，首次主持校务会议，就决定改善教职员工待遇并提高薪金标准。

在教育中，他提倡知、德、体三育并重的方针，要求学生在校注重知识的获得、身体的锻炼、道德的修养，做到才识丰、体力雄、志行高，具此三者，始能为国效劳。他始终坚持重视基本学科、务求实用的教学原则。

1949 年 5 月 27 日，上海解放，立信会计专科学校即于 31 日开始全面组织复课。6 月 8 日黎照寰在主持校务会议时，传达了陈毅市长在上海市文化教育界人士座谈会上的讲话，还商讨了学校工作，同意解放军进驻学校。

黎照寰先生深感中国共产党和人民政府在政治，生活上对他的关怀与照顾，为了报效祖国，他主动将他私人收藏的珍贵图书捐献给国家，并经常写信给海外侨胞，积极争取外汇，以支援社会主义祖国建设事业。

他热爱教育事业，除交大、立信外还曾在沪江大学、圣约翰大学、东吴大学、之江大学等校任过教职，桃李满天下。他说："教育工作者最大的安慰就是他所培养的学生真正能够为祖国出力，为社会主义建设做出贡献。"

1952 年，教育部对全国高等院校进行院系调整，6 月，立信会计专科学校校务委员会推定黎照寰、李鸿寿、陈文麟三人负责这一调整工作，并做了专门研究，最终由教育部决定，立信会计专科学校与上海其他高等院校的财经院系合并组成上海财经学院。

从 1952 年到 1966 年 6 月，黎照寰担任华东和上海市救济失业委员会副主任，同时被选为上海市人民代表会议代表和市协商委员会常务委员、市政协副主席。他以无党派爱国人士的身份，广泛团结知识界和宗教界人士，为社会主义革命和社会主义建设事业贡献自己的力量。他是市政协副主席，但仍然以一个政协委员的身份同大家一起学习，参加学习的人们倍感亲切。

黎照寰胸怀坦荡，不尚空谈，能够直率地反映他所联系的人士的思想和意见。他在 20 世纪 60 年代到家乡广东南海考察。出于对家乡人民的热爱和对社会主义事业的负责，他撰写了一篇内容较为具体的调查报告，反映当地人民生活情况，提出了不少好的意见和建议。家里一些人担心他因此而惹出事来，劝他不要提那么多的意见，他却认为，作为一个人民代表、政协委员，应该代表人民讲话，应该把自己所了解的情况和想法如实地说出来，才能尽到自己的责任。他的这种作风，给当时在市政协学习的潘序伦和其他一些人留下了极其深刻的印象。

2. 李鸿寿

李鸿寿，男，1909 年生于江苏扬州，字朋三，我国著名的会计教育家。1931 年李鸿寿上海复旦大学毕业后，应潘序伦先生之邀，在立信会计师事务所工作，并在立信会计夜校讲授会计课程。同时，他还兼任复旦大学、沪江大学、上海商学院教授。从 1931

年到1952年，他先后在立信、诚信会计师事务所执行会计师业务，担任上海会计师公会监事，并任立信会计专科学校副校长、校长等职，参加编辑“立信会计丛书”和《立信会计季刊》，主编《诚信会计月刊》。1952年，李教授被委任为上海财经学院副院长，二级教授。在此期间他创办了上海第一所夜大学，负责该校的教学领导工作。

1930年李鸿寿在上海复旦大学商学院会计系学习时，学校邀请了著名会计师潘序伦做有关会计问题的报告。大会堂里，听众满座。潘序伦在演讲中从理论到实际、从国内到国外娓娓道来，深入浅出、引人入胜的话语和生动的例子，博得了全场听众一次又一次热烈的掌声，这是李鸿寿第一次见到潘序伦，脑海中留下了极其深刻的印象。

当时，他正和同学张忠亮在课外阅读了美国会计专家所著的会计专著，感到该书内容丰富，见解新颖。他与张忠亮商议后，就决定利用课余时间将全书原文583页分上下两册译出，并决定由李鸿寿译上卷，张忠亮译下卷。他们译完后，就请复旦大学商学院会计系老师杨兆熊教授审阅。杨老师认为该书体系严谨，举例详尽，译文笔调明畅清晰，认为是适用于会计学的一本很好的教材，建议可以送交书局出版。但经孙寒冰教授介绍到黎明书局时，书局认为这本书内容确实很好，译文也不错，但译者是二位大学尚未毕业的学生，也即是两个无名小卒，出版后销路可能有问题，最好能请一位有点名望的会计学家写一篇序言，以引起读者的重视。

当时李鸿寿就想到，最好能请潘序伦先生写一个序，但想到自己只不过是一个复旦在读的学生，又不认识潘序伦先生，于是恳请复旦商学院院长李权时教授介绍。在李教授的引荐下，他带着书稿来到了立信会计师事务所。潘序伦看了介绍信和译稿后，当即答应，并于一周后为该书写了一篇热情洋溢的序言：

> 我国会计之术，导源甚古，周官所谓日计月要，即其滥觞。惟在欧西，则至十五世纪以还，始有簿记，其后簿记之循引，用于工商界者日广，而会计学之研究，亦随簿记应用之发达而益盛。近世工商业之进展，方兴未艾，于繁复冗杂之中，获计算明确之效，胥赖会计作指南之针，唤近国内关于会计学专书，绝少善本。予曾编著《公司会计》及《高级商业簿记》二书，以应各校之需要，供学子之参考。对于普通会计学教本，曾有编著之意，惟为业务所羁，一时无暇执笔，李君鸿寿及张君忠亮致力于会计学有年，课余之暇，合译美国Frank.H.Streightoff所著之《会计学原理及实务》一书，其理论与应用双方并重，编列次序，殊称适当，且译笔亦简洁畅达，间可称为善本，从此我国学习之欲研习会计学者，不患无适当之教本，而予数年来编纂此书之志，亦得藉两君以完成矣。爰亟恿付梓，以飨读者，并略序其始末，以当介绍。

潘序伦很关心李鸿寿的学习和工作情况，问他已学过哪些课程、成绩如何、何时毕业。当潘序伦知道他即将在复旦大学完成学业时，就问他将做何打算。李鸿寿回答家在扬州，在上海人地生疏，一无亲人。潘序伦知他工作尚未着落，就问他是否愿意到立信会计师事务所或立信会计学校工作。当时正在担心毕业后出路问题的李鸿寿，顷刻之间充满了对未来的希望，他当即表示同意。

李鸿寿非常高兴地拿了原书、译稿和序言到黎明书局。书局的人看了潘序伦的序言和李、张二人的译稿后表示，待审阅后即可出版。1931年5月该书出版，因译本初版购买者甚多，不久售罄。接着1932—1934年该书连续三年再版。

1931年春，李鸿寿一毕业就急忙赶到会计师事务所找到潘序伦先生，请他安排工作。潘序伦认为李鸿寿虽已学过审计学这门课，但尚缺乏业务实践经验，要他先跟会计师一起去有关单位查账，以更好地在实践中提高理论水平，并要他在会计补习夜校兼教中文簿记和英文簿记两门课。

李鸿寿白天一上班就赶到有关单位深入查账实践锻炼，晚上兼教两门课，当时因立信教学人手少，他忙得夜以继日，很少有休息时间。这就是李鸿寿走上会计工作岗位的开始。由于与潘序伦先生朝夕相处，亲聆教诲，他学到了不少会计业务知识和为人处世的道理。

由于李鸿寿工作负责，教学认真，因此逐步成为立信会计事业的骨干。1937年春，李鸿寿到南京查账之际，接到了潘老师准备要他一起商讨筹建立信会计专科学校的来信，他随即返沪与立信一些干部商讨筹备事宜。后学校筹备事宜因“八·一三”淞沪战事而中止。

1939年秋，立信会计专科学校于当年暑假招收专科新生，教学在河南路吉祥里会计补校所在地进行。李鸿寿负责教会计学、审计学和会计制度设计等课。在教学中他遵守立信优良传统，坚持从严要求，注意贯彻精讲多练、理论联系实际、学以致用的原则。如教审计学时，他就带领学生到会计师事务所或工商企业去实习查账；教会计制度设计时，他就带领学生到各行各业的工商企业进行参观访问，返校后组织学生分小组设计某行业的会计制度，经他审阅修改后，选出若干篇，编成《各行会计制度》，列入“立信会计丛书”出版。

当时，李鸿寿一面在立信会计专科学校任教，一面承担立信会计补习学校教务主任、校长等教育行政领导工作。他在立信任教的同时还在复旦大学、沪江大学等高校任兼职教授。他还在立信会计师事务所任执行会计师职务，参加“立信会计丛书”和《立信会计季刊》《立信月刊》等的编辑工作。这一系列实践活动与他的会计教育密切结合，为他的会计教育工作提供了良好条件。

1940年秋，潘序伦离沪赴渝，委托李鸿寿除会计师事务所外，主要负责学校工作。李鸿寿和立信同事们集资购进河南路吉祥里的房产，为以后立信会计学校的发展奠定了物质基础。

1947年夏，李鸿寿辞去立信会计师事务所和立信会计学校的职务，在南京路设立了诚信会计师事务所，仍在立信会计专科学校兼课。1948年潘序伦有事请长假，学校建立校务委员会代理校长职务，李鸿寿为常务委员，协助学校工作。

上海解放之初，由于陈其采、王云五、钱新之、宋汉章等校董均已离沪，校董事会重新调整，拟聘请李鸿寿董事担任校长。他感到有些突然，思想上毫无准备，不愿接受，最后终因潘序伦情意恳切，始允接任，但他的意见是校长仍由潘序伦担任，他暂时代理。1950年7月，李鸿寿代理校长一年期满，函请辞职，校务会议决定挽留，并改推其为校长，接着中央教育部批准同意其担任立信会计专科学校校长之职。

1952年秋，全国高等院校院系调整，李鸿寿校长和立信会计专科学校师生来到调整后的上海财经学院。李鸿寿被委任为副院长兼任夜校部主任。

以后，李鸿寿就一直在这个领导岗位上，为培养在职的财经管理干部而呕心沥血。业余教育在当时被人认为是不正规的，没有前途，但是不管是办理立信会计夜校部还是财经学院夜校部，身为二级教授的李鸿寿始终认为办教育也必须“两条腿走路”，全日制正规教育固然重要，但业余教育也很有必要。他在办学中也看到许多学生年龄比较大，他们家庭负担重，经济困难，但思想却很进步，在抗日战争时期，立信会计夜校有不少同学还参加抗日救亡等活动。在学生们爱国行动的影响下，李鸿寿的思想认识也有所提高。他认为办好业余教育为国家培养人才就是爱国，这充分表达了他的爱国热忱和热爱教育的赤诚之心。

1952年，高等院校院系调整后的上海财经学院夜校部，由几所私立大学的夜校部合并而成，学制不一。针对这一实际情况，李鸿寿根据在立信会计夜校部的办学经验，对学校认真地进行了调整，设立了总部和三个分部，并成立了几个教研组，制定了必要的规章制度。

他和上海财经学校夜校部工作人员不断探索职工业余教育的规律，努力办好成人教育，使上海财经学院夜校部办学形式多样化。经过几十年的辛勤努力，李鸿寿为业余教育立下了不可磨灭的功勋。

在“文化大革命”中，上海财经学院和华东政法学院的教工一度被调整到复旦大学，李鸿寿被安排在经济系工作。

1978年上海财经学院复校后，李鸿寿重新担任院领导。古稀之年，他办学、讲课、撰文、编书、审定教材、参加社会活动，越干越有劲。

1984年，在他主持下的夜大学办公室荣获上海市先进集体的光荣称号。1985年，他又荣获上海市职工教育先进工作者的光荣称号。此外，李鸿寿对上海市和全国的成人教育也做出了很大贡献。国务院为了表彰他为发展我国高等教育事业所做出的突出贡献，从1992年起发给政府特殊津贴，以资奖励。

李鸿寿在任教60年的时间里，除致力于会计学教育外，还致力于著述和翻译。其主要著作有：《会计学原理和实务》（合译）、《会计学》、《会计数学》（合著）、《初级会计学》、《会计学概要》、《初级会计学教程》、《会计学数学用表》、《现代会计学》、《会计学中的数量方法》、《审计学》、《审计案例》、《审计学参考资料》、《企业管理中的数量方法》等。他是中国会计学会顾问、中国冶金财务会计学会顾问、上海审计学会顾问、上海成本研究会顾问，还当选为上海市人民代表大会代表、上海市政协常务委员、中国民主同盟会中央委员、民盟上海市委常务委员和副秘书长等。1998年，李鸿寿病故于上海，享年89岁。

3. 张蕙生

张蕙生，女，1894年出生于浙江省平湖县（现浙江省平湖市）。张蕙生是会计学家，会计实务专家，会计教育家，中国第一位女会计师，“三位一体”立信会计事业的主要支持者与参与者。她出生在平湖县一个“轮船局”老板的家庭，从小因其父母受“女子无才便是德”思想的影响，一直未接受教育。1912年春，时年18岁的她才得以进入平湖县淑英女子学校就读。由于求知心切，加上天资颖慧，勤奋攻读，她只花了1年半的时间，于1914年秋季就小学毕业了。后考入蔡元培先生在上海举办的爱国女子中学，1917年毕业。此时，由于家道中落，无力再供她升学，她就去寰球中国学生会附设小学任教，并在校外兼课和做家庭教师，开始了她的教育生涯。1919年五四运动爆发时，身为寰球中国学生会学校教师的张蕙生带领学生们走上街头，到江湾、浦东等地向群众演讲时局形势，揭露清朝政府的卖国行为，呼应北京学生的革命行动。到1920年，经过4个年头的辛苦积聚，她攒下一笔旅费，为出国留学奠定了物质基础。1920年8月，她乘“南京号”轮船漂洋过海到美国，进入加利福尼亚大学“半工半读”，度过了为期7年的海外留学生活。1927年，她获得商学硕士学位并回到了阔别已久的上海。从此，她全身心地投入令她终生难以离弃的会计事业中。起初，她在民国卫生署海港检疫管理处任会计主任。1930年，她脱离政府机关，取得中国会计师资格，成为我国第一位女会计师，并开始从事自由职业，一边在立信会计师事务所执行开业会计师业务，一边从事教学工作。她历任立信会计专科学校教授、会计系主任、副校长，沪江商学院院长等职，并兼任上海暨南大学、复旦大学、东吴大学、上海交通大学教授。1937年11月，她到重庆与潘序伦先生重振立信会计事业。1946年，她主持设立南京立信会计师事务所分所。1949年，她继续担任立信会计专科学校教授。张蕙生长期从事会计学和审计学的教学与研究工作，一生留下诸多会计论著。其主要论（译）著有《政府会计》《决算表之编制》《基本会计学习题》《通用簿记教程》《审计学原理》等。

1982年12月15日，中国会计界的一代女杰，因久病不治，走完了不平凡的会计人生，与世长辞，享年88岁。

4. *钱素君*

钱素君，女，上海市人。20世纪20年代，她与张蕙生一同赴美国留学。1936年任上海交通大学管理学院讲师，与张蕙生、李鸿寿、王澹如、蔡经济等人一起加盟立信会计事业。后曾受聘于国立暨南大学会计银行系主任，讲授簿记学、审计学、销售术等课程。1937年，她同张蕙生一起取道西北公路，经西安、宝鸡、成都到达重庆，与先期取道香港绕道到重庆的潘序伦先生重振立信会计事业。

1943年8月，钱素君被任命为立信会计学校教务主任；1944年与张蕙生一同被评为教授，11月与潘序伦组成立信会计学校教员资格升等委员会；1945年与潘序伦、张蕙生等一并被聘为立信校务委员会委员；1980年被聘为立信会计高等专科学校校务委员会委员。

5. *王澹如*

王澹如，男，1904年2月生于江苏省东台县。他是我国著名的会计学家、大学教授。1929年1月毕业于国立中央大学商学院会计系。1929年4月—1933年4月，在潘序伦先生主持的立信会计师事务所任查账员、会计师，兼立信会计学校教师；1934年8月—1945年12月任广州交通银行会计主任、香港交通银行会计主任和襄理、重庆交通银行襄理、广西大学法商学院教授、云南矿业银行业务顾问；1946年1月—1949年4月任上海联禾实业公司协理、总经理；1950年8月—1952年1月任上海立信会计专科学校、东吴大学法商学院、震旦大学商学院教授；1962年8月—1986年12月任暨南大学经济学院教授；1981年2月，应潘序伦之邀，兼任新编立信会计丛书编辑委员会副主任；1986年9月，兼任立信会计出版社编辑委员会副主任，后兼任《财会通讯》杂志特约编审。

王澹如的早期主要著作有：《会计学教科书》（与潘序伦合著）、《银行实务》（上下册）、《银行会计》、《银行商业信用证之理论与实务》、《会计核算》、《工业企业产品成本计算》、《政府会计》（与潘序伦合著）、《国际贸易ABC》（ABC丛书）。1980年以后的主要著作有：《会计学教材》、《基本会计学——西方会计》（与潘序伦合著）、《资本主义企业财务会计》（与娄尔行、钱嘉福合著）、《资本主义银行业务与经营》（与沈泽群合著）。其主要译著有：《现代管理会计》（与唐文瑞、施殷云、唐民合译）、《蒙氏审计学——会计循环和审计实务》（与姚焕廷、钱嘉福等合译）、《西方国家会计理论》（与陈今池合译）。

6. 李文杰

李文杰，男，1906年生于江苏省扬州市，1998年3月2日在北京病故，终年92岁。他是我国著名律师和会计师，也是一位爱国的社会活动家，曾任立信会计师事务所主任律师、副主任会计师，代理主任会计师，立信会计专科学校校董兼教授，还曾担任立信会计专科学校、立信图书用品社、立信会计师事务所法律顾问和上海立信校友会名誉会长。他是立信会计事业的元老。李文杰1924年毕业于北京通才商业学校；1935年上海东吴大学法律系毕业，获法学学士学位。他一生从事律师和会计师事务，1950年他加入民建（中国民主建国会），历任民建第二届中央委员会委员，第三、第四届中央常务委员会委员，第五、第六届中央咨询委员会副主任，并代表民建任政协全国第五、第六、第七届委员会委员。他还担任过中国法学会、中国会计师学会顾问、中华全国律师协会副会长等职。

20世纪30年代，李文杰在上海执行会计师业务，工作中多次与潘序伦接触。交谈中，潘序伦深深地感到李文杰确是一个难得的人才，希望他一起来发展会计事业。李文杰也被潘序伦以诚信处事待人的办事宗旨和宽宏的气度、待人的坦诚所感动。1936年1月，他毅然辞去通易信托公司总稽核职务，进入立信会计师事务所担任主任律师和副主任会计师职务。立信会计专科学校建立后，他出任校董会秘书兼教授。

通过几年的实践和钻研，李文杰认为要想迅速发展工商业，必须建立科学的会计学体系，为此必须借鉴西方复式记账法。这一论点与潘序伦的借贷记账法不谋而合。为此，他在潘序伦的大力动员和支持下结合了十余年会计实践的心得，用说理深刻、通俗易懂的语言，撰写了《簿记初阶》一书，说明了现代会计学中有关债务和债权关系的借贷记账方法等一些基本问题。此书一经上海商务印书馆出版，影响很大，销路也很广，且多次再版，极受读者欢迎。

我国原来只有关税等间接税种，这一税种的征收办法既不科学合理，征收手续又很烦琐。潘序伦和李文杰为此合写了《所得税原理及实务》一书。为了推行所得税，李文杰还利用各种机会宣传所得税的意义和作用，以引起人们的重视。

1940年迫于客观形势，潘序伦于当年秋撤离上海。离沪前，他考虑自己苦心经营多年的上海立信会计事业不能停歇，便将其郑重委托给李文杰等人。李文杰以副主任会计师代理主任会计师职务，主要负责立信会计师事务所工作。立信会计师事务所历来以诚信闻名于沪滨，当时上海环境异常险恶，而李文杰主持下的立信会计师事务所仍在为一些企业或个人处理有关事务。与此同时，潘序伦已在重庆建立了立信会计师事务所和立信会计学校，又成立了立信会计图书用品社，形成了颇具特色的三位一体的立信会计事业。作为当时上海立信会计事业主要负责人之一的李文杰和在上海的同事们立即在上海建立了立信分支机构。闻名遐迩的“立信会计丛书”中的部分著作就是当时在上海出版问世的。

1949年，李文杰为工作需要调往北京，受到了党和政府的信任和礼遇，除担任民建中央常委外，还曾列席全国政协会议。

党的十一届三中全会后，他虽已年逾古稀，但仍以旺盛的意志和精力积极为改革开放献计献策。为了建立健全社会主义法制，在政协会议上，他和沙千里等委员提交了不少议案，受到党中央的高度重视。1986年，他当选为中华全国律师协会副会长。在中国法学会成立大会上，他又被任命为顾问。

当然，他最关心的还是一生倾注了大部分心血的会计事业。在全国政协会议上，他和经济界著名人士一起，先后提交了关于“制定会计师暂行条例”“建立各级审计机构”“健全会计法制”“对外开放必须与健全涉外经济法制同步进行”等提案，其中大多数提案获得中央有关部委的重视和采用。

1985年，耄耋之年的李文杰还在全国人大常委会颁布《会计法》时，在《法制日报》上发表了《会计法讲话》一文。中国注册会计师协会成立时，他还被聘为顾问。

与此同时，他对立信会计事业仍怀着一片深情。虽远离上海，但他还为立信校友会捐款，还一直担任着立信会计专科学校、立信会计图书用品社和立信会计师事务所的名誉教授与顾问。

1998年3月2日，李文杰在北京逝世的消息传到上海。立信会计专科学校和校友会向李文杰同志治丧办公室和家属发去唁电，并派人专程赴京参加李文杰同志遗体告别仪式。

7. 蔡经济

蔡经济，男，1906年生于上海市川沙县，2001年在香港病故，终年95岁。他1929年毕业于上海国立暨南大学商学院会计系，是潘序伦先生的学生，毕业后到立信会计师事务所工作。后受潘序伦委托先后赴广西桂林、广东广州成立立信分校，并任校长。他历任哈尔滨东北防疫处会计科长、上海立信会计师事务所会计师、广西省（旧称）政府会计委员会委员、国立广西大学教授、立信会计学校桂林分校主任、广东省立法商学院教授兼会计系主任、广州立信会计学校校长、香港立信会计专科学校校长等职。抗战胜利后，他在广州创办三位一体的立信会计事业，做出了较大贡献。1949年他又到香港开办了香港立信会计专科学校，并任校长长达20年之久。1987年，他又任上海立信校友会顾问。

蔡经济一生呕心沥血，苦心经营三十余年的立信会计事业，培养出数以万计的会计人才，为祖国的建设事业做出了巨大的贡献，在海内外为立信赢得了良好的声誉。蔡经济著作甚丰，曾出版著作有《审计学》《实用政府会计》《所得税会计》《会计人员手册》《企业会计制度设计》《成本会计》等，其中《实用政府会计》曾为广东、广西各大学广泛采用作为必修教本；《成本会计》一书，因其通俗易懂而成为当时同类图书中之畅销书。

1929年，蔡经济在暨南大学毕业后，他的愿望是想做会计工作。当时虽然学习会计的学生并不多，但一个青年学生要想找到一份会计工作，还是要有人介绍才行。

因为蔡经济在潘序伦先生领导下的暨南大学教务处做过一段时间临时工作，暑假期间又在会计师事务所工作过，学习勤奋，工作负责，潘序伦就将他介绍到哈尔滨东北防疫处工作。“九·一八”事变后，哈尔滨被日军占领，蔡经济只得返沪。潘序伦很热情地留蔡经济在立信会计师事务所工作，并请他在立信会计补校兼教几节英文簿记课。蔡经济和大家一样，在潘序伦的领导下心情舒畅地忙碌着。抗战前，为了建设事业的发展，地处西南边陲的广西迫切地需要财会人才。潘序伦认为当时广西虽很偏远，但有发展前途，就想到了能胜任工作的蔡经济，让他定期前往广西支援那里的财务工作。蔡经济临行前，潘序伦非常亲切地勉励他说：“你作为立信的一员派往广西工作，希望你在广西，很好地发扬光大立信的事业。”期望殷切的话语，使蔡经济得到很大的鼓舞。

蔡经济一到广西柳州，就依照柳州农村试办区伍主任的意见开展工作，因人手不足，又函请潘序伦先生派人协助，潘序伦即派徐子康到广西柳州。两人在比较短的时间内将整理好的旧账和会计报告送交审核，并说明了该地区目前的财政状况。

为了解决会计人才缺乏问题，蔡经济曾在广西大学执教，受潘序伦先生的郑重委托，在广西发展立信会计教育事业。蔡经济同潘秀章经过筹划，在桂林设立立信会计分校，经潘序伦的指示，聘请广西省会计处处长张心澄任名誉校长，潘序伦任校长，蔡经济任分校主任，潘秀章任教务主任。

蔡经济和潘秀章都曾在上海立信工作过，可谓驾轻就熟，教学上依照会计原理和实务并重的原则，使学生毕业后即能进行工作，受到当时一般公司、商店、企业的欢迎。此外，他在立信会计师事务所桂林分所设立了立信会计图书用品社，以供应邻近地区学校所需会计用品。

之后，蔡经济还在广州、香港等地经营立信会计事业。直到 1977 年退休在加拿大温哥华定居期间，仍念念不忘立信会计事业。当他获知母校在上海复办时，内心非常激动。在他的热情支持和推动下，立信会计海外校友会于 1983 年 9 月 21 日在香港成立，之后上海和各地校友会也相继成立。他在联络和团结海内外校友方面做了很多工作，还不定期出版《立信会计海外校友会刊》，对立信在海外的发展起了一定的作用。此举深获潘序伦的赞许。

8. 黄逸峰

黄逸峰，男，1906 年出生于江苏省台东县，原名黄澄清，著名社会科学家，曾任立信会计专科学校教授兼教务处副主任、校务委员会主任等职。1925 年 5 月，他参加了五四运动，同年 10 月加入中国共产党。1927 年，他参加上海工人三次武装起义，任上海闸北区区委委员，大革命后任中共南京地委书记和南通特委书记。1935 年，他组织“铁路青年社”积极投入抗日救亡运动。1936 年，他被捕入狱。至此，他已六次入狱。但他坚贞不屈、视死如归。1937 年，他在立信会计专科学校任教职。1939 年，他去广西大学任教授，后因工作需要，去苏北参加抗日战争。抗战胜利后，他历任北京军调处执行部交通处长，东北铁路局副局长、铁道学院院长，东北人民解放军铁道兵纵队司令员、党委书记。新中国成立后，他任上海铁路局党委书记兼局长。1956 年，他改任上海社会科学院院长等职。

黄逸峰是潘序伦归国初在暨南大学执教时的学生，由于学习成绩优异，深得潘序伦的器重。黄逸峰在上海沪江大学城中区商学院兼任会计学教授期间，正好潘序伦也在沪江大学兼教会计。在教学之暇的交谈中，由于专业爱好相同，两人开始熟悉起来。

后来，潘序伦一创立立信会计专科学校，就聘请黄逸峰为会计学教授兼教务处副主任，负责教学和教务行政工作。

与此同时，他还和立信会计专科学校的同事李文杰一起参加上海职业界抗日救亡协会（以下简称职协）工作。由于职协是统一战线的组织，参加的团体中不仅有各行各业的普通职员，也有经理、工程师等高级职员，更有一部分具有代表性的知名人士，因此，中共上海地下党组织非常重视职协工作，特地委派李文杰和黄逸峰为职协组织部的正、副部长。在工作中，他们广泛地发动职业界各行业、各系统、各阶层人民群众，建立各自的救亡团体，以支援前线的抗日救亡工作。

抗战初，潘序伦将一批熟悉会计业务且有一定工作能力的立信校友推荐给广西省政府会计委员会，其中一位就是精通会计的专才黄逸峰。黄逸峰一到广西，一度担任广西省会计处专员并任广西大学会计系教授。在广西工作一段时间后，黄逸峰因党的抗日工作需要，又调去苏北解放区。

上海解放初，黄逸峰由组织调到华东接管铁路工作。他就任上海铁路局党委书记兼局长，将上海急需的“二白一黑”（大米、棉花、煤炭）从各地运到上海，以解决上海人民日常生活和生产问题。

黄逸峰认为要做好会计工作，必须首先做好会计的基本工作，也就是要正确及时地记好账、算好账，以及时提供正确的数据，这样才能谈得上预测、控制、监督和分析，才能谈得上为决策提供有用的资料。他还认为财务会计工作最基本的工作便是计量、原始记录、内部控制制度三项，能把这三项工作做好，才能保证会计信息的准确，会计信息资料的及时供应对企业经营事业的发展是很重要的事。

为了肩负起这一个任务，他们不顾年老体弱，不辞劳苦地为祖国会计事业的复兴而努力。黄逸峰与黄序伦共同商讨和发起成立上海会计学会，在有关领导的大力赞助和支持下，我国第一个会计学会——上海会计学会诞生，这促使全国各地的会计学会如雨后春笋般地先后成立。大家推选潘序伦为顾问，黄逸峰为会长。

1980 年，上海市政府同意立信会计专科学校复办，由潘序伦等四十五名委员组成校务委员会，大家推选黄逸峰为校务委员会主任，马一行、王眉征、顾树桢、李鸿寿为副主任，并推举潘序伦为名誉校长。

1988 年 11 月 27 日，黄逸峰因病医治无效在上海逝世，终年 82 岁。

9. 陈文麟

陈文麟，男，1911 年 5 月 9 日生于江苏常熟县，商学学士。1950 年 1 月经盛丕华、徐永祚两位先生介绍，加入中国民主建国会。1975 年 8 月 10 日因病在上海去世。

1928 年 9 月—1933 年 9 月，他先后在上海私立商科大学、上海光华大学会计系读书。1933 年 3—9 月，他在中国征信所任编审员。同年 10 月—1954 年 6 月，他先后在上海、重庆立信会计师事务所任编辑、稽查员、会计师、副主任会计师、代理主任会计师，兼任上海、重庆立信高级会计职业补习学校教师、教务主任，上海东吴大学法学院、上海沪江大学商学院、重庆中华大学商学院、上海光华大学商学院教授。中华人民共和国成立前，他曾担任上海立信会计专科学校副校长；1955 年 8 月—1956 年 12 月，他担任建信初级中学、建信补习学校（后改为上海市五十五业余中学）校长。1957 年 1 月—1959 年 11 月，他又任邑庙区副区长，1959 年 12 月起任南市区副区长。

陈文麟长期在潘序伦创办的立信会计师事务所工作，担任高级职务，还长期在大学商学院兼任教授，在会计补习班任教，认真钻研会计学教学业务，精通会计业务知识，并编有著作出版，在上海会计界和商界有一定声望。

10. 管锦康

管锦康，男，1918 年 1 月生，浙江省海宁市盐官镇人。管锦康自幼就读于海宁安澜小学、海宁县国立初级中学，1933 年 9 月在上海中华职业学校高中部商科读书，1936 年 7 月毕业后进入上海东吴大学法学院会计系学习，获法学学士学位，毕业后担任四川立信会计专科学校函授部主任，1946 年赴美国依利诺大学研究院深造，师从世界著名会计学家 A.C. 利特尔顿教授，获会计学硕士学位。回国后，1948 年至 1969 年，他先后在上海立信会计专科学校、天津工商学院、南开大学、河北财经学院任教，自 1969 年起在天津财经学院任教。20 世纪 40 年代，他还受潘序伦的委托在天津和北京创办立信会计学校和立信会计师事务所，他是立信会计事业在北方地区的奠基人。管锦康曾任天津工商学院、南开大学、上海立信会计专科学校、河北财经学院、天津财经学院副教授、教授，兼任中国审计学会副会长、中国内部审计学会副会长、中国成本研究会常务理事、中国民主同盟天津市委顾问等职。

管锦康教授长期从事会计学、审计学的教学与研究，成果卓著，特别是在成本管理和审计学等方面的教学和研究，不仅培养了一大批专业人才，而且在国内影响较大。他的《成本检查与监督条目》，获全国财政理论研究优秀奖；《试论我国审计工作体系的建立》《我国成本管理体系改革的探讨》，获天津市社联优秀奖。

管锦康教授自 1946 年以来，编写和发表了大量的著作和论文。其主要著作有《成本基础之会计理论》《成本管理大辞典》《企业经济活动分析》《审计学》《审计学基本概论》《审计定义与职能》《审计学原理》《现代审计学原理》等。其主要论文有《改革我国成本管理体系的设想》《试论企业经济活动分析几个理论问题》《试论成本学的理论体系》《试论审计在国民经济和社会发展中的地位和作用》《论审计与财务大检查》《试论审计与廉政》《关于加强宏观调控审计的探讨》《论审计目标》《论有中国特色的社会主义审计工作体系》等 80 余篇。

管锦康教授关心家乡建设，向家乡领导建议，为维护所有者权益，促进廉政勤政，维护经济秩序，提高经济效益，保证持续稳定、协调地发展经济，可采取以下三项措施：一是要加强审计工作。国有企业由县（市）审计局进行审计外，其他经济成分的企事业单位，应依据有关法规或制定地方法规，由社会审计进行审计，并尽可能实行内部审计（包括城乡各种经济成分）。二是要举办各行业经济科技培训班，实行收费发证，做到先培训后上岗。三是要打实社会主义市场经济基础。应在有关政府部门指导下，组建同业公会、行业小组，实行行业管理，引入高科技、科学管理，倡导职业道德，力求低耗、高效、高质量开拓和占领市场。

11. 顾树桢

顾树桢，男，1919年5月26日生于浙江省嘉善市。他1941年毕业于上海国立暨南大学会计银行系；1980年任上海市财政局副局长，是上海立信专科学校复校的倡议人之一；1981—1983年任上海市财政局局长，后任上海市人民政府副秘书长，中国会计学会、中国注册会计师协会副会长；1988年起任上海立信会计专科学校校长、党委书记，后任学校高级顾问、校务委员会主任，上海立信校友会会长等，还任上海市会计学会、审计学会、注册会计师协会会长。他是立信会计事业在潘序伦去世后的重要领导。20世纪80年代初立信复校时，顾树桢就是一位积极参与者，在复校过程中他给予了极大的支持与帮助，也与潘序伦结下了深厚的情谊，从政府机关退休后，他出任了立信会计高等专科学校校长和党委书记。在他领导上海立信期间，他组织了全国立信会计事业协作会，扩大了立信会计在全国的影响，在全国立信会计事业发展中做出了重大贡献。

12. 李天民

李天民，男，1919年10月生于江苏镇江。2007年12月19日16时因病医治无效，在北京逝世，享年88岁。他1940年毕业于上海复旦大学经济系，获理学学士学位，曾任上海立信会计专科学校、东吴大学、圣约翰大学、上海财经学院副教授兼会计原理教研室主任。20世纪50年代初，李天民教授在上海编著的《审计学教程》《新银行会计教程》是新中国会计学界的奠基性著作，由此成为我国著名会计学家。

1958年，他主编的《会计核算原理》在全国率先打破苏联教材框架，在国内学术界影响很大。1979年，他调至北京中央财政金融学院（现为中央财经大学）任会计系国外会计教研室主任，副教授、教授兼硕士生导师，院学术委员会、院高级职称评委会委员。他每学年都为经管系的博士生讲授“经济学与管理学前沿问题”的课程，另外还在中央广播电视大学、江苏高等财经专科学校、河南高等财税专科学校、上海大学、淮海工学院等校任兼职教授，并担任中国化工会计学会、中国成本研究会、中国汽车工业会计研究会顾问，中国审计学会理事，北京审计学会常务理事，美国国际内审协会会员。20世纪80年代初，他的研究重心转向管理会计，是我国研究和引进该学科的先驱者之一，特别是在管理会计的基本理论研究方面达到国际先进水平。

李天民教授曾先后编著和主编各类会计、审计教材和专著30余种，累计500余万字。其中《管理会计学》于1987年获北京市哲学社会科学优秀成果奖，是当时全国最畅销的教材，截至1997年10月，累计发行量已逾137万册。1994年编著的《管理会计研究》两年间曾先后荣获国家教委全国第二届高校出版社优秀学术著作奖（1995年11月），财政部第三届全国财政系统大中专优秀教材一等奖（1996年1月），上海市1993—1995年度优秀图书二等奖。他还在国内著名刊物（包括《会计研究》《审计研究》《财政研究》《财务与会计》《上海会计》《财会通讯》等）公开发表论文170余篇，累计150余万字，其中有20余篇获奖，另有10余篇被选入由中国会计学会、中国审计学会秘书处编辑的全国论文选中。

李天民教授以其奉献和开拓的精神致力于会计、审计的理论研究和教学工作，孜孜不倦，勤勤恳恳，积极推动我国会计教育事业的发展，在会计界享有很高的声誉，是我国著名的会计学家。他不仅治学严谨，而且造诣极深，成果卓著。同时，他还为国家培养了一批优秀的会计人才。鉴于他的卓越成就，1985 年他被民盟北京市委授予“在社会主义建设的服务中做出优异成绩”的荣誉证书；1986 年和 1994 年两度被中央广播电视大学授予全国广播电视大学优秀主讲教师称号；1992 年 10 月起成为享受国务院颁发的政府特殊津贴的专家，1995 年又荣获安盛、国卫奖教金。李天民教授，严于律己，为人师表，关心学生，爱护青年教师，这些美德使他备受师生的尊敬和爱戴。

13. 高云樵

高云樵，男，1920 年生于浙江余杭县，2001 年病故于北京，享年 81 岁。1937 年他到上海东莱银行当练习生，并进入立信会计补习学校学习，是潘序伦和顾准的学生，毕业后在学校任助教。1946 年 6 月参加中国共产党，任当时上海立信校友会会长。1948 年因上海利群书店事件遭到国民党逮捕，经党组织多方营救幸免于难。1949 年 5 月，他受党组织委派担任上海市军管会工商处负责人，后调入中央工商行政管理局任调研处处长、办公室主任等职。1984 年他与多位立信老校友发起成立北京立信校友会，并担任了第一、第二、第三届校友会副会长。1986 年，他又积极发起成立北京立信会计职工大学。他是北京地区立信会计事业的重要倡导人。

14. 端木和

端木和，男，1922 年生于安徽省安庆市，2007 年在北京病故，享年 85 岁。1941—1942 年，他在四川重庆北碚高级班第一期学习。在重庆学习时他受潘序伦教诲。之后，他长期在北京工作，并担任全国政协委员。1984 年他发起成立北京立信校友会，并担任了第二、第三届秘书长，第四届校友会副会长兼秘书长。1986 年，他积极参与了发起成立北京立信会计职工大学。他是北京地区立信会计事业的重要倡导人。

15. 蒋春牧

蒋春牧，男，1919 年生于江苏省宜兴县，中国民主促进会会员。抗战时期他先和潘序伦一起赴重庆开创立信事业，又于 1941 年与潘序伦一起出资成立立信会计图书用品社，并担任副经理主持内部管理工作。1945 年抗战胜利后，立信会计图书用品社迁回上海，成立了总社，他担任总经理。1980 年他被立信会计专科学校聘为咨询委员，1986 年任立信出版社顾问。

16. 黄浦

黄浦，男，1926 年 2 月 26 日生于江苏。抗战胜利后，立信会计补习学校、立信会计高等专科学校、立信会计函授学校相继在上海复校，从重庆回来的校友和在上海坚持的校友很快恢复活动。黄浦是当时同学会、校友会的重要领导。他利用会计教员身份便利，在校内开展革命活动，是立信前辈中革命者的典型代表。他曾被国民党逮捕，但他在监狱中坚持与反动派做斗争，表现出一个革命者的坚定信仰。之后，他被营救出狱，长期从事领导工作。20 世纪 80 年代，他为立信会计的复校和发展做出了重大贡献，他也是立信会计事业协作会的重要领导。长期以来，他一直致力于立信会计事业的发展。

17. 周京生

周京生，男，1937 年生于江苏省无锡市。大学毕业后，他长期在无锡工作。1984 年，无锡要恢复立信会计学校，经过他的多方努力，复校在 1985 年获得批准。他长期担任无锡立信会计学校校长一职，为立信会计事业在无锡地区的发展做出了重大贡献。

退休后，他又参加无锡立信会计师事务所工作，并长期担任全国立信会计事业协作会理事长，对各地立信会计事业多有帮助。

（三）今日的“立信会计”

1. 各地立信会计学校

各地立信会计学校主要有：上海立信会计金融学院、江苏省无锡市立信职教中心校、北京财贸职业学院立信会计学院、天津市立信职业中等专业学校、重庆立信会计学校、成都立信会计学校、广州市立信职业技术学校、广西玉林立信会计学校和宁波立信会计学校。图 10-2 所示是北京财贸职业学院校园内的潘序伦像。

图 10-2　北京财贸职业学院校园内的潘序伦像

2. 立信会计师事务所

立信会计师事务所于 1986 年复办，2000 年，上海立信长江会计师事务所有限公司成立，2007 年更名为立信会计师事务所有限公司。立信会计师事务所依法独立承办注册会计师业务，具有证券期货相关业务从业资格。2010 年，立信会计师事务所获得首批 H 股审计执业资格；2010 年 12 月，改制成为国内第一家特殊普通合伙会计师事务所。从 2001 年起，立信会计师事务所在全国会计师事务所签发国内上市公司审计报告数量排行榜上一直保持第一。2009 年，立信会计师事务所加入全球第五大国际会计网络——BDO 国际。

2000 年至 2013 年，经由中华人民共和国财政部批准，立信会计师事务所又相继在北京、深圳等地设立了 31 家分所，立信在打造本土最具核心竞争优势的专业服务机构的同时，逐步完善和实现战略布局，为顺应国际资本市场一体化发展趋势，立信人正以诚信和专业铸就着民族品牌。

立信会计师事务所现有从业人员 10 000 余名，其中执业注册会计师 2 000 余名。总部设在上海，有 8 个专业委员会，以及审计业务部、国际业务部、银行业务部及审计风险管理部、信息技术部、教育培训部、管理咨询部、税务部、资产评估部、工程造价咨询部、信息鉴证部、公司清算部、市场与品牌推广部、会计政策研究中心、产学研基地等与业务相关的部门。现有客户遍布全国各地，其中上市公司 500 余家，外商投资企业 2 000 余家，并为大型央企、国有集团、银行、证券公司、期货经纪公司、保险公司、信托公司、基金公司等提供审计及相关业务。

独立、公正、客观是立信一贯秉承的原则。在信用经济和信息社会化的时代中，立信人将永远恪守职业道德，勤勉尽责，保证执业质量，保护公众利益，承担社会责任，为国内外委托人提供高品质、高附加值的专业服务。

3. 立信会计出版社

上海立信会计出版社是全国唯一的一家以“会计”命名的专业出版社，在北京设立了立信会计出版社分社。

4. 立信会计用品公司

1941年秋，在重庆，潘序伦先生与生活书店合作，创设了立信会计图书用品社，专门出版立信会计丛书和印制发行会计账册报表。抗战胜利后，潘序伦把立信会计图书用品社搬回上海。它的营业范围遍及全国各地，特别是在长江以南地区，立信会计图书用品社成为当地会计用品的主要供应商。图10-3所示是现在的立信会计图书用品社。

图10-3 立信会计图书用品社

通过上述立信会计情况介绍，我们了解了立信会计的社会知名度、美誉度，也了解了立信会计近百年来的历史积淀，更了解了立信会计文化所倡导的理念、精神、职业观，理解了立信会计品牌产生和发展的原因，以及立信会计文化发挥的作用。从中可以看出，立信会计文化的传承对立信会计事业的发展具有重要的意义与价值。

本章小结

本章主要介绍了潘序伦1924年从美国学成回国后，为了实现其实业救国、科学救国的抱负，在上海创办立信会计师事务所、立信会计学校、立信会计出版社，并将立信事业和文化辐射到无锡、宜兴、南京、天津、北京、重庆、成都、广州、昆明、桂林、南宁、衡阳、兰州、宁波等地的事迹。立信会计采取“三位一体”的发展模式。立信会计学校授课形式多样，适应社会需要。立信会计教学突出“学验并重”理念，强化会计职业素养教育。立信会计学校聘请社会的名家大师到校授课，确保教学的高质量，使立信会计事业得到社会高度认可和评价。立信会计文化倡导爱国精神、敬业精神、信实精神、革新精神、勤奋精神、奉献精神，具有很强的现实意义。

本章还介绍了一大批优秀的立信学子榜样，如黎照寰、李鸿寿、张蕙生、钱素君、王澹如、李文杰、蔡经济、黄逸峰、陈文麟、管锦康、顾树桢、李天民、高云樵、端木和、蒋春牧、黄浦、周京生等，以此激励今日的立信学子为中华民族的伟大振兴而奋斗。

课后拓展

1. 课后利用业余时间走访一位立信的老人，一起谈谈立信会计文化对自己的影响。

2. 课后利用本课程学习库阅读《潘序伦传》《顾准传》《许毅传》等图书，并写一篇读后感或体会。

3. 利用学习库资料，研讨立信文化精神的内涵并撰写文章阐述自己的观点。

4. 谈谈立信会计作为一个会计品牌在新世纪应如何传承和发展。

5. 从“公”“信”“廉”“勤”几个字中任选一个字，结合自己的处事方式做一论述。

6. 从“忠”“孝”“仁”“恭”几个字中任选一个字，谈谈我们应如何待人和与人相处。

7. 结合自己学习本章内容后的感受，谈谈如何开展立信会计文化教育和传承活动。

8. 抄录三句古今中外关于“立志”的经典语录，并注明出处。

9. 抄录三句古今中外关于“守身”的经典语录，并注明出处。

10. 抄录三句古今中外关于“处事”的经典语录，并注明出处。

11. 抄录三句古今中外关于“待人”的经典语录，并注明出处。

12. 谈谈你对“信”字的理解。

13. 从本章介绍的立信榜样中任选一位，谈谈他（她）对自己的影响（不少于 800 字）。

阅读链接

[1] 项怀诚 . 会计职业道德 . 北京：人民出版社，2003.

[2] 潘序伦 . 潘序伦文集 . 上海：立信会计出版社，2008.

[3] 罗银胜 . 潘序伦传 . 上海：上海人民出版社，2007.

[4] 龙一圆 . 立信史话 . 上海：立信会计出版社，1993.

[5] 罗银胜 . 顾准传 . 北京：团结出版社，1999.

[6] 姜韵宜 . 潘序伦与立信文化知行教程 . 北京：经济科学出版社，2006.

参考文献

[1] 陈敏，程水金，周斌. 郑韩故城战国牛肋骨会计账考论. 会计研究，2015(10).

[2] 甘肃省文物考古研究所. 敦煌悬泉汉简释文选. 文物，2000(5).

[3] 葛家澍，黄世忠. 安然事件的反思——对安然公司会计审计问题的剖析. 会计研究，2002(2).

[4] 葛家澍. 中国会计学会成立以来我国的会计理论研究. 会计研究，2000(4).

[5] 葛家澍，杜兴强. 财务会计理论：演进、继承与可能的研究问题. 会计研究，2009(12).

[6] 葛家澍，刘峰. 新中国会计理论研究回顾. 会计研究，1999(10).

[7] 郭道扬. 谈谈会计史上的五次大革命. 财会月刊，1984(5).

[8] 郭道扬. 试论“帕乔利时代”. 会计研究，1994(3).

[9] 郭道扬. 复式簿记起源历史环境新论. 会计研究，2007(12).

[10] 郭兆斌. 龙门账性质及起源新探. 邯郸学院学报，2022(3).

[11] 洪荭，袁晓玲. 三柱结算公式演变及其管理思想. 财会通讯，2008(8).

[12] 康均. 山西票号的资本组成及人力资本核算. 财会学习，2006(6).

[13] 康均. 山西票号的会计制度与会计方法. 财会学习，2006(7).

[14] 李连军. 实证会计研究的方法与方法论：哲学基础与研究范式. 会计研究，2006(8).

[15] 李孝林. 从江陵凤凰山 10 号墓简牍研究西汉早期会计史. 北京商学院学报，1996(2).

[16] 李晓巧. 古代那些商人出身的政坛大佬. 文史博览，2017(4).

[17] 沈洪涛. 公司社会责任和环境会计的目标与理论基础——国外研究综述. 会计研究，2010(3).

[18] 宋小明，陈立齐. 敦煌“历”文书的会计账实质. 郑州航空工业管理学院学报，2017(5).

[19] 王祥伟. 敦煌寺院经济文书考证十一则. 敦煌研究，2020(4).

[20] 吴大新. 试论会计史在课程思政建设中的作用. 财务与会计，2021(3).

[21] 王庆成. 梅花香自苦寒来——雍家源先生传略. 新会计，2010(8).

[22] 谢志华. 会计的未来发展. 会计研究，2021(11).

[23] 许家林，沈贞玮. 中国会计发展史海钩沉之一：蔡锡勇与《连环帐谱》. 财会

通讯，2010(10).

［24］姚磊．悬泉置鸡出入簿再认识．考古学集刊，2021(6).

［25］赵新民，彭秋龙．近现代立信会计出版事业的历史贡献及经验启示．出版与印刷，2021(10).

［26］阿纳尼亚·查尔斯·利特尔顿．会计理论结构．林志军，等译．北京：中国商业出版社，1989.

［27］白寿彝．中国通史纲要．上海：上海人民出版社，1980.

［28］高怀瑾．中国古代计量看图说话（1）．上海计量测试，2008（1）.

［29］郭道扬．中国会计史稿（上、下）. 北京：中国财政经济出版社，1982.

［30］郭道扬．会计发展史纲．北京：中央广播电视大学出版社，1984.

［31］郭道扬．会计史研究．北京：中国财政经济出版社，2008.

［32］国家计量总局．中国古代度量衡图集．北京：文物出版社，1981.

［33］姜韵宜，董乃祥，何慕增，乔梦虎．潘序伦与立信文化知行教程．北京：经济科学出版社，2006.

［34］姜韵宜，何慕增，徐耀庆，乔梦虎．会计文化．北京：经济科学出版社，2012.

［35］李晓慧．会计百年．北京：中国财政经济出版社，2013.

［36］罗伯特·K莫茨，侯赛因·A夏拉夫．审计理论结构．文硕，等译．北京：中国商业出版社，1990.

［37］厄尔·R威尔逊，苏珊·C拉特鲁，里昂·E海．政府与非营利组织会计．荆新，译．北京：中国人民大学出版社，2005.

［38］唐耕耦．敦煌寺院会计文书研究．台湾：新文丰出版社，1997.

［39］王建忠．会计发展史．大连：东北财经大学出版社，2016.

［40］文硕．西方会计史．北京：中国商业出版社，1987.

［41］许家林，蔡传里，王辉．会计名著导读．上海：立信会计出版社，2014.

［42］杨汝梅．无形资产论．上海：立信会计出版社，2009.

［43］于玉林．会计大百科词典．上海：上海财经大学出版社，2009.

［44］张德芳，胡平生．敦煌悬泉汉简释粹．上海：上海古籍出版社，2001.

［45］中国社会科学院考古研究所．殷周金文集成．香港：香港中文大学中国文化研究所出版社，2001.

［46］A.C.Littleton.Value and Price in Accounting.The Accounting Review, 1929(9).

［47］Norton M. Bedford, Richard E. Ziegler.The Contributions of A. C. Littleton to Accounting Thought and Practice .The Accounting Review, 1975(7).

［48］Wallman.The Future of Accounting and Financial Reporting: The Colorized Approach.Accounting Horizons, 1996(2).

［49］Watts and Zimmerman.Towardsa Positive Accounting Theory of Determination of Accounting Standards.The Accounting Review, 1978(1).

［50］Watts and Zimmerman.Towardsa Positive Accounting Theory of Determination of Accounting Standards.The Accounting Review, 1978(1).

[51] A.C.Littleton, V.K.Zimmerman.Accounting Theory：Continuity And Change. Englewood Cliffs: Prentice Hall, Inc., 1962.

[52] Edwards and W.Bell.The Theory and Measurement of Business Income.Auckland: University of California Press, 1961.

[53] Hendriksen.Accounting Theory .New York: Mc Graw Hill Co, 1992.

[54] Kenneth Mac Neal.Truth in Accounting.Houston: Scholar Book Co, 1993.

[55] Paton.Accounting Theory: With Special Reference to the Corporate Enterprise.New York: Ronald Press, 1922.

[56] Previts and Merino.A History of Accountancy in the United States.Columbus: The Ohio State University Press, 1998.